A FIRMA, O MERCADO E O DIREITO

COLEÇÃO PAULO BONAVIDES

Diretores:
José Antonio Dias Toffoli e Otavio Luiz Rodrigues Jr.

Obras da Coleção:

1. *Autobiografia de Hans Kelsen* – Hans Kelsen
(Tradução de *Hans Kelsen im Selbstzeugnis*, por Gabriel Nogueira Dias e José Ignácio Coelho Mendes Neto)

2. *A Firma, o Mercado e o Direito* – Ronald H. Coase
(Tradução de *The Firm, the Market and the Law*, por Heloisa Gonçalves Barbosa)

3. *Direito Constitucional e Direito Privado* – Konrad Hesse (a sair)
(Tradução de *Verfassungsrecht und Privatrecht*, por Otavio Luiz Rodrigues Jr.)

O GEN | Grupo Editorial Nacional – maior plataforma editorial brasileira no segmento científico, técnico e profissional – publica conteúdos nas áreas de ciências humanas, exatas, jurídicas, da saúde e sociais aplicadas, além de prover serviços direcionados à educação continuada e à preparação para concursos.

As editoras que integram o GEN, das mais respeitadas no mercado editorial, construíram catálogos inigualáveis, com obras decisivas para a formação acadêmica e o aperfeiçoamento de várias gerações de profissionais e estudantes, tendo se tornado sinônimo de qualidade e seriedade.

A missão do GEN e dos núcleos de conteúdo que o compõem é prover a melhor informação científica e distribuí-la de maneira flexível e conveniente, a preços justos, gerando benefícios e servindo a autores, docentes, livreiros, funcionários, colaboradores e acionistas.

Nosso comportamento ético incondicional e nossa responsabilidade social e ambiental são reforçados pela natureza educacional de nossa atividade e dão sustentabilidade ao crescimento contínuo e à rentabilidade do grupo.

COLEÇÃO PAULO BONAVIDES

A FIRMA, O MERCADO E O DIREITO

RONALD H. COASE

3ª edição revista, atualizada e ampliada

* A EDITORA FORENSE se responsabiliza pelos vícios do produto no que concerne à sua edição, aí compreendidas a impressão e a apresentação, a fim de possibilitar ao consumidor bem manuseá-lo e lê-lo. Os vícios relacionados à atualização da obra, aos conceitos doutrinários, às concepções ideológicas e referências indevidas são de responsabilidade do autor e/ou atualizador.
  As reclamações devem ser feitas até noventa dias a partir da compra e venda com nota fiscal (interpretação do art. 26 da Lei n. 8.078, de 11.09.1990).

* Traduzido de:
  THE FIRM, THE MARKET, AND THE LAW, FIRST EDITION
  Copyright © 1988 by The University of Chicago Press. All Rights Reserved.
  Licensed by The University of Chicago Press, Chicago Illinois, U.S.A
  ISBN: 978-0-226-11101-8

* **A Firma, o Mercado e o Direito**
  ISBN 978-65-5964-494-0
  Direitos exclusivos para o Brasil na língua portuguesa
  Copyright © 2022 by
  FORENSE UNIVERSITÁRIA um selo da EDITORA FORENSE LTDA.
  Uma editora integrante do GEN | Grupo Editorial Nacional
  Travessa do Ouvidor, 11 – 6º andar – 20040-040 – Rio de Janeiro – RJ
  Tels.: SAC (11) 5080-0751 – faleconosco@grupogen.com.br
  bilacpinto@grupogen.com.br | www.grupogen.com.br

* O titular cuja obra seja fraudulentamente reproduzida, divulgada ou de qualquer forma utilizada poderá requerer a apreensão dos exemplares reproduzidos ou a suspensão da divulgação, sem prejuízo da indenização cabível (art. 102 da Lei n. 9.610, de 19.02.1998).
  Quem vender, expuser à venda, ocultar, adquirir, distribuir, tiver em depósito ou utilizar obra ou fonograma reproduzidos com fraude, com a finalidade de vender, obter ganho, vantagem, proveito, lucro direto ou indireto, para si ou para outrem, será solidariamente responsável com o contrafator, nos termos dos artigos precedentes, respondendo como contrafatores o importador e o distribuidor em caso de reprodução no exterior (art. 104 da Lei n. 9.610/98).

  3ª edição brasileira – 2022

  Tradução: Heloisa Gonçalves Barbosa
  Revisão da tradução: Francisco Niclós Negrão
  Revisão Técnica: Alexandre Veronese, Lucia Helena Salgado e Antonio José Maristrello Porto
  Revisão final: Otavio Luiz Rodrigues Jr.
  Estudo Introdutório: Antonio Carlos Ferreira e Patrícia Cândido Alves Ferreira
  Foto de capa: HO / AP Photo / Glow Images

* CIP – Brasil. Catalogação-na-fonte.
  Sindicato Nacional dos Editores de Livros, RJ.

C583f

Coase, Ronald H. (Ronald Harry), 1910-2013
A firma, o mercado e o direito / Ronald H. Coase; tradução Heloisa Gonçalves Barbosa; revisão da tradução: Francisco Niclós Negrão; estudo introdutório: Antonio Carlos Ferreira, Patrícia Cândido Alves Ferreira. – 3. ed. – Rio de Janeiro: Forense Universitária, 2022.
(Coleção Paulo Bonavides)

Tradução de: The firm, the market, and the law, first edition
Inclui bibliografia e índice
ISBN 978-65-5964-494-0

1. Organização industrial (Teoria econômica). 2. Externalidades (Economia). 3. Direito e economia. I. Barbosa, Heloisa Gonçalves. II. Negrão, Francisco Niclós. III. Ferreira, Antonio Carlos. IV. Ferreira, Patrícia Cândido Alves. V. Título. VI. Série.

22-76113

CDD: 338.5142
CDU: 338.514

Meri Gleice Rodrigues de Souza – Bibliotecária – CRB-7/6439

Sumário

Nota à terceira edição VII

Apresentação IX

Estudo introdutório XI

Prefácio LXXI

Um – A FIRMA, O MERCADO E O DIREITO 1
I. Objetivo do livro 1
II. A firma 6
III. O mercado 8
IV. O problema do custo social 11
V. Precificação com base no custo marginal 17
VI. A tradição pigouviana e a moderna análise econômica 21
VII. O caminho à frente 32

Dois – A NATUREZA DA FIRMA 33

Três – ORGANIZAÇÃO INDUSTRIAL: UMA PROPOSTA DE PESQUISA 57

Quatro – A CONTROVÉRSIA DO CUSTO MARGINAL 75
I. O estado do debate 75
II. Isolamento do problema 77
III. O que é precificação ótima? 79
IV. O argumento em favor da precificação multiparte 81
V. Comparação da precificação multiparte com a solução de Hotelling-Lerner 83
VI. Precificação pelo custo médio comparada à solução de Hotelling-Lerner 91
VII. Os problemas que restam 93

Cinco – O PROBLEMA DO CUSTO SOCIAL 95
I. O problema a ser examinado 95

II. A natureza recíproca do problema 96
III. O sistema de precificação com responsabilização pelos prejuízos 97
IV. O sistema de determinação de preços sem responsabilidade pelos prejuízos.... 102
V. O problema ilustrado de uma nova maneira 104
VI. Levando em conta o custo das transações de mercado 114
VII. A delimitação jurídica dos direitos e o problema econômico 119
VIII. A abordagem de Pigou em *The Economics of Welfare* 132
IX. A tradição pigouviana 148
X. Uma mudança de abordagem 152

Seis – NOTAS SOBRE O PROBLEMA DO CUSTO SOCIAL 157
I. O Teorema de Coase 157
II. A riqueza será maximizada? 159
III. O Teorema de Coase e as rendas 163
IV. A atribuição de direitos e a distribuição de riqueza 171
V. A influência dos custos de transação 175
VI. Tributos pigouvianos 180

Sete – O FAROL NA ECONOMIA 189
I. Introdução 189
II. O sistema britânico de faróis 193
III. A evolução do sistema britânico de faróis 196
IV. Conclusão 210

Índice remissivo 217

Nota à terceira edição

A rápida acolhida do público lusófono à tradução de *A firma, o mercado e o Direito* é perceptível por se haver esgotado sua primeira edição em pouco mais de cinco meses. Lança-se agora a terceira edição do livro de Ronald Harry Coase, sem alterações no corpo da obra, mas com a atualização e a revisão do Estudo Introdutório, elaborado pelo ministro Antonio Carlos Ferreira, do Superior Tribunal Justiça, e por Patrícia Candido Alves Ferreira, mestre e doutora em Direito Civil pela Faculdade de Direito do Largo do São Francisco (USP). A qualidade do Estudo Introdutório, que é uma das marcas distintivas da Coleção Paulo Bonavides, torna-o um capítulo autônomo do livro, na tradição do bem-sucedido projeto editorial da Fundação Calouste Gulbenkian, que tantos benefícios trouxe à cultura jurídica de língua portuguesa, com as traduções de grandes teóricos e filósofos do Direito do século XX, ricamente apresentadas em longos textos propedêuticos.

A nova edição mantêm a qualidade editorial da Coleção Paulo Bonavides, que completou uma década de existência em 2021, pautando-se pelo extremo rigor no controle de qualidade das traduções, cujo processo de confecção, por vezes, tem-se demorado por anos. Os diretores da coleção, sempre que isso for possível, desejam aliar traduções artesanais, revistas por estudiosos familiarizados com a língua e com o tema objeto do texto, e estudos introdutórios que se mantenham conectados com os desenvolvimentos acadêmicos e jurisprudenciais, quando couber, relacionados à obra.

Como reiteradamente enfatizaram os autores do Estudo Introdutório, não se precisa concordar com Coase, muito menos é necessário adotar o marco teórico do *Law and Economics*, mas a História do Direito no século XX passa por *A firma, o mercado e o Direito*. E é provável que continue a passar também neste século XXI.

Renovam-se aqui os agradecimentos ao Dr. Francisco Bilac Moreira Pinto Filho, da Forense Universitária, por acreditar em um projeto cultural desta envergadura, ao ministro Antonio Carlos Ferreira e à professora Patrícia Cândido Alves Ferreira, autores do Estudo Introdutório, e a todos os envolvidos no processo editorial deste livro, que ora chega a sua terceira edição.

Brasília e São Paulo, 16 de fevereiro de 2022
José Antonio Dias Toffoli
Otavio Luiz Rodrigues Jr.
Diretores da Coleção Paulo Bonavides

Apresentação

A coleção Paulo Bonavides nasceu com o objetivo de trazer aos leitores de língua portuguesa as traduções dos mais importantes "clássicos contemporâneos" da literatura jurídica estrangeira. A seleção das obras a serem incorporadas à coleção não se pauta por predileções ideológicas, vinculação a determinadas escolas do pensamento ou mesmo pela aderência estrita do autor ao universo jurídico. Exemplo disso está em que Hans Kelsen, o grande positivista do século XX e um nome ligado ao pensamento socialdemocrata, inaugurou a coleção e, agora, apresenta-se ao público o mais importante nome do *Law and Economics*, o economista Ronald Harry Coase, de formação socialista Fabiana, mas que se tornou um dos símbolos do liberalismo moderno.

O livro *A Firma, o Mercado e o Direito* é uma compilação de três dos mais importantes escritos de Coase, a saber: A natureza da firma (*The nature of the firm*), de 1937; O problema do custo social (*The problem of social cost*), de 1960; e O farol na economia (*The lighthouse in Economics*), de 1974. Em português, até agora, não havia tradução que compreendesse esses textos simultaneamente. A coleção Paulo Bonavides, portanto, contribui para o conhecimento jurídico e econômico do mundo lusófono ao propiciar a divulgação da obra de Ronald Coase em vernáculo, o que não é algo vulgar, especialmente se considerado que já existem versões do livro em chinês, estoniano, francês, húngaro, italiano, japonês, coreano, russo, espanhol e sueco, além de versões parciais em alemão e persa.

Ronald Coase é um autor que ultrapassa as fronteiras estritamente jurídicas. Na verdade, ele é um nome respeitado na Economia e que, no Direito, ganhou enorme relevância pelo fato de ter escolhido essa área do conhecimento para utilizá-la como objeto epistemológico de suas preocupações teóricas em Economia. Toda a contextualização histórica do livro e, mais que isso, a instigante experiência de vida de Coase estarão disponíveis ao leitor lusófono em um riquíssimo estudo introdutório ao livro, elaborado por Antonio Carlos Ferreira, Ministro do Superior Tribunal de Justiça, e Patrícia Cândido Alves Ferreira, mestra e doutora em Direito pela Faculdade de Direito do Largo São Francisco (USP). A ambos ficam registrados os agradecimentos por esse estudo introdutório, único entre as edições estrangeiras do livro de Coase, cuja qualidade será reconhecida pelo público.

No estudo introdutório, uma das marcas diferenciais da coleção Paulo Bonavides, ver-se-á que Coase nasceu em uma família da classe trabalhadora, conheceu a Grande Depressão de 1929-1930 como bolsista universitário, assessorou o governo britânico na Segunda Guerra Mundial (e declarou guerra à burocracia depois disso), transferiu-se para os Estados Unidos, ganhou o Prêmio de Ciências Econômicas em homenagem a Alfred Nobel e ainda recusou um convite da rainha Elizabeth II para um chá no Palácio de Buckingham. Finalmente, os leitores saberão que ele é hoje o economista mais influente na República Popular da China, depois de Karl Marx.

O rígido controle de qualidade técnico-científica das traduções da coleção Paulo Bonavides exigiu que o livro fosse revisado tecnicamente por especialistas na área de Direito e Economia, como Alexandre Veronese, Lucia Helena Salgado e Antônio José Maristrello Porto. A revisão total da tradução coube a Francisco Niclós Negrão, que permitiu uma significativa melhoria no texto ora oferecido ao público. Os diretores da coleção expressam seus agradecimentos a todos esses ilustres professores por sua desinteressada contribuição à cultura jurídica e econômica.

Investir em conhecimento nos tempos atuais é uma iniciativa cada vez mais rara e, muitas vezes, destituída de reconhecimento social ou retorno financeiro. A editora Forense Universitária, integrante do Grupo Editorial Nacional – GEN, segue contra essa corrente utilitarista e permanece firme na defesa de uma tradição iniciada em 1904, quando se fundou a Revista Forense. O Dr. Francisco Bilac Moreira Pinto Filho, diretor do GEN, é um símbolo da conservação desses propósitos, herdados de seus antepassados e que hoje se fazem ainda mais necessários. A ele e ao GEN, a gratidão dos que subscrevem esta apresentação e, por certo, de toda a comunidade acadêmica.

Brasília e São Paulo, verão de 2016.

José Antonio Dias Toffoli   Otavio Luiz Rodrigues Jr.

Diretores da Coleção Paulo Bonavides

Ronald Coase: um economista voltado para o Direito

(Estudo introdutório para a edição brasileira de *A firma, o mercado e o Direito*)
por
Antonio Carlos Ferreira
Patrícia Cândido Alves Ferreira

Sumário

I. Por que ler *A firma, o mercado* e o Direito? XII

II. Quem foi Ronald Coase? XIX

II.1. Um filho da classe trabalhadora XIX

II.2. Pouco Latim, muita Química XXI

II.3. Sociedade Fabiana, mão invisível e o nascimento de um *accidental economist* XXII

II.4. Um inglês na Grande Depressão (ou como se tomam as decisões nas empresas?) XXIV

II.5. Da periferia ao centro XXV

II.6. Em guerra (e) com a burocracia... XXVI

II.7. "Admirável mundo novo" XXVII

II.7.1. De volta ao admirável Novo Mundo XXIX

II.8. No farol do *Law and Economics* XXXI

II.9. O filho da classe trabalhadora, que se apaixonou pelo funcionamento do mercado, recebe o Prêmio em Memória de Alfred Nobel XXXVII

II.10. O capitão do Economics All-Stars XXXIX

II.11. A descoberta da China e o descanso derradeiro de um homem incansável XLV

III. Coase e *Law and Economics* XLVI

IV. A firma XLIX

V. O mercado LIII

VI. O Direito LVII

VII. O processo de tradução de *A firma, o mercado e o Direito* LXVI

VIII. Conclusão LXVIII

I. Por que ler *A firma, o mercado e o Direito*?

As relações entre o Direito e a Economia não são recentes e têm, ao longo dos tempos, variado de intensidade, de importância e, em especial, de percepção por parte dos juristas e economistas. A título de menção, três dentre os grandes pensadores econômicos dos últimos 200 anos, Adam Smith, Karl Marx e John Maynard Keynes influenciaram notavelmente o Direito com suas ideias, seja para defenderem uma participação maior ou menor das normas jurídicas emanadas do Estado nas relações econômicas, seja para qualificarem o Direito como um elemento da superestrutura.

Se observada a questão sob outro ângulo, é nítida a existência de pontos de contato entre o Direito e a Economia no conteúdo de disciplinas como o Direito Empresarial[1] e, mais contemporaneamente, o Direito Econômico. Nos últimos 50 anos, desenvolveu-se o *Law and Economics*, que acentuou as intersecções entre o universo jurídico e o econômico, ao passo que atraiu para si um número considerável de juristas, o que se corrobora por dezenas de publicações sobre o tema no Brasil. A variedade dessa literatura é surpreendente, embora, às vezes, não se encontre uma diferenciação clara entre *Law and Economics* e Análise Econômica do Direito, o que implica explorar as distinções do pensamento de Ronald Coase e Richard Posner. Nesse rol, encontram-se trabalhos que buscam interpretar: a) a escolha do cônjuge e do regime de bens sob a óptica do Direito e Economia;[2] b) as questões

---

1 As mais antigas manifestações legislativas relacionadas ao direito mercantil – o qual somente na Idade Média assume feições de direito autônomo –, encontram-se dispersas, muitas vezes misturadas a outras relativas à navegação e aos direitos sociais, pelo que não se fará, aqui, uma enumeração exaustiva ou sequencial do seu desenvolvimento. Dentre as mais remotas leis que incluem disposições relativas ao comércio, estão o Código de Hamurabi (1752 a 1750 a. C.), o Código de Manu (1300 a 800 a. C.), a Lei das XII Tábuas (450 a. C.) e o Código de Justiniano (534 a. C.). A Lex Rhodia de Jactu foi publicada no título II do Digesto (Falcão, Raimundo Bezerra. *Direito econômico* (teoria fundamental). São Paulo: Malheiros, 2013. p. 110).

2 Gomes-Ferreira, Cristiana Sanchez. A escolha do consorte e do regime de bens sob a perspectiva da análise econômica do direito. *Revista jurídica*. Porto Alegre, v. 62, n. 436, p. 9-28, fev. 2014.

tributárias;[3] c) as normas sobre sociedade limitada;[4] d) a repercussão geral e o incidente de processos repetitivos;[5] e) a regulação do mercado de capitais;[6] f) a responsabilidade civil;[7] g) o direito dos contratos.[8]

A despeito das polêmicas que subjazem à utilização dos princípios do *Law and Economics* em diferentes áreas – como a Responsabilidade Civil, o Direito dos Contratos ou mesmo a pura e simples referência a argumentos consequencialistas de viés econômico em decisões judiciais –, não se pode negar sua importância para o Direito nos dias de hoje. Sem que seja necessário tomar posição nessa polêmica, é inegável que o nome de Ronald Harry Coase está no centro de qualquer estudo sobre as relações entre Direito e Economia, tendo sido ele um dos fundadores – senão o fundador – dessa escola.

Em 1991, Coase foi agraciado com o Prêmio de Ciências Econômicas em Memória de Alfred Nobel, evento que simbolizou a ampliação dos horizontes do conhecimento de sua obra e de seu nome. O prêmio, que é outorgado pelo Banco Central do Reino da Suécia e não se confunde com aquele oferecido pela Real Academia Sueca, reconheceu a originalidade do pensamento econômico de Ronald Coase.

Por que motivo ler a tradução para a língua portuguesa do livro *The Firm, the Market, and the Law*, ora oferecida ao público brasileiro, pelo selo da Editora Forense Universitária, na coleção Paulo Bonavides?

---

3   Caliendo, Paulo. Direitos fundamentais, direito tributário e análise econômica do direito: contribuições e limites. *Direitos fundamentais e justiça*, v. 3, n. 7, p. 203-222, abr./jun. 2009.

4   Lana, Henrique Avelino; Pimenta, Eduardo Goulart. Sociedades limitadas: uma leitura via Law and Economics. *Revista de direito empresarial*, v. 10, n. 3, p. 27-51, set./dez. 2013.

5   Timm, Luciano Benetti; Trindade, Manoel Gustavo Neubarth. As recentes alterações legislativas sobre os recursos aos Tribunais Superiores: a repercussão geral e os processos repetitivos sob a ótica da law and economics. *Revista de processo*, v. 34, n. 178, p. 153-179, dez. 2009.

6   Warde Jr., Walfrido Jorge. A desmutualização das bolsas de valores e os novos desafios da regulação dos mercados de capitais. *Revista de direito mercantil, industrial, econômico e financeiro*, v. 45, n. 144, p. 198-137, out./dez. 2006.

7   Zanitelli, Leandro Martins. O efeito da dotação (*endowment effect*) e a responsabilidade civil. *Revista Direito GV*, v. 2, n. 1, p. 131-149, jan./jun. 2006.

8   Timm, Luciano Beneti (org.). *Direito e economia no Brasil*. 2. ed. São Paulo: Atlas, 2014.

A Análise Econômica do Direito, a compreensão da microeconomia e a percepção do funcionamento das instituições e dos processos jurídicos devem-se, especialmente, aos estudos de Coase sobre a natureza da firma e sobre os custos de transação. O livro é uma reunião dos principais trabalhos publicados por Coase ao longo de sua vida, em geral, sob a forma de artigos ou ensaios.

Dentre o acervo de escritos de Coase, esta obra apresenta a tradução, diretamente dos ensaios originais, dos textos que são considerados suas principais publicações: *A natureza da firma* (*The nature of the firm*), de 1937; *O problema do custo social* (*The problem of social cost*), de 1960; e *O farol na economia* (*The lighthouse in Economics*), de 1974.

A importância dos referidos ensaios, de acordo com explicações do próprio Coase trazidas neste livro: "Não está em rejeitarem a teoria econômica existente, a qual, como disse, personifica a lógica da escolha e tem ampla aplicabilidade, mas em empregarem a teoria econômica para examinar o papel que a firma, o mercado e o direito desempenham no funcionamento do sistema econômico" (p. 5).

Como efeito desses escritos, formou-se um legado por meio do qual o economista Ronald Coase influenciou não somente a economia, mas também a doutrina jurídica e a jurisprudência, assinalando que os distintos conhecimentos não são estanques nem autossuficientes. Esse entendimento também foi defendido por Gary Stanley Becker (agraciado com o Prêmio de Ciências Econômicas em Memória de Alfred Nobel de 1992, ano imediatamente seguinte ao da láurea de Coase), a propósito do alcance da microeconomia sobre o comportamento e a cooperação humanos.[9]

Continua tão atual essa vertente de estudos que o Prêmio de Ciências Econômicas de 2016 foi concedido a dois acadêmicos dedicados à análise da relação entre a Economia e a Teoria dos Contratos – o britânico Oliver Hart, professor do Instituto de Tecnologia de Massachusetts, e o finlandês Bengt Holmström, professor da Universidade de Harvard. Dois economistas que, embora por perspectivas distintas, têm em comum com Coase a valoração da economia como arcabouço

---

9 Becker, Gary Stanley. *The economic approach to human behavior*. Chicago: University of Chicago, 1978.

indissociável da teoria contratual. Contratos são instrumentos por excelência para estabelecer e contrabalançar os interesses (opostos) das partes. Contratos conferem segurança aos negócios, desestimulam o inadimplemento e dão mais garantia ao futuro de um emprego, de um seguro, de um mútuo, de uma compra e venda. Mas os contratos não estão a salvo da incompletude, de sorte que, vezes várias, podem não abranger todas as soluções possíveis para os acasos e vicissitudes surgidos. É preciso, pois, elaborar contratos de modo mais pensado, assim como definir quem decidirá sobre as lacunas deixadas pelas cláusulas contratuais.[10] Mais do que nunca, pensar a teoria contratual equivale a buscar mais eficiência e efetividade para os contratos, a perquirir sobre um maior equilíbrio para as relações econômicas.

Mais afeiçoado ao objeto da Economia do que propriamente ao método desta, Coase defende que teorias econômicas abstratas não comportam a pluralidade de situações concretas, em especial aquelas situações que também dependem do conhecimento do objeto de outras ciências (como a Política, a Sociologia e o Direito, entre outras).

O *Teorema de Coase* é uma de suas contribuições mais notáveis, que se liga aos conceitos de custo de transação e de externalidades, a respeito dos quais se cuidará nas seções seguintes.

Segundo Coase, a maioria dos economistas ignora a firma e o mercado, ainda que ambas as instituições formem a estrutura do sistema econômico. E, por isso mesmo, os economistas desconsiderariam a ideia de lei como um instrumento apto a regular as atividades da firma e do mercado.

Para os juristas, a possibilidade de compreender a firma e o mercado representa a oportunidade de se aventurar por uma área promis-

---

10 "Embora a relevância da incompletude seja bem reconhecida pelos advogados, bem como por aqueles que trabalham com *Law and Economics*, só agora os teóricos econômicos começam a analisá-la. Espera-se que o trabalho pelos próximos anos conduza a avanços significativos da nossa compreensão sobre esse fenômeno. Infelizmente, é improvável que tal progresso se revele fácil, pois muitos aspectos da referida incompletude estão intimamente ligados à noção de racionalidade limitada, cuja formalização satisfatória ainda não existe" (Hart, Oliver; Holmström, Bengt. The theory of contracts. *Working papers from Massachusetts Institute of Technology, Department of Economics, Cambridge*, MA, n. 418, 1986, p. 112-113, tradução livre).

sora do conhecimento. Em meio ao legado de Coase para a teoria jurídica empresarial, é importante que o jurista brasileiro tenha noção da atividade econômica e da necessidade de harmonização dos interesses das partes (o que, no mais das vezes, ocorre por meio do contrato).[11]

No que toca ao Direito, é sabido que a atividade empresária[12] deixou de depender apenas de ciclos naturais (à exceção do agronegócio) para, em uma perspectiva socioeconômica, demandar a segurança e a estabilidade das relações jurídicas necessárias à produção e à circulação de bens e serviços.[13]

Para além desses tópicos, deve-se destacar o impacto das obras de Ronald Coase na literatura jurídica. No Direito brasileiro, nota-se que, de janeiro de 1981 até abril de 2021, escreveram-se, aproximadamente, 13 livros[14] e 21 artigos jurídicos[15] cujo tema principal ou

---

11 A empresa não vive unicamente de seus ajustes internos, mas, principalmente, interage com terceiros pela celebração de contratos (Forgioni, Paula A. *Teoria geral dos contratos empresariais*. 2. ed. São Paulo: Revista dos Tribunais, 2010. p. 23-24).

12 A empresa pressupõe a configuração de uma atividade, ainda que minimamente organizada (Scaff, Fernando Campos. *Aspectos fundamentais da empresa agrária*. São Paulo: Malheiros, 1997. p. 53).

13 Sztajn, Rachel. *Teoria jurídica da empresa*: atividade empresária e mercados. São Paulo: Atlas, 2004. p. 11.

14 Coutinho, Diogo R. *Direito e economia política na regulação de serviços públicos*. São Paulo: Saraiva, 2014; Marques, Leonardo Albuquerque. Elementos para uma otimização do desempenho institucional do STJ à luz do direito e economia. *O papel da jurisprudência no STJ*. São Paulo: RT, 2014. p. 201-221; Mendonça, Maria Lírida Callou de Araújo e (Coord.); Cabral, Ana Rita Nascimento *et al.* (Org.); Uchoa, Adelaide Maria Rodrigues Lopes *et al.* (Colab.) *As garantias da propriedade e as intervenções estatais*. Curitiba: Juruá, 2012; Sztajn, Rachel. *Teoria jurídica da empresa*: atividade empresária e mercados. São Paulo: Atlas, 2010; Salama, Bruno Meyerhof. *Direito e economia*: textos escolhidos (Org.); Haddock, David D. *et al.* São Paulo: Saraiva: FGV: 2010; Timm, Luciano Benetti (Org.). *Direito & economia*. Cateb, Alexandre Bueno *et al.* Porto Alegre: Livraria do Advogado, 2008; Silva, Jorge Cesa Ferreira da. *Análise econômica do direito e seus limites jurídicos*: apontamentos para uma interpretação do princípio da eficiência: art. 37, *caput*, Constituição da República. *Democracia, direito e política*: estudos internacionais em homenagem a Friedrich Müller. Florianópolis: Conceito Editorial: Fundação Boiteux, 2006. p. 407-420 (Fonte: Rede Virtual de Bibliotecas do Senado Federal – RVBI. Acesso em: 24 jul. 2015).

15 Reato, Talissa Truccolo; Cabeda, Taísa. A relação entre o imposto de Pigou e o Teorema de Coase em uma análise econômica do processo civil brasileiro. *Revista*

correlato está centrado nos estudos de Ronald Coase, segundo dados extraídos da Rede Virtual de Bibliotecas do Senado Federal – RVBI. Há, ainda, teses de doutorado e dissertações de mestrado em Direito que se ocuparam dos estudos desenvolvidos por Coase.[16]

> eletrônica direito e política, Programa de Pós-Graduação Stricto Sensu em Ciência Jurídica da UNIVALI, Itajaí, v. 12, n. 1, 1º quadrim. 2017; Sztajn, Rachel. Ronald H. Coase e a importância de perguntar. Revista de direito empresarial: ReDE, v. 2, n. 1, p. 201-209, jan./fev. 20142014; Peixoto, Gabriela Costa Cruz Cunha. Análise econômica do direito ambiental: aplicação das teorias de Pigou e Coase. Revista direito e liberdade: RDL, v. 15, n. 3, p. 27-40, set./dez. 2013; Freitas, Kelery Dinarte Páscoa. Reflexões acerca da eficiência na visão da Análise econômica do direito: aspectos conceituais e sua criticidade. Revista da Defensoria Pública da União, n. 5, p. 117-139, out. 2012; Marques, Leonardo Albuquerque. Ações preferenciais e ações ordinárias: uma comparação sob a lógica da ação coletiva e sob o teorema de Coase. Revista de direito empresarial, v. 9, n. 2, p. 81-107, maio/ago. 2012; Carvalho, Nathalie de Paula. A teoria econômica da propriedade no neoliberalismo. Revista jurídica da FA7, v. 7, n. 1, p. 203-216, abr. 2010; Pimenta, Eduardo Goulart; Lana, Henrique Avelino R. P. Análise econômica do Direito e sua relação com o Direito Civil Brasileiro. Revista da Faculdade de Direito da Universidade Federal de Minas Gerais, n. 57, p. 85-137, jul./dez. 2010; Caliendo, Paulo. Direitos fundamentais, direito tributário e análise econômica do direito: contribuições e limites. Direitos fundamentais e justiça, v. 3, n. 7, p. 203-222, abr./jun. 2009; Prado Filho, José Inacio Ferraz de Almeida. A teoria do inadimplemento eficiente (efficient breach theory) e os custos de transação. Revista de direito mercantil, industrial, econômico e financeiro, v. 48, n. 151/152, p. 240-255, jan./dez. 2009; Faria, Guilherme Nacif de. Ética e análise econômica do Direito no Protocolo de Quioto. Revista de informação legislativa, v. 44, n. 175, p. 175-188, jul./set. 2007; Tomazette, Marlon. A viabilidade da análise econômica do direito no Brasil. Revista tributária e de finanças públicas, v. 15, n. 75, p. 177-198, jul./ago. 2007; Sztajn, Rachel. Externalidades e custos de transação: a redistribuição de direitos no novo código civil. Revista de Direito Mercantil, Industrial, Econômico e Financeiro, v. 43, n. 133, p. 7-31, jan./mar. 2004; Barbosa, Eraldo Sergio. Ronald Harry Coase. Universa: Revista da Universidade Católica de Brasília, v. 3, n. 1, p. 203-224, mar. 1995; Zerkowski, Ralph Miguel. Prêmio Nobel de Economia. Conjuntura econômica, v. 45, n. 11, p. 92-93, nov. 1991. (Fonte: Rede Virtual de Bibliotecas do Senado Federal – RVBI. Acesso em: 24 jul. 2015.)1º maio 2017).

16 Cunha, Juliana Bernardes Ferreira da. Função social da empresa e externalidades positivas. Mestrado Acadêmico em Constitucionalismo e Democracia. Faculdade de Direito do Sul de Minas, 2015. Orminanin, Daniel Jimenez. Função social da empresa: lei ou barganha?. Mestrado Acadêmico em Direito Econômico e Socioambiental. Pontifícia Universidade Católica do Panará, 2013; Cardoso, Tatiana de Almeida Freitas Rodrigues. Por uma tutela efetiva ao meio ambiente humano: a

Na jurisprudência do Superior Tribunal de Justiça, não existe citação expressa de obras de Ronald Coase, mas, em 2015, o Ministro Luís Felipe Salomão foi relator de importante caso concreto sobre o Sistema Financeiro de Habitação no qual, de modo nítido, se utilizou da Análise Econômica do Direito para interpretar a função social do contrato. A tese foi acolhida pela Quarta Turma, nos termos de sua ementa:

> "A análise econômica da função social do contrato, realizada a partir da doutrina da análise econômica do direito, permite reconhecer o papel institucional e social que o direito contratual pode oferecer ao mercado, qual seja a segurança e previsibilidade nas operações econômicas e sociais capazes de proteger as expectativas dos agentes econômicos, por meio de instituições mais sólidas, que reforcem, ao contrário de minar, a estrutura do mercado".[17]

Em 2017 e 2020, o Ministro Ricardo Villas Bôas Cueva foi relator de acórdãos que consideraram que, no cumprimento de sentença, a fiança bancária e o seguro garantia judicial são, se comparados aos efeitos da penhora, opções mais compatíveis com a Análise Econômica do Direito, pois não oneram "os ativos de sociedades empresárias submetidas ao processo de execução", bem como asseguram, "com eficiência equiparada ao dinheiro, que o exequente receberá a soma pretendida quando obter êxito ao final da demanda".[18]

---

aplicação da *Law & Economics* para combater a tragédia dos bens comuns. Mestrado Acadêmico em Direito Público. Universidade do Vale do Rio dos Sinos, 2012; Moraes, Armando Helio Almeida Monteiro de. *Análise da eficiência dos contratos derivativos para redução dos custos de transação.* Mestrado Acadêmico em Direito Constitucional, Universidade de Fortaleza, 2012; Campello, Itamar Jezler. *Uma análise do Teorema de Coase aplicado às transações dos efeitos jurídicos em casos de reparação de danos.* Mestrado Acadêmico em Direito Civil, Universidade Federal da Bahia, 2003 (Fonte: Banco de Teses da CAPES. Acesso em: 1º maio 2017).

17 STJ. REsp 1163283/RS, Rel. Ministro Luis Felipe Salomão, Quarta Turma, julgado em 07.04.2015, *DJe* 04.05.2015.

18 STJ. REsp 1691748/PR, Rel. Ministro Ricardo Villas Bôas Cueva, Terceira Turma, julgado em 07.11.2017, *DJe* 17.11.2017; e REsp 1838837/SP, Rel. Ministra Nancy Andrighi, Rel. p/ acórdão Ministro Ricardo Villas Bôas Cueva, Terceira Turma, julgado em 12.05.2020, *DJe* 21.05.2020.

Em 2018, acórdão da relatoria do Ministro Herman Benjamin considerou que, na repetição de indébito de contribuições previdenciárias pagas a maior, matéria tendente a grande judicialização, seria salutar a solução consensual desse tipo de controvérsia de fácil acordo administrativo, sob o prisma da Análise Econômica do Direito, a fim de poupar os custos do Executivo e do Judiciário.[19]

Nos primeiros meses de 2021, o Ministro Og Fernandes empregou a Análise Econômica do Direito para firmar junto à Primeira Seção, sob o rito dos recursos repetitivos, a tese segundo a qual os bancos de dados dos serviços de proteção ao crédito devem desburocratizar e tornar acessíveis suas atividades, como forma de cooperação com os custos do País.[20]

Independentemente de afinidade ideológica ou metodológica com as concepções de Ronald Coase, é impossível ser indiferente às suas contribuições cada vez mais vivas ao Direito e à Economia. Mas não se poderá compreender a obra do autor sem que se investiguem suas origens, o desenvolvimento de sua vida e a existência de um economista "por acidente".

II. Quem foi Ronald Coase?

II.1. Um filho da classe trabalhadora

Evidenciada a relevância do livro *A firma, o mercado e o Direito*, convém apresentar, nesta segunda seção do estudo introdutório, fragmentos biográficos de seu autor.

O economista Ronald Harry Coase nasceu na agitada Londres, capital do Império Britânico, do início do século XX, precisamente no dia 29 de dezembro do ano de 1910. Seu falecimento ocorreu em

---

19 STJ. REsp 1734733/PE, Rel. Ministro Herman Benjamin, Segunda Turma, julgado em 07.06.2018, *DJe* 28.11.2018.

20 STJ. REsp 1814310/RS, REsp 1812449/SC, REsp 1809010/RJ, REsp 1807923/SC, REsp 1807180/PR, Rel. Ministro Og Fernandes, Primeira Seção, julgado em 24.02.2021, *DJe* 11.03.2021.

Chicago, Estados Unidos, aos 2 de setembro de 2013, após uma longa vida de 102 anos.

Meses antes do nascimento de Ronald Coase, o Império Britânico assistiu ao súbito falecimento, aos 6 de maio de 1910, de seu monarca, o rei Eduardo VII.[21] Seu sucessor, Jorge V,[22] herdou não somente o trono como também as turbulências político-diplomáticas, não sendo demais lembrar que a Primeira Guerra Mundial (1914-1918) deflagrou poucos anos depois do início de seu reinado.

Do que se conhece da infância de Coase, não há qualquer relato da guerra ou de seus efeitos. As informações sobre sua infância são encontráveis em um texto autobiográfico publicado na página do Prêmio de Ciências Econômicas em Memória de Alfred Nobel: "Meu pai, um homem metódico, registrou em seu diário que eu nasci às 15h25 do dia 29 de dezembro de 1910. O lugar era uma casa com dois pavimentos, dos quais meus pais ocupavam o mais baixo, situada em Willesden, um subúrbio de Londres".[23] Ele foi o único filho de um modesto casal de empregados do *Royal Mail*, o serviço postal britânico, à época um departamento do governo. Daí talvez decorra seu interesse pelo estudo do serviço público: os correios, os faróis marítimos, a radiodifusão, as concessionárias de água e gás. Seus pais eram

---

21 Eduardo VII (1841-1910), rei do Reino Unido da Grã-Bretanha e Irlanda e dos Domínios Britânicos de Além-mar, Defensor da Fé e imperador da Índia, filho da rainha Victoria e do príncipe Alberto, reinou de 1901 a 1910, tendo atuado em prol da melhoria das relações entre as potências europeias. No plano interno, vivenciou a grave crise constitucional relativa à aprovação da lei orçamentária, que esbarrava no veto dos pares do Reino na Câmara dos Lordes e que levou membros do Partido Liberal, como Lloyd George e Winston Churchill, a defender a elevação ao pariato de centenas de novos lordes a fim de que o projeto não fosse vetado. A morte o colheu antes do fim da crise, que só foi resolvida por seu filho, o rei Jorge V.

22 Jorge V (1865-1936), rei do Reino Unido da Grã-Bretanha e Irlanda e dos Domínios Britânicos de Além-mar, Defensor da Fé e imperador da Índia, liderou o Império Britânico no combate às forças da Alemanha e da Áustria-Hungria na Primeira Guerra Mundial. Adaptou a monarquia aos novos tempos, tendo nomeado o primeiro chefe de governo da História do Reino Unido oriundo do Partido Trabalhista, Ramsay MacDonald, com quem manteve cordiais relações.

23 Coase, Ronald H. *Biographical*. http://www.nobelprize.org/nobel_prizes/economic-sciences/laureates/1991/coase-bio.html. Acesso em: 25 jul. 2015.

pessoas de origem humilde, sem graus acadêmicos, mas interessados em esportes e literatura.[24] De acordo com o próprio Coase, como filho único, ele foi uma criança frequentemente sozinha, mas nunca solitária. Aprendeu a jogar xadrez e o uso de órteses nos membros inferiores levou-o a frequentar a escola para pessoas com deficiência.[25] Seu interesse acadêmico manifestou-se cedo, haja vista a frequência à biblioteca pública e o gosto pela leitura, embora, como ele mesmo admitiu, de modo indisciplinado e sem qualquer orientação.[26]

A infância de Coase transcorreu durante a Primeira Guerra Mundial e, em sua adolescência, ele experimentou os difíceis anos de adaptação do Reino Unido ao cenário de crise econômica e social, à ascensão dos trabalhistas ao Governo e à redefinição do papel das classes em um mundo que conheceu a Revolução Russa em 1917 e à queda de várias monarquias europeias por força da guerra ou das rebeliões. Todos esses episódios, porém, não mereceram qualquer menção em seu texto autobiográfico, o que não deixa de impressionar o leitor contemporâneo.[27]

II.2. Pouco Latim, muita Química

Em 1923, Coase ingressou na *Kilburn Grammar School*, após ter conseguido uma bolsa de estudos. A *Kilburn* foi criada em 1897 e hoje não mais existe. Em seu lugar, tem-se a *Queens Park Community School*, uma escola que resultou da fusão da *Kilburn* e de outras duas instituições, o que ocorreu nos anos 1980. De seu tempo em *Kilburn*, Ronald Coase guardou recordações especiais de Charles Thurston, seu professor de Geografia, que costumava levar os alunos para assistir a palestras na Real Sociedade de Geografia e o estimulou aos estudos.[28]

---

24 Rodrigues Jr., Otavio Luiz. Coase foi um dos pais da Análise Econômica do Direito. *Revista Consultor Jurídico*, 4 de setembro de 2013.
25 Coase, Ronald H. *Biographical...* cit.
26 Coase, Ronald H. *Biographical...* cit.
27 Rodrigues Jr., Otavio Luiz... cit.
28 Wang, Ning. Ronald H. Coase, december 29, 1910-september 2, 2013. *Man and the Econonomy*, v. 1. n. 1, p. 125-140, p. 126, 2014.

O início de sua educação formal deu-se, de modo tardio, aos 12 anos, o que teve reflexos em sua deficiente instrução em Latim, disciplina importante nas escolas do início do século XX. Sua paixão juvenil – a História – não se poderia transformar em profissão, um desejo que alimentara naqueles anos, em consequência de seus conhecimentos insuficientes de Latim. Sua nova preferência passou a ser a Química e, para obter êxito nessa disciplina, ele precisou estudar Matemática. Essa cadeia de circunstâncias, considerada por Coase como mais um desses "fatores acidentais", ajudou a moldar sua vida, levando-o a escolher o Bacharelado em Comércio como aluno especial na Universidade de Londres, algo possível de acordo com as regras do ensino superior britânico.[29]

II.3. Sociedade Fabiana, mão invisível e o nascimento de um accidental economist

Coase ingressou na *London School of Economics – LSE* em 1929, com o objetivo de concluir seu bacharelado em Comércio.

A *LSE* surgiu em 1895 como uma escola isolada, fruto da iniciativa de membros da Sociedade Fabiana, a exemplo de Sidney Webb e George Bernard Shaw. A Sociedade Fabiana era formada por um grupo de intelectuais de matriz socialista, mas que não aceitavam a transformação social por meios revolucionários, e sim por intermédio da ascensão da classe trabalhadora, o que ocorreria com a melhora dos serviços de educação, saúde e das normas protetivas dos operários. Em 1902, a *LSE* incorporou-se à Universidade de Londres e, hoje, é uma das mais prestigiosas instituições de ensino superior do mundo.

O período de estudos na *LSE* foi relevante sob diversos aspectos. Talvez o mais importante seja o de que o interesse de Ronald Coase pelo Direito nasceu nessa ocasião. Ele passou a estudar os casos apreciados pelas cortes inglesas, a ler revistas jurídicas e a acompanhar julgamentos nos tribunais. Momento houve em que ele chegou a pensar seriamente em seguir a carreira jurídica. No entanto, mais uma vez, uma série de circunstâncias acidentais alteraram o curso dos

---

29 Coase, Ronald H. *Biographical...* cit.

acontecimentos em sua vida. Coase assistiu, na *LSE*, a uma palestra de Arnold Plant,[30] que ele equiparou a uma "revelação". Ele foi apresentado à concepção da "mão invisível" e à obra de Adam Smith, e isso fez com que Coase abandonasse suas concepções pró-socialistas.[31] Deve-se lembrar que Coase nascera em uma família da classe trabalhadora, o que tinha (e ainda tem) enorme significado na sociedade inglesa, definida como uma estrutura em "camadas de bolo". Seus pais sempre foram simpáticos ao socialismo e a própria criação da *LSE* ocorreu em um contexto de abertura das portas da universidade para os filhos das classes não aristocráticas. Toda essa conjuntura permite que se compreenda o efeito de epifania que a palestra de Arnold Plant assumiu na vida intelectual de Ronald Harry Coase.

Por seus méritos como discente e com o apoio de Arnold Plant, Coase obteve a importante bolsa *Sir Ernest Cassel Travelling Scholarship*,[32] a qual lhe possibilitou estudar nos anos de 1931 e 1932 nos Estados Unidos da América.[33] Essa decisão de ir para a América do Norte foi influenciada pela disciplina *Industrial Law*, que tem por objeto as relações do trabalho com enfoque nos vínculos entre empresas, trabalhadores e órgãos governamentais, bem como na ação regulatória do Estado sobre esses agentes. A viagem para os Estados

---

30 *Sir* Arnold Plant (1898-1978), economista britânico, formado na *London School of Economics – LSE*, lecionou na Universidade da Cidade do Cabo e, posteriormente, na *LSE*. Sua obra clássica é *The Economic Theory concerning patents for inventions*, publicada em 1934.

31 Wang, Ning. Ronald H. Op. cit., p. 127; Coase, Ronald H. *Biographical...* cit. Para Matthias Klaes (Ronald Harry Coase, 1910-2013. *The European Journal of the History of Economic Thought*, v. 21, issue 3, p. 520-525, 2014. p. 522), Ronald Coase só abandonaria suas simpatias socialistas no último ano de seu curso na *LSE* e após o desencanto com as experiências econômicas do pós-guerra na administração de Clement Attlee.

32 *Sir* Ernest Cassel (1852-1921), banqueiro britânico de origem judaico-alemã, tornou-se um dos homens mais ricos do Império Britânico, com investimentos em mineração, finanças e infraestrutura. No final de sua vida, destinou parte considerável de sua fortuna para custeio de atividades filantrópicas nas áreas de saúde e educação. Uma de suas contribuições constituiu o *Sir Ernest Cassel Educational Trust Fund*, que administra a oferta de bolsas para custeio de transporte de jovens pesquisadores, que desejem realizar suas investigações em outros países.

33 Klaes, Matthias. Op. cit., p. 522.

Unidos permitiria que Coase "desse vazão a questionamentos inquietantes sobre o porquê da existência das empresas e o que move os empresários, os operários e os gestores".[34]

II.4. Um inglês na Grande Depressão (ou como se tomam as decisões nas empresas?)

Após a travessia do Atlântico, Ronald Coase conheceu universidades, como Colúmbia e Chicago, e empresas americanas, chamando-lhe a atenção o fato de que os economistas estadunidenses viam o sistema econômico como uma realidade orientada pelo sistema de preços, mas desconheciam os custos da utilização do mercado. Os Estados Unidos da América estavam no auge da Grande Depressão, em decorrência do *crack* da Bolsa de Valores de 1929. Em sua viagem, Coase não travou contato pessoal com empresários nesse delicado momento econômico, o que também ajudou a moldar sua visão sobre o funcionamento da economia.[35]

Em suas palavras, a Grande Depressão auxiliou-lhe nas pesquisas, já que as pessoas estavam com mais tempo para responder a suas perguntas. Havia ociosidade industrial e o povo não tinha ocupação. A situação era desesperadora: em Chicago, na *Michigan Avenue*, os desempregados haviam tomado as ruas, transformando-as em leito de dormir. Ainda segundo Coase, a agricultura salvava a situação do país em que a taxa real de desemprego rondaria os 50% da população ativa. Ele conta que, nesse período, indagava "às pessoas sobre seus trabalhos, seus empregos, suas decisões e como elas tomavam aquelas decisões. Então, quando voltei à Grã-Bretanha, eu escrevi 'A natureza da firma'", com as impressões coletadas em suas investigações na América.[36]

No último ano de sua permanência nos Estados Unidos, ocorreu outro fato que modificaria por completo a vida de Ronald Coase: ele conheceu Marian Ruth Hartung, música, com quem se casaria em 7

---

34 Rodrigues Jr., Otavio Luiz. Op. cit., loc. cit.
35 Wang, Ning. Ronald H. Op. cit. p. 127; Coase, Ronald H. *Biographical...* cit.
36 Terjesen, Siri; Wang, Ning. Coase on entrepreneurship. *Small Business Economics*, v. 40, p. 173-184, p. 177, feb. 2013.

de agosto de 1937. Sua união com a esposa resultou em um matrimônio de 75 anos de duração, quando do falecimento de Marian em 17 de outubro de 2012.[37]

II.5. Da periferia ao centro

Ao termo final da bolsa de estudos, Coase voltou ao Reino Unido e iniciou, em outubro de 1932, sua carreira docente na Escola de Economia e Comércio (*Dundee School of Economics and Commerce*) da Universidade de Dundee, como *assistant lecturer*,[38] graças também a uma indicação de Arnold Plant.[39] Na altura, ele estava com 21 anos e não possuía o título de doutor, o que só viria a obter em 1951, sem defesa de uma tese, mas com a utilização de seu artigo *A natureza da firma* como sucedâneo desse requisito formal. Na época, Dundee não era uma instituição autônoma, o que apenas ocorreria em 1963 e, segundo o próprio Coase, a Escola de Economia havia sido instalada em condições não ideais. Ele, contudo, aproveitou-se da circunstância de a instituição ficar próxima de fábricas de juta, material usado para fazer tapetes e carpetes, e levou seus alunos para conhecê-las e ter noções reais de Economia.[40]

Coase transferiu-se da Escócia para a Inglaterra em 1934, assumindo funções na Universidade de Liverpool, após dois anos em Dundee. Sua nova instituição é uma universidade privada, cuja fundação ocorreu em 1881. Ele passou apenas um ano no Noroeste da Inglaterra, em uma cidade conhecida por ter sido importante centro industrial do Reino Unido até a década de 1970.

Os anos em Dundee e Liverpool foram de uma rotina pesada de aulas, com muitas disciplinas diferentes que lhe permitiram intensifi-

---

37 Terjesen, Siri; Wang, Ning. Op. cit., p. 177.

38 *Assistant Lecturer* era um cargo universitário no Reino Unido que equivaleria hoje, no Brasil, a professor-assistente, nas universidades estaduais paulistas, ou a professor assistente, nas universidades federais.

39 Marciano, Alain. An obituary: Ronald Coase (1910-2013). *History of Economic Ideas*, Dec. 2013 Disponível em: SSRN: http://ssrn.com/abstract=2411505. Acesso em 25 jul. 2015.

40 Terjesen, Siri; Wang, Ning. Op. cit., p.177.

car a leitura de autores como Adam Smith, Babbage, Jevons, Marshall, Wicksteed e Knight.[41] Nesses três anos, ele também deu sequência à escrita do texto que viria a se tornar *A natureza da firma*.

Ronald Coase, em 1935, retornou a Londres para assumir um cargo acadêmico de maior prestígio que os precedentes: *assistant lecturer* na *London School of Economics*. Em seu novo posto, ele se voltou para o estudo dos serviços públicos, especialmente os postais, telegráficos, de radiodifusão e de fornecimento de água e energia elétrica. Ele assistiu, de modo privilegiado, ao nascimento do que seriam, na segunda metade do século XX, as bases do Estado de Bem-Estar Social e da assunção pelos agentes estatais do papel de empreendedores nesses setores econômicos.

II.6. *Em guerra (e) com a burocracia...*

No final dos anos 1930, o Reino Unido começou a despertar do que Winston Churchill designou "anos do gafanhoto", ou seja, o período do "governo nacional" de Ramsay MacDonald (Partido Trabalhista). Tratava-se de "uma alusão metafórica ao Livro de Joel (I: 3, 4, 5 e 9, 10) e ao fato de que, nesse período, os britânicos poderiam ter impedido a ascensão de Hitler na Europa e reordenado suas Forças Armadas, de modo a dissuadi-lo da guerra que terminaria por começar em 1939".[42]

A guerra colheu Ronald Harry Coase com 29 anos. Sua participação no esforço bélico ocorreu como assessor no Gabinete de Guerra, mais efetivamente no Escritório Central de Estatísticas (1940 a 1946). Nesse ambiente, deparou-se com a rotina e as praxes dos burocratas – impassíveis até mesmo diante da crise de abastecimento do Reino Unido e da ameaça de invasão alemã –, realidade esta que veio a marcar sua perspectiva sobre a vida e a sociedade.[43]

---

41 Marciano, Alain. Op. cit., loc. cit.
42 Rodrigues Jr., Otavio Luiz. Op. cit., loc. cit.
43 "A perspectiva de uma invasão alemã e do colapso econômico do Reino Unido não conseguiu extrair de seus colegas de serviço público, em sua opinião, nada além de baixezas e intrigas. Em um de seus inspirados discursos, Churchill afirmou que, se o Império Britânico durasse mais mil anos, os homens ainda have-

Um exemplo demonstra bem a qualidade da experiência de Coase com a burocracia da guerra: ele percebeu que a alocação de armas e munições apresentava graves erros. Em determinados teatros de operações, havia excesso e, em outros, faltavam esses materiais para as tropas. Além disso, ele identificou uma inadequada correlação entre a quantidade de armas e respectivas munições nos locais de combate. De modo espontâneo, Coase produziu uma série de tabelas demonstrando esses desajustes na alocação dos recursos e enviou sugestões de solução para o Estado-Maior Imperial. Pouco tempo depois, ele foi persuadido a cessar seus memorandos, "não porque as informações que ele produziu fossem irrelevantes, mas porque algumas pessoas estavam sequiosas para que não se expusessem seus erros".[44]

Após a guerra, Coase atuou brevemente em Washington como representante do Escritório Central de Estatísticas do Governo norte--americano.[45]

No início de 1946, Coase retomou as atividades na *LSE* e assumiu a regência da disciplina *The principles of Economics*, além de prosseguir suas investigações sobre serviços públicos, de modo especial sobre os correios e a radiodifusão.[46]

II.7. "Admirável mundo novo"

O pós-guerra veio com inúmeras transformações no Reino Unido. Derrotado nas eleições gerais, Winston Churchill[47] entregou o

---

riam de dizer que aquela foi sua melhor hora. Para Coase, aquela seria a 'pior hora' da burocracia" (Rodrigues Jr., Otavio Luiz. Op. cit., loc. cit.).

44 Wang, Ning. Op. cit., p. 131.
45 Klaes, Matthias. Op. cit., p. 521.
46 Terjesen, Siri; Wang, Ning. Op. cit., p. 177.
47 Winston Spencer-Churchill (1874-1965), político e militar britânico, Prêmio Nobel de Literatura, foi primeiro-ministro do Reino Unido no período de 1940-1945 e 1951-1955. Participou de diversas campanhas militares na Índia, no Sudão e na África do Sul, foi primeiro-lorde do Almirantado na Primeira Guerra Mundial, cargo ao qual renunciou após o desastre militar em Galípoli e, em razão disso, voluntariou-se como oficial para combater nas trincheiras na frente ocidental. Nos anos 1930, foi o solitário denunciante da escalada política e bélica de Adolf Hitler. Suas ideias só foram levadas a sério quando Hitler rompeu o Tratado de Munique.

cargo de primeiro-ministro ao major Clement Attlee,[48] líder do Partido Trabalhista. Nesse período, Coase assistiu à introdução de vários princípios socialistas na economia britânica.

Em 1947, ele foi promovido a *reader* na *LSE*, um cargo sem equivalente no sistema universitário brasileiro e que ficaria acima de um professor associado e abaixo de um professor titular.

Em 1948, ele passou nove meses nos Estados Unidos para estudar a indústria da radiodifusão desse país, do que resultou o livro *British broadcasting: A study in monopoly*, publicado em 1950.[49]

Segundo alguns autores,[50] uma combinação de elementos levou Coase a emigrar para os Estados Unidos em 1951. Frustrado com a perspectiva socialista na Inglaterra e seduzido pelo *american way of life* que ele redescobriu em 1948, Ronald Coase tomou a difícil decisão de atravessar definitivamente o Atlântico, mesmo lhe tendo a *LSE* oferecido a cátedra de Ciência Econômica, que seria deixada por Friedrich von Hayek em 1950.[51] É notável que Coase haja renunciado à perspectiva de atingir o ápice da vida universitária aos 40 anos de

---

Em 1940, foi convidado pelo rei Jorge VI a assumir o cargo de primeiro-ministro e liderou o país na Segunda Guerra Mundial. Era líder do Partido Conservador e faleceu em 1965 aos 90 anos.

48 Clement Attlee, 1º Conde Attlee (1883-1967), advogado e militar britânico, primeiro-ministro do Reino Unido de 1945 a 1951 e líder do Partido Trabalhista. Formou-se em Direito na Universidade de Oxford e lutou na frente ocidental na Primeira Guerra Mundial, tendo-se graduado como major. Ele foi vice-primeiro--ministro de Winston Churchill, no governo de união nacional durante a Segunda Guerra Mundial. Após ter assumido o poder, vitorioso nas eleições gerais de 1945, ele negociou a paz com os alemães e, no governo, foi responsável pela nacionalização de amplos setores da economia do Reino Unido e pela consolidação do chamado Estado do Bem-Estar social (*Welfare State*).

49 Terjesen, Siri; Wang, Ning. Op. cit., p. 175-177.

50 Klaes, Matthias. Op. cit., p. 521.

51 Frederich August von Hayek (1899-1992), economista austro-húngaro, naturalizado britânico, professor catedrático da *LSE*, um dos líderes da Escola Austríaca e Prêmio de Ciências Econômicas em Memória de Alfred Nobel, do Banco Central do Reino da Suécia, de 1974. Um dos mais importantes economistas do século XX, é ligado à tradição econômica de von Mises e Menger. Além da *LSE*, foi catedrático em Viena e Chicago.

idade em seu próprio país, largando tudo para reiniciar sua carreira na América do Norte.[52]

II.7.1. De volta ao admirável Novo Mundo

Buffalo é uma cidade do Estado de Nova York, fundada, em 1789, às margens de um riacho que deu o nome à localidade. Em 1950, Buffalo tinha uma população de 580.132 habitantes e caracterizava-se por ser um importante entroncamento ferroviário nacional e polo siderúrgico. Hoje, com a transferência das ligações de trens para Nova York e a migração industrial para a China, a população caiu para aproximadamente 261.310 pessoas em 2010.

Nos anos 1950, ninguém imaginava que Buffalo viveria tempos de decadência como os atuais. No entanto, não se pode dizer que a cidade fosse então um grande centro intelectual ou acadêmico, capaz de atrair professores renomados para a Universidade de Buffalo, uma instituição privada de ensino fundada em 1846 e que somente em 1962 viria a se fundir com a Universidade Estadual de Nova York, tornando-se pública e mudando seu nome para Universidade Estadual de Nova York em Buffalo (*State University of New York at Buffalo*).[53]

Essa improvável ocorrência se deu em 1951, quando Ronald Harry Coase para lá se transferiu, após gestões de seu amigo John Sumner e um convite formal da Universidade de Buffalo para que aceitasse uma cátedra recém-aberta. A notícia chocou seus colegas britânicos, que não entendiam como Ronald Coase trocou a perspectiva de uma prestigiada cátedra na LSE pela docência em uma desconhecida universidade privada nos Estados Unidos. Aliás, segundo Ning Wang, mesmo algumas pessoas em Buffalo não entenderam bem as razões de Coase, que conhecera Buffalo em 1932 e gostara do ritmo frenético daquela cidade industrial e ferroviária.[54]

Coase permaneceu em Buffalo de 1951 a 1959. Seu tempo foi dedicado ao aprofundamento de suas pesquisas e, em razão disso, ele

---

52 Marciano, Alain. Op. cit., loc. cit.; Rodrigues Jr., Otavio Luiz. Op. cit., loc. cit.; Wang, Ning. Op. cit., p. 132; Klaes, Matthias. Op. cit., p. 521.
53 Klaes, Matthias. Op. cit., p. 521.
54 Wang, Ning. Op. cit., p. 132.

rejeitou diversos convites para cátedras em universidades de maior renome, como Harvard e Chicago. No final de sua permanência na Universidade de Buffalo (1958-1959), ele atuou como pesquisador no *Center for Advanced Studies in Behavioral Sciences*, vinculado à Universidade de Stanford, na Califórnia.[55] Esse centro de estudos em Ciências Comportamentais foi criado em 1954, com recursos da Fundação Ford, e objetivava desenvolver pesquisas interdisciplinares sobre o comportamento humano com foco na Antropologia, na Economia, na Ciência Política, na Sociologia e na Psicologia. A pesquisa em Stanford serviu de base para a publicação de seu artigo *O problema do custo social*, em 1960, no *Journal of Law and Economics*, da Universidade de Chicago.

Ao término do estágio de pesquisa em Stanford, Coase recebeu convite para assumir uma cadeira na Universidade da Virgínia, instituição pública fundada em 1819, bem mais tradicional e prestigiosa do que sua congênere de Buffalo.

A ida para a Virgínia deveu-se a uma iniciativa do jurista e economista James McGill Buchanan Jr. (1919-2013), que viria a ganhar o Prêmio de Ciências Econômicas em Memória de Alfred Nobel de 1986 e se notabilizou como um neocontratualista de matriz hobbesiana. Buchanan e Coase dividiram suas preocupações com a perda de referências históricas e humanísticas da Economia, além de partilharem visões ideológicas, o que tornou muito agradável a experiência de ambos na instituição de ensino. Eles entendiam que a Ciência Econômica deveria retornar a suas raízes e usar a política para corrigir falhas do mercado.[56] Buchanan pretendia criar um centro de referência em estudos econômicos na Virgínia e, com isso, atraiu o interesse de Coase.[57] O próprio Buchanan declarou que a ida de Coase para a Virgínia foi a "terceira maior aquisição da nossa faculdade", o que se deu após longas e, às vezes, tortuosas negociações.[58]

---

55 Wang, Ning. Op. cit., p. 132-133.
56 Marciano, Alain. Op. cit., loc. cit.
57 Klaes, Matthias. Op. cit., p. 521.
58 Buchanan, James M. The Virginia renaissance in political economy. In. Koppl, Roger (Ed). *Money and markets*: Essays in honor of Leland B. Yeager. Londres e Nova York: Routledge, 2006. p. 36.

Coase permaneceria na Virgínia até 1964. No entanto, as circunstâncias de sua mudança para a Universidade de Chicago surgiram quando ele ainda estava naquela instituição do Velho Sul norte-americano.

II.8. No farol do Law and Economics

A Universidade de Chicago nasceu em 1890 e, diferentemente do que muitos podem pensar, é uma instituição privada que deve sua origem à milionária dotação de John Rockfeller, um dos *barões gatunos* do século XIX. A Universidade de Chicago é talvez o mais prestigioso centro de estudos econômicos do mundo, o que se comprova pelo expressivo número de 100 alunos, professores ou pesquisadores a ela vinculados que ganharam o Prêmio de Ciências Econômicas em Memória de Alfred Nobel.

Pertencer a Chicago, nessa chave, é fazer parte de um universo privilegiado para a investigação econômica, seja pelos enormes recursos destinados a esse fim, seja pela tradição da universidade nesse campo, o que é notório independentemente de compreensíveis restrições que se tenha a sua linha ideológica.

Ronald Coase é um dos nomes que figuram na lista dos agraciados de Chicago com o prêmio do Banco Central do Reino da Suécia. As duas pesquisas que realmente importaram para a obtenção desse reconhecimento – *A natureza da firma* e *O problema do custo social* – não foram, contudo, produzidas em Chicago e, muito menos, com recursos dessa instituição. Pode-se dizer que a Universidade de Chicago, em relação àquele prêmio, se beneficiou da já notória intervenção do acaso na vida de Ronald Harry Coase.

Coase terminou seu artigo *The Federal Communications Commission* e resolveu submetê-lo à revisão cega por pares de um novo periódico – *Journal of Law and Economics* – da Universidade de Chicago. Como é praxe, o *paper* foi avaliado por pareceristas e eles identificaram um aparente erro de concepção teórica, o que demandaria uma reanálise do autor à luz dessas críticas. Ele recebeu uma correspondência por meio da qual lhe era solicitado que corrigisse a passagem impugnada, mas ele insistiu na manutenção de seu escrito. Como exemplo de uma cortesia acadêmica hoje praticamente desaparecida,

Coase foi convidado a expor o conteúdo de seu trabalho em um seminário para os economistas da Universidade de Chicago, organizado por George Stigler. No mesmo dia, ele foi chamado para um jantar, que se converteu em uma verdadeira "lenda da Economia moderna" e contou com a participação de vários professores, dentre eles Milton Friedman,[59] George Stigler[60] e Gregg Lewis,[61] todos futuros nominados ao prêmio em memória de Alfred Nobel por suas contribuições à Economia:[62]

> "Durante o curso de duas horas, Coase, com a ajuda de Friedman, que foi o primeiro a ser convencido pelos argumentos de Coase, persuadiu todos os seus oponentes a virem para seu lado. Depois do debate, Coase foi instado a escrever sobre o tema. Coase concluiu a maior parte desse escrito durante o verão de 1960, que passou na *LSE*. "O problema do custo social" surgiu como artigo principal no terceiro caderno do *Journal of Law and Economics*; atualmente, é o artigo de revista jurídica mais citado de todos os tempos".[63]

Esses fatos ocorreram em 1960. Nos anos seguintes, a luta de James McGill Buchanan Jr. para criar na Virgínia um polo de referência de estudos econômicos não resultou em sucesso devido à oposição dos órgãos administrativos. Some-se a isso, segundo as palavras de Buchanan, o fato de que Coase, apesar de ser excelente professor, não conseguiu, de pronto, empolgar os alunos de graduação da Virgínia.

---

59 Milton Friedman (1912-2006), economista e estatístico norte-americano, ganhador do Prêmio de Ciências Econômicas em Memória de Alfred Nobel de 1976, professor da Universidade de Chicago, foi um dos líderes da Escola Econômica de Chicago. Na administração Reagan, funcionou como membro do Conselho Consultivo de Política Econômica e pode ser considerado um dos mais influentes economistas do século XX.

60 George Joseph Stigler (1911-1991), economista norte-americano, ganhador do Prêmio de Ciências Econômicas em Memória de Alfred Nobel de 1982, foi um dos líderes da Escola Econômica de Chicago.

61 Harold Gregg Lewis (1914-1992), economista norte-americano, membro da Escola Econômica de Chicago, foi professor catedrático da Universidade de Chicago e, posteriormente, professor emérito da Universidade Duke.

62 Marciano, Alain. Op. cit., loc. cit.; Wang, Ning. Op. cit., p. 133; Terjesen, Siri; Wang, Ning. Op. cit., p. 175-177.

63 Wang, Ning. Op. cit., p. 133.

Ainda conforme Buchanan, as *lectures* de Coase eram o resultado de uma intensa preparação, o que não era possível de se fazer no ritmo célere de um curso normal: "Além disso, a mente de Coase era simplesmente muito criativa para permitir que ele se limitasse a falar de livro-texto padrão. A influência de Coase no programa da Virgínia foi largamente exercida por intermédio de seus colegas de faculdade, embora ele tenha orientado trabalhos de doutorado por vários semestres".[64]

Eis que Ronald Coase recebeu, em 1964, um irrecusável convite: assumir a edição do *Journal of Law and Economics*, onde fora publicado seu artigo "O problema do custo social", em 1960, cujo conteúdo tanto efeito causara nos economistas da Universidade de Chicago. Coase voltaria a encontrar-se com o Direito, uma área que tanto o fascinava desde a juventude, pois trabalharia, de início, na *Law School* e na *Business School* e, posteriormente, em tempo integral na Escola de Direito de Chicago.[65]

O *Journal of Law and Economics* tem por objeto editorial a divulgação de pesquisas e artigos sobre temas como análise econômica da regulação e das empresas reguladas; economia política da legislação e do processo legislativo; direito e finanças; finanças e governança corporativas; e organização industrial. Em seus 18 anos como editor dessa revista (1964-1982), Coase utilizou-a como instrumento para a divulgação do *Law and Economics* e foi mais do que um simples editor. Ele associou a revista a uma série de seminários, oficinas, encontros e meios de reunir pesquisadores e dar eco às ideias ali publicadas. Foi um trabalho sem qualquer retorno financeiro, no qual Ronald Coase sempre teve em mente a necessidade de consolidar a revista.[66]

A dedicação à revista fez com que Ronald Coase somente voltasse a ter uma produção mais intensa nos anos 1970. De todo esse período, "O Farol na Economia" (*The lighthouse in Economics*) foi seu trabalho mais importante e, por essa razão, escolhido por ele para integrar *A firma, o mercado e o Direito*.

---

64 Buchanan, James M. Op. cit., p. 39-40.
65 Wang, Ning. Op. cit., p. 135.
66 Wang, Ning. Op. cit., p. 135.

Em 1977, Ronald Coase tornou-se pesquisador sênior da *Hoover Institution*, da *Stanford University*[67] e, nos anos seguintes, instituições como Yale, Colônia, Washington, Dundee e Paris concederam-lhe o título de doutor honorário.[68]

A virada dos anos 1970 para os anos 1980 não foi tranquila. Após a derrota norte-americana na Guerra do Vietnã e o recrudescimento das relações com a União Soviética, que invadiu o Afeganistão em 1979, os Estados Unidos viveram momentos de contestação política, crise econômica, perda de prestígio internacional e incertezas quanto a uma guerra atômica. Na terra natal de Coase, o Reino Unido, o sentimento de decadência tornou-se generalizado: a velha *Britannia*, senhora dos mares e de um império onde o sol nunca se punha, saía de cena para dar lugar a um arquipélago no Atlântico Norte, com bomba atômica e um passado imperial, mas já sem condições de manter os serviços essenciais por causa do déficit público.

As eleições de Margareth Thatcher,[69] em 1979, para o cargo de primeira-ministra da Grã-Bretanha, e de Ronald Reagan,[70] em 1980,

---

67 *Hoover Institution on War, Revolution, and Peace*, mais conhecida apenas como *Hoover Institution*, é uma instituição de pesquisa vinculada à Universidade de Stanford, Califórnia, criada em 1919 como uma biblioteca, cujo doador foi Herbert Hoover, futuro presidente dos Estados Unidos. Embora integrante da estrutura da Universidade de Stanford, a instituição tem relativa independência administrativa e se notabilizou por ser um espaço em defesa da liberdade e da livre-iniciativa.

68 Rodrigues Jr., Otavio Luiz. Op. cit., loc. cit.

69 Margareth Hilda Thatcher, Baronesa Thatcher (1925-2013), química, política britânica, líder do Partido Conservador, foi a primeira mulher a ocupar a chefia de Governo do Reino Unido, no período de 1979 a 1990. Filha de um pequeno merceeiro e também pastor metodista, graduou-se em Química na Universidade de Oxford e entrou na política na década de 1950. Em sua administração como primeira-ministra, enfrentou sindicatos, servidores públicos e movimentos sociais para implantar a reforma do Estado, a desestatização e a política econômica que se tornou conhecida como *thatcherismo*. Uniu-se a Ronald Reagan na luta contra a União Soviética e liderou a vitória contra os argentinos na Guerra das Malvinas (1982).

70 Ronald Wilson Reagan (1911-2004), ator e político norte-americano, foi o 40º presidente dos Estados Unidos da América. Após uma carreira mediana como ator de cinema, ingressou na política na década de 1960, tendo-se eleito governador do Estado da Califórnia pelo Partido Republicano. Reagan iniciou um

para um mandato presidencial a se iniciar em 1981 nos Estados Unidos, alteraram drasticamente os rumos da História. Na década de 1980, esses dois políticos conservadores impuseram suas agendas ideológicas, militares, políticas e econômicas. Privatizações, regulação de serviços públicos e diminuição do papel do Estado foram as marcas das administrações Thatcher e Reagan. No campo internacional, os britânicos recuperaram sua autoestima e sua relevância em política externa ao derrotarem os argentinos na Guerra das Malvinas (1982) e ao se associarem aos norte-americanos em uma política de emulação e de retorno à corrida armamentista, que resultou na falência econômico-financeira da União Soviética. Ao final dos anos 1980, a Europa Oriental havia saído da esfera de influência soviética e iniciado sua marcha rumo ao capitalismo.

Essas duas personagens históricas do final do século XX receberam o aporte intelectual de muitos dos membros da Escola de Chicago, e isso se refletiu no aumento considerável da influência desses teóricos no cenário internacional. Na década de 1980, Chicago tornar-se-ia o farol econômico para diversas experiências de reformas do Estado e da Economia em diversas partes do mundo, algumas delas desastrosas como a política neoliberal brasileira. Coase encontrou-se uma única vez com Ronald Reagan em uma recepção que tinha uma fila enorme para cumprimentar o presidente americano. Nas palavras de Coase, muitas pessoas começaram a resmungar porque a fila havia parado e elas imaginavam que ele fora o responsável. Na verdade, "era Reagan que desejava conversar" com Ronald Coase: "Ele ouviu meu sotaque e foi muito rápido em perceber que eu não era americano. Ele começou a falar-me sobre Margaret Thatcher e parou toda a fila. Ele era um grande admirador de Margaret Thatcher e eu acho que com

---

processo de renovação de seu partido, que se baseava na afirmação de valores morais, no anticomunismo e na defesa da livre-iniciativa. Eleito presidente em 1980, governou em dois mandatos no período de 1981 a 1989. Ao lado de Thatcher, criou políticas de diminuição do papel do Estado, de apoio à livre-iniciativa e de concorrência militar com a União Soviética, que levou a seu esgotamento econômico e ao fim de seu domínio sobre a Europa Oriental. Em termos econômicos, vinculou-se aos membros da Escola de Chicago e aos juristas a ela associados.

muita razão".[71] Duas curiosas revelações estão contidas neste trecho. A primeira é que Coase, apesar de naturalizado norte-americano e habitar o país há 50 anos, ainda se considerava um britânico. A segunda está no elogio sincero à primeira-ministra Thatcher. Terá sido, para além das afinidades teóricas e ideológicas, uma identificação de um filho da classe trabalhadora com sua homóloga, os quais venceram por seus méritos e contra todas as apostas da vida?

Se Chicago se tornara o núcleo do pensamento econômico que prevaleceu nos anos 1980, é de se admitir que a presença de Ronald Coase naquela cidade também serviu para aproximá-lo, em termos acadêmicos, geográficos, institucionais e, acima de tudo, simbólicos, de Henry Manne,[72] Guido Calabresi[73] e Richard Posner,[74] todos expoentes do *Law and Economics*, um movimento que atravessou os bancos da Economia e foi recepcionado pelo Direito, constituindo-se, até hoje, na marca da *Chicago Law School* e na referência para juristas de várias partes do mundo. Como defende Alain Marciano, após a edição de *O problema do custo social*, o *Law and Economics* foi reconhecido nos cânones acadêmicos e ganhou autonomia como um campo de estudo, e, "por essa razão, em particular, é que Coase – juntamente com Manne, Calabresi e Posner – foi agraciado com o título de pai fundador do movimento *Law and Economics*". Ainda conforme Marciano, verdadeira ou não essa história, "ou se ela é uma 'Chicago' story", equivale a algo que "não chega a ser necessariamente um problema". O que

---

71 Terjesen, Siri; Wang, Ning. Op. cit., p. 179.

72 Henry G. Mane (1928-2015), jurista norte-americano, ex-aluno da *Harvard Law School*, foi professor da Faculdade de Direito da Universidade George Mason. É referido como um dos fundadores do *Law and Economics*.

73 Guido Calabresi (1932-), jurista norte-americano, foi diretor da *Harvard Law School*, instituição da qual é professor emérito. Calabresi exerceu a magistratura federal nos Estados Unidos, indicado pelo democrata Bill Clinton e é considerado um dos pais do movimento *Law and Economics*.

74 Richard Allen Posner (1939-), jurista e magistrado norte-americano, professor da *Harvard Law School*, foi nomeado, em 1981, para o cargo de juiz do Tribunal de Apelação do Sétimo Circuito. É até hoje um dos mais polêmicos e influentes juristas dos Estados Unidos, envolvendo-se frequentemente em discussões sobre temas polêmicos como aborto, educação pública e casamento igualitário. Nos anos 1960, foi um dos líderes e fundadores do movimento *Law and Economics*.

realmente deve ser objeto de reflexão diz respeito a tornar sinônimos *Law and Economics* e Análise Econômica do Direito, esta última mais diretamente ligada ao nome de Richard Posner.[75]

Na verdade, essa distinção, que não é usualmente aprofundada, pode ser transposta para muitas das ideias que nem remotamente se ligam ao pensamento de Coase, mas que reivindicam sua ancestralidade para conferir maior respeito a seus autores. Esse é, porém, um problema que ultrapassa os limites de um estudo introdutório à obra de Ronald Coase, que não se presta a uma sindicância sobre a correção teórica daqueles que se afirmam seus seguidores.

As divergências entre Coase e Posner tornaram-se públicas e acentuaram-se nos anos 1990 por meio de artigos publicados em revistas especializadas.[76] Em um deles, Coase chega a dizer que sua primeira reação ao ler a crítica a sua contribuição teórica feita por Posner foi a de recordar os comentários sobre as conferências de Alfred Marshall sobre Henry George. Marshall lembrava uma jiboia babando sobre a vítima antes de engoli-la: "Ao dizer isso, eu não tenho a intenção de equiparar Posner a Marshall, muito menos a algum tipo de serpente, embora eu deva confessar que tal pensamento ruim tremulou em minha mente quando eu estudava seu artigo cuidadosamente, o que não foi nada divertido".[77]

II.9. *O filho da classe trabalhadora, que se apaixonou pelo funcionamento do mercado, recebe o Prêmio em Memória de Alfred Nobel*

Tendo deixado o cargo de editor-chefe do *Journal of Law and Economics* e se aposentado da Universidade de Chicago em 1982, Coase prosseguiu escrevendo e atuando firmemente na vida intelectual.

---

75 Marciano, Alain. Op. cit., loc. cit.

76 Coase, R. H. Coase on Posner on Coase. *Journal of Institutional and Theoretical Economics*, v. 149, issue 1, p. 96-98. 1993; Posner, R. A. Nobel Laureat: Ronald Coase and Methodology. *Journal of Economic Perspectives*, v. 7, issue 4, p. 195-210, 1993; Posner, R. A. Reply. *Journal of Institutional and Theoretical Economics*, v. 149, issue 1, p. 119-121, 2003.

77 Coase, R. H. Coase on Posner... p. 96.

O ano de 1991 trouxe-lhe, contudo, grande reconhecimento com o Prêmio de Ciências Econômicas em Memória de Alfred Nobel, do Banco Central do Reino da Suécia. Com essa distinção, Coase ganhou notoriedade mundial. Na ocasião do recebimento da láurea, ele mencionou o intento de que sua pesquisa contribuísse para uma melhor compreensão da estrutura institucional e, portanto, auxiliasse empresários em suas negociações, o que traria vantagens para a política econômica do governo e, por conseguinte, geraria uma economia mais produtiva.[78]

Ronald Coase descreveu o momento em que soube da indicação para o prêmio de 1991. O Comitê do Prêmio não conseguiu encontrá-lo, pois ele estava na Tunísia, para onde viajara para ver "camelos e coisas do deserto", que eram inéditas para ele. Após ter recebido oficialmente a notícia, a viagem transformou-se. A imprensa publicou matérias a seu respeito e ele foi recepcionado pelos embaixadores do Reino Unido e dos Estados Unidos, além do presidente da Tunísia.[79]

Coase também recebeu um convite para encontrar-se com a rainha Elizabeth II. No entanto, recusou-se a fazê-lo e ela nunca mais o convidou depois disso. Posteriormente, ele fez uma autocrítica e admitiu que "provavelmente foi um erro". Fica-se a imaginar se a recusa foi causada por timidez ou se ainda remanescia um pouco do espírito socialista e algum complexo por sua origem de classe a justificar uma atitude pouco polida vinda de alguém tão educado.

O Prêmio do Banco Central Sueco chegou para um homem de 80 anos. A premiação ocorreu aos 10 de dezembro de 1991 e Coase completaria 81 anos no dia 29 daquele mês. Em seu discurso de agradecimento, no banquete oferecido pelos reis da Suécia, Coase citou o barão Keynes,[80] o que não deixou de ser uma bela homenagem ao

---

78 Wang, Ning. A life in pursuit of "good economics". Interview with Ronald Coase by Ning Wang. *Man and the Economy*. v. 1, issue 1, p. 99-120, 2014. p. 109.

79 Terjesen, Siri; Wang, Ning. Op. cit., p. 178-179.

80 John Maynard Keynes, 1º Barão Keynes of Tilton (1883-1946), economista britânico, principal ideólogo da criação do Banco Mundial e do Fundo Monetário Internacional, liderou a criação de uma escola econômica que levou seu nome – o keynesianismo – e é reconhecido como o fundador da moderna macroeconomia. Suas ideias foram decisivas para a recuperação econômica dos Estados Unidos na

arquirrival da Escola de Chicago: "Maynard Keynes disse certa vez que os economistas não são os curadores da civilização, mas de uma possibilidade de civilização".[81]

Para além de ser a mais importante premiação econômica internacional, a homenagem recebida por Coase em 1991 foi também um acaso se consideradas suas condições políticas no *mainstream* acadêmico. Ronald Coase era uma figura contraditória, cuja melhor definição está na frase de John Hicks,[82] segundo a qual ele era um mestre e um *maverick* (um dissidente) da moderna Economia.[83]

II.10. O capitão do Economics All-Stars

O economista Stephen Littlechild, Professor Emérito da Universidade de Birmingham e Pesquisador da *Judge Business School* da Universidade de Cambridge, descreve Ronald Coase como o seu herói na Economia.[84] Ambos mantiveram uma amizade de décadas.

Littlechild conta que, em 1973, ingressou como professor doutor na Universidade de Aston, em Birgmingham. Ao entreter o público presente à cerimônia de sua posse, falou que o time de futebol dos sonhos teria craques como Pelé, Brian Clough, All Ramsey e outros desse patamar – uma escalação digna das páginas do *Hotspur* (o *Tottenham*) ou imaginável nas cores vivas do *Wisbech Methodists Football Club* (o *Wisbech Town*).[85]

---

década de 1930 e para a reorganização do sistema econômico internacional no segundo pós-guerra, por meio da célebre Conferência de Bretton Woods.

81 Coase, Ronald H. *Banquet Speech*. Nobelprize.org. Nobel Media. 19 Jul. 2015. Disponível em: http://www.nobelprize.org/nobel_prizes/economic-sciences/laureates/1991/coase-speech.html. Acesso em 25 jul. 2015.

82 Sir John Richard Hicks (1904-1989), economista britânico, professor da *London School of Economics* e da Universidade de Oxford, recebeu o Prêmio de Ciências Econômicas em Memória de Alfred Nobel em 1972.

83 Terjesen, Siri; Wang, Ning. Op. cit., p. 174.

84 Littlechild, Stephen C. Forewords. *Forever contemporary*: the economics of Ronald Coase. Veljanovski, Cento (Coord.). Londres: Institute of Economic Affairs (IEA), 2015, p. xiv.

85 Littlechild, Stephen C. Op. cit., p. 8.

Igualmente, se tivesse de escalar a seleção dos sonhos formada por economistas (o *Economics All-Stars*) para disputar com todos os economistas remanescentes (o *Rest of the World*), Ronald Coase seria o capitão daquele time de estrelas. Coase, porém, não deveria se preocupar: analisar um jogo de futebol assemelhava-se a ter um *insight* econômico. Passadas quatro décadas, ao encontrarem-se pela última vez, Coase recordou-se festivamente dessa passagem fictícia pelo posto de capitão do *Economics All-Stars*.[86]

Stephen Littlechild guarda a lembrança dos almoços em Chicago, mais especificamente no *Drake Hotel*, onde Coase sempre pedia um *consommé* e uma taça de xerez. Eram encontros nos quais Coase transitava entre histórias do passado e observações sobre os avanços econômicos do mundo.[87]

Não faltavam também curiosidades sobre a economia e os economistas. Um desses episódios aconteceu em Washington: John Maynard Keynes foi solicitar um empréstimo ao Governo norte-americano ao fim da Segunda Guerra, tendo entrado na sala em que estavam Coase e outro colega. Educadamente, este último fez as apresentações: "Keynes, creio que você ainda não conheça Ronald Coase". Ao que Keynes, respondeu: "Não". E, estendendo a mão a Coase, acrescentou: "Creio que não", saindo logo em seguida. A Littlechild, Coase resumiu: "Essa foi toda a minha vida com Keynes".[88] De fato, um brevíssimo contato pessoal, indigno de dois grandes economistas britânicos de ideias tão antitéticas, mas de metodologias tão afins.

Stephen Littlechild aponta a grande influência de Coase sobre a geração posterior de economistas. A *LSE* havia convidado Coase para ministrar um curso sobre indústrias nacionalizadas, ocasião em que ele procurou delimitar dois ou três traços identificadores de cada uma dessas sociedades, a fim de explicar "como?" e "por quê?" as políticas eram diferentes para cada setor. Os correios, por exemplo, pertenciam ao setor público, um monopólio voltado a prestar um serviço universal.[89]

---

86 Littlechild, Stephen C. Op. cit., p., 8.
87 Littlechild, Stephen C. Op. cit., p. 8.
88 Littlechild, Stephen C. Op. cit., p. 9.
89 Littlechild, Stephen C. Op. cit., p. 9.

Ronald Coase, apaixonado que era pela economia dos serviços públicos, sugeriu a Lionel Robbins, então chefe de departamento da *LSE*, que estimulasse esse tema nos seminários dos alunos da graduação, talvez com ênfase na agência norte-americana *Tennessee Valley Authority*,[90] uma criação do *New Deal* fundada no governo Roosevelt em 1933, que tanto vinha contribuindo para o desenvolvimento de áreas antes arruinadas pela Grande Depressão. Essa simples sugestão, levada a efeito entre 1946 e 1947, entusiasmou a formação de importantes economistas dedicados ao estudo do funcionamento dos serviços públicos. Três deles se tornaram respeitados acadêmicos: Ralph Turvey e Ezra J. Mishan, ambos da *LSE*, e William J. Baumol, da *New York University*.[91]

Como dito anteriormente, a desesperança no crescente socialismo britânico, o *modus vivendi* da América e a admiração pelos economistas norte-americanos são apontados como os fatores determinantes da emigração de Coase para o Estados Unidos da América em 1951. Ao menos, foram essas as justificativas que ele próprio apresentava. E haveria alguma razão mais pontual?

Em 1937, como sabido, o artigo "A natureza da firma", um dos mais famosos de Ronald Coase, foi publicado no jornal *Economica*, da *LSE*. Observa Littlechild que, a alguns conhecidos, Coase teria dito: "Lionel Robbins, mesmo sendo do mesmo departamento que eu, nunca fez qualquer menção ao meu artigo". Esse episódio o teria frustrado bastante, incutindo-lhe a ideia de que seu trabalho seria mais útil em outra universidade.[92] Daí teria surgido toda a movimentação de Coase já narrada neste estudo.

Não muito tempo depois, Ronald Coase chegou a ser cotado para assumir a cátedra de Friedrich von Hayek na *LSE*, mas era tarde

---

90 A *Tennessee Valley Authority* é agência criada para fornecer desenvolvimento econômico geral à região por meio da geração de energia, controle de enchentes, assistência à navegação, fabricação de fertilizantes e desenvolvimento agrícola. Desde os anos da Depressão, ele se tornou principalmente um utilitário de energia. Apesar de suas ações serem propriedade do governo federal, a TVA opera exatamente como uma empresa privada e não recebe financiamento do contribuinte.

91 Littlechild, Stephen C. Op. cit., p. 9-10.

92 Littlechild, Stephen C. Op. cit., p. 10.

demais. O especialista em serviços públicos John Sumner, que esteve na *LSE* antes da Segunda Guerra, convidou Coase para ser professor visitante na então Universidade de Buffalo, e lá se foi o futuro nobelista para os Estados Unidos naquele ano de 1951.[93]

Os artigos "A natureza da firma" e "O problema do custo social" foram determinantes para que Ronald Coase ganhasse o Prêmio do Banco da Suécia para as Ciências Econômicas em Memória de Alfred Nobel em 1991. Os temas enfrentados nesses dois textos abordam fenômenos gerais da economia, o que é, de certo modo, uma inovação na obra de Coase, mais reconhecida por explicar como setores específicos da economia (inclusive, o setor público) funcionam na prática e como determinadas indústrias atuam no mercado.

Coase foi muito grato à nova terra que o acolheu, mas um britânico é sempre um britânico. Essa realidade lhe conferiu uma visão privilegiada da dinâmica economia dos Estados Unidos da América: ao mesmo tempo que acompanhava de perto o acelerado desenvolvimento econômico norte-americano, ele também tinha a perspectiva de quem veio de uma maior estabilidade da economia do Reino Unido, não obstante marcada pela forte nacionalização dos setores da indústria e serviços nos anos 1940 e pela posterior privatização dessas e outras empresas no governo da primeira-ministra Margaret Thatcher entre 1979 e 1990.

Em outubro de 1995, o *Institute of Economic Affairs – IEA* sediou o evento *A Conversation with Ronald Coase*. A abertura coube ao amigo Stephen Littlechild, que lembrou que Ronald Coase se inspirou no caso *Sturges v Bridgman*, julgado em 1879, para escrever seu festejado artigo "O problema do custo social".[94]

Bridgman herdou do pai uma confeitaria na *Wigmore Street*, 30, Londres, onde há mais de 60 anos eram utilizados pilões e almofarizes. Na sequência, o médico Sturges mudou-se para a *Wimpole Street*, 85, logo ao dobrar a esquina da confeitaria. Após oito anos, o médico construiu um consultório nos fundos do seu jardim, mas notou que o barulho dos equipamentos da confeitaria perturbava as consultas de

---

93 Littlechild, Stephen C. Op. cit., p. 10-11.
94 Littlechild, Stephen C. Op. cit., p. 12-13.

seus pacientes. Não houve acordo amigável entre as partes e, em 1879, o médico ganhou a ação judicial que propôs contra o confeiteiro. O tribunal declarou que o médico tinha direito de exercer suas funções num ambiente livre de barulhos rotineiros.

Décadas depois, o antigo endereço do consultório passou a abrigar um espaço de terapia, enquanto a confeitaria foi substituída por uma filial da *Amplifon SpA*, a maior varejista mundial de aparelhos auditivos. Expurgaram-se, portanto, as quezilas na vizinhança, mas não sem altos custos de transação naquela ação judicial.[95] Ronald Coase, ao estudar esse importante precedente, criticou o julgado que, fazendo prevalecer apenas os direitos de propriedade, desconsiderou em absoluto a possibilidade de a confeitaria prosseguir em atividade mediante pagamento de uma indenização ao médico pela turbação do silêncio em alguns períodos do dia.

Tanto a investigação empírica quanto as bases de uma economia sólida estão no cerne da pesquisa de Ronald Coase e, nessa linha, as companhias de água atraíram a atenção do economista a ponto de ele fazer um extenso levantamento a respeito delas, desde o surgimento até o início do século XXI. Na sequência, o serviço postal, a radiodifusão e as comunicações também demandaram a sua dedicação.[96] Mas não era costume de Coase reeditar seus artigos, ainda mais do alto de um século de vida. Fato é que ele não colocou no papel boa parte dos resultados dessas pesquisas, seja por seus intensos trabalhos em andamento, seja por não estar habituado a escrever em coautoria nem trabalhar com pesquisadores assistentes. Ele achava que o posicionamento dos outros pudesse, muitas vezes, não refletir o seu.[97]

No ano de 1999, Stephen Littlechild chegou a propor-lhe ajuda na atualização de alguns textos e na publicação dos resultados das pesquisas sobre as empresas públicas, mas Coase sempre recusava. Em 2000, Littechild insistiu novamente com Coase e, para incentivá-lo, enviou-lhe um exemplar da então recente obra de Jonh Graham-Leigh, *London's Water Wars: the competition for London's water supply in the nineteenth century*, uma abordagem histórica sobre a disputa pelo

---

95 Littlechild, Stephen C. Op. cit., p. 12-13.
96 Littlechild, Stephen C. Op. cit., p. 13-14.
97 Littlechild, Stephen C. Op. cit., p. 14.

monopólio do abastecimento de água em Londres no século dezeno-ve.[98] Coase, porém, estava envolvido com outros estudos.

Até que Littlechild foi procurado por Philip Booth, do *Institut os Economic Affairs* – *IEA*, o qual comentou que Coase foi membro e colaborador do instituto por muitos anos. Vários integrantes do *IEA* escreveram sobre Coase, mas a instituição ficaria honrada em publi-car um trabalho escrito pelo próprio Ronald Coase.[99]

Na ocasião, Littlechild, considerando os mais de 90 anos de Co-ase, sugeriu a este que fizesse ao menos uma introdução para uma co-letânea de seus textos a ser publicada pelo *IEA*. No encontro seguinte entre os dois, Coase falou que havia pensado na proposta e escreve-ria um artigo. Mas, um ano depois, Coase entendeu que seria melhor uma monografia. E, no ano seguinte, Coase informou a Littlechild que o ideal era escrever um livro.[100]

Ninguém mais acreditava que Coase escreveria o livro ou qual-quer texto para o *IEA*. Coase, no entanto, passou a trabalhar com a colaboração de Ning Wang, membro sênior do *Ronald Coase Institute*, que outrora havia sido seu assistente de confiança.

Foi assim que surgiu a obra *How China Became Capitalist*. Se antes Coase conhecia a China apenas pelas obras de Marco Polo, ele agora explorava, curiosamente, o país que, de modo não intencional, deixou de aperfeiçoar o socialismo para transformar-se num gigan-te da economia de mercado. Em 2012, já tendo completado seus 102 anos, Ronald Coase e Ning Wang providenciaram o depósito do livro no *IEA*.[101]

Nos últimos anos de Coase, Littlechild perguntou-lhe como an-davam os estudos, ao que ele respondeu: "Penso que minha capacida-de de análise continua tão forte como sempre foi". A questão era so-mente a idade, que já lhe permitia algumas pausas para cochilos, em-bora o trabalho com Ning Wang o instigasse a escrever e a pensar.[102]

---

98 Littlechild, Stephen C. Op. cit., p. 14-15.
99 Littlechild, Stephen C. Op. cit., p. 15.
100 Littlechild, Stephen C. Op. cit., p. 15.
101 Littlechild, Stephen C. Op. cit., p. 15-16.
102 Littlechild, Stephen C. Op. cit., p. 16.

II.11. A descoberta da China e o descanso derradeiro de um homem incansável

Como o laureado economista não parou de trabalhar após o Nobel de 1991, no ano seguinte, publicou o relevante estudo "The institutional structure of production" (1992) e, na sequência, "The conduct of Economics: The example of Fisher Body and General Motors" (2006). Seus trabalhos principais – *A natureza da firma* e *O problema do custo social* – foram citados mais de 22 mil vezes cada um, o que consiste em um recorde até agora não superado.[103]

No ano 2000, foi criado o *Ronald Coase Institute*, que reúne materiais biográficos e bibliográficos, bem como coordena os grupos de pesquisa e a ação de bolsistas e professores que se dedicam à pessoa e à obra de Coase. A Universidade de Chicago criou o *Coase-Sandor Institute for Law and Economics*, com o objetivo de conservar o legado de seu antigo professor catedrático.

No final de sua vida, Coase interessou-se pela China e pela transformação do gigante asiático em uma nação capitalista, apesar de manter nominalmente as estruturas comunistas e a liderança política estar cometida ao Partido Comunista Chinês.

Para celebrar seu centenário, os economistas chineses organizaram um evento denominado *Coase and China*, considerada a primeira homenagem na China a um economista ocidental desde Karl Marx.[104]

Ronald Coase e Ning Wang escreveram *The industrial structure of production: A research agenda for innovation in an entrepreneurial economy* (2011) e *How China Became Capitalist* (2012). Especialmente neste último livro, cuja origem já se explicou neste estudo, Coase tentou lançar luzes sobre o impressionante desenvolvimento capitalista na China em diálogo com suas concepções sobre os custos de transação e o papel do respeito aos direitos de propriedade para se assegurar o empreendedorismo em uma sociedade que se refundava economicamente.

---

103 Terjesen, Siri; Wang, Ning. Op. cit., p. 177.
104 Wang, Ning. A life in pursuit... p. 99-100.

Ronald Coase encontrou na Economia o seu propósito, produziu até os 102 anos e convocou a sua consciência para driblar um corpo já frágil, até morrer lúcido em 2 de setembro de 2013 em Chicago. Diz a lápide de seu túmulo no *Graceland Cemetery*, onde foi sepultado com os restos mortais da esposa:

> "Aqui descansa em paz. RONALD H. COASE, 1910-2013. Marido dedicado e economista determinado, cujas ideias inspiraram a grande transformação da China e continuarão a inspirar nossa investigação sobre a natureza e as causas da riqueza das nações."

Era o último descanso de um homem irrequieto e incansável, um economista por acidente e um *maverick* acadêmico.

Inegavelmente, esta é uma grande oportunidade para o leitor de língua portuguesa conhecer ou (re)conhecer a obra do respeitado e sempre atual economista Ronald Coase que, em vida, definiu sua trajetória acadêmica como interessante, voltada aos estudos e bem-sucedida, ainda que boa parte do percurso não se devesse propriamente as suas escolhas, e sim a uma grandeza acima delas.

III. Coase e *Law and Economics*

Conhecido o autor deste livro, é interessante observar um pouco sua contribuição teórica para o Direito, a qual se exalta na construção das concepções do *Law and Economics*, campo de estudo no qual se tem como postulado que a livre iniciativa, a garantia da propriedade privada sobre os bens de produção e a liberdade de contratar se revelam componentes jurídicos importantíssimos ao livre mercado.

Não há, por exemplo, intervenção do Estado quando este atua no setor público (área de sua titularidade), seja na prestação ou regulação de um serviço público, seja na contratação administrativa. A intervenção faz-se presente, contudo, quando o ente estatal interfere na esfera não pública, em especial na atividade econômica em sentido estrito (como no regime dos contratos de direito privado).[105] Cite-se, também, a intervenção estatal por meio das agências reguladoras.

---

105 Grau, Eros Roberto. *A ordem econômica na Constituição de 1988*. 14. ed. São Paulo: Malheiros, p. 91-92.

Pertinente, neste ponto, observar as constatações de Coase no texto *O farol na Economia*, de 1974. Os economistas recorrem ao símbolo do farol como um instrumento apto a iluminar as atribuições econômicas governamentais. Acreditam que, dada a dificuldade de cobrança de um "pedágio", o farol que clareia o trânsito marítimo deve ser fornecido e mantido pelo governo, e não por particulares. Estes não teriam interesse em administrar os faróis, pois as embarcações não pagariam pelo uso dos benefícios durante a passagem pelo local.

Ronald Coase entende, todavia, que, em especial no sistema britânico, é equivocada a generalização quanto aos faróis sem um conhecimento sério das finanças e da administração relativas a esse serviço. O estudo de momentos pretéritos demonstraria que, ao contrário do que se prega, a prestação do serviço de faróis é compatível com a iniciativa privada, a qual poderia até vender os faróis ou transmiti-los por outro modo. O governo (a Coroa) cuidava tão somente de fixar e aplicar os direitos de propriedade sobre o farol, sendo as tarifas cobradas por agentes dos portos. Tempos depois, Inglaterra e País de Gales incumbiram a *Trinity House* (organização privada com funções públicas) de conduzir os serviços de faróis, continuando o fornecimento a ser mantido pelo pedágio cobrado apenas das embarcações, não lhe sendo atribuída cobrança de caráter geral.

Retomando o raciocínio inicial deste tópico, segundo as ideias de Coase, a intervenção do governo contraria a livre concorrência: o mercado, na livre concorrência, alocaria os recursos na sociedade de modo mais eficiente, contribuindo para o bem-estar desta; por outro lado, a intervenção no mercado dissiparia recursos e reduziria o bem--estar da sociedade.[106]

---

106 Segundo Gilberto Bercovici: "Para os economistas adeptos das escolas neoclássicas, como Menger, Jevons e Walras, a concorrência deve assegurar uma alocação ótima dos recursos nos mercados que tendem naturalmente ao equilíbrio. O Estado deve apenas garantir uma estrutura jurídica que permita e assegure o respeito à propriedade privada e ao cumprimento dos contratos. A eficiência dos mercados funda-se na ausência de agentes econômicos dominantes, na livre circulação de informações, no mecanismo de ajuste dos preços e na mobilidade plena dos fatores de produção." Bercovici, Gilberto. Política econômica e direito econômico. *Revista Fórum de Direito Financeiro e Econômico* – RFDFE, Belo Horizonte, ano 1, n. 1, mar./ago. 2012.

Em meio a esse cenário, no *Law and Economics* estuda-se a ação das regras jurídicas (Constituição, leis, atos normativos, decisões judiciais, entre outros) na tomada de decisões e nos resultados da economia. Quando aquela recorre aos procedimentos de análise da Economia Neoclássica, pressupõe-se que o Direito também enfrenta a escassez de recursos para concretizar seus objetivos (tal como ocorre com a Economia), de maneira que, ao alocar recursos em um desses objetivos, isso se daria em detrimento da destinação de recursos para as demais metas:

> "Uma vez que se levam em conta os custos de realização de transações de mercado, é claro que essa realocação dos direitos só ocorrerá se o aumento do valor da produção como consequência do rearranjo for maior do que os custos incorridos para implementá-lo. Quando tal aumento for menor do que os custos, a concessão de uma ordem judicial (ou o conhecimento de que seria concedida), ou a obrigação de pagar pelos danos, pode ter como resultado o encerramento de uma atividade (ou podem impedir que seja iniciada) que seria empreendida se as transações de mercado ocorressem sem custo. Nessas condições, a delimitação inicial de direitos tem sim efeitos sobre a eficiência com que o sistema econômico opera. Um determinado arranjo de direitos pode propiciar um valor de produção maior do que qualquer outro. Mas, a menos que este seja o arranjo de direitos estabelecido pelo sistema jurídico, os custos para atingir os mesmos resultados através da alteração e combinação de direitos por meio do mercado podem ser tão elevados que este arranjo ótimo dos direitos, bem como o maior valor de produção que ele traria, pode nunca ser alcançado". (p. 115)

Nessa linha, estabelece-se um paralelismo metodológico entre Economia e Direito: questões jurídicas também podem afetar questões econômicas e vice-versa, já que ambas envolvem a alocação de recursos escassos.[107]

---

107 Laender, Gabriel Boavista. *O papel do Estado na construção da economia e a possibilidade do direito como imaginação institucional.* Tese (Doutorado em Direito), Coordenação do Programa de Pós-Graduação da Faculdade de Direito da Universidade de Brasília – UNB, maio de 2014, p. 143-148.

IV. A firma

Na teoria econômica moderna, a firma é a organização que converte insumos em produtos. Essa organização seria, conforme Coase, uma adaptação surgida para fazer frente à existência dos custos de transação. Por que existem firmas? O que estipula a quantidade de firmas? O que define os insumos adquiridos e os produtos vendidos pela firma? São questões que, embora possam passar despercebidas aos olhos de muitos, interessam a Coase, pois, se as firmas geram emprego e detêm a maior parte da produção, elas contribuem sobremaneira para a eficiência do sistema econômico.

Para dar resposta a tais questões, Coase recorreu à expressão "custos de transação no mercado" ou, como ficou conhecida na Economia, "custos de transação".[108] O conceito de "custos de transação" seria essencial para a compreensão do funcionamento do sistema econômico e das dificuldades por ele enfrentadas ou mesmo para a noção da elaboração de políticas do setor.

A firma corresponderia a uma adaptação à existência dos custos de transação. Isso ocorre porque os custos das transações realizadas pela firma seriam menores do que os custos das transações realizadas pelo mercado ou por indivíduos isolados, como se lê nesta passagem:

"Em meu artigo 'A natureza da firma', argumentei que, embora se possa realizar a produção de maneira totalmente descentralizada por meio de contratos entre indivíduos, o fato de que existe um custo relativo à participação

---

108 Para Fernando Araújo, no artigo escrito em 1937, Ronald Coase "recuperou os 'transaction costs', colocando-os ao serviço de uma outra comparação, algo inesperada mas agora muito mais relevante do ponto de vista pragmático: a comparação de eficiências entre a solução de mercado e a solução da integração numa empresa como formas de arregimentação e organização dos factores produtivos – ou seja, a solução 'horizontal' de compra no mercado confrontada com a solução de coordenação 'vertical' da produção através de factores subordinados a uma organização hierárquica. Foi com essa 'inflexão coaseana' que passou a ficar conotado o conceito de 'custos de transacção', passando a representar, no âmbito confinado do 'equilíbrio parcial', uma comparação de eficiência entre arranjos institucionais alternativos". (Araújo, Fernando. *Teoria económica do contrato*. Coimbra: Almedina, 2007. p. 197-198).

nessas transações significa que surgirão firmas a fim de organizar transações que, de outro modo, seriam de mercado, sempre que seus custos forem menores do que os custos de realizar as transações através do mercado". (p. 7)

É no ensaio "A natureza da firma" que Coase esclarece a razão pela qual empresários, gestores e obreiros se reúnem na unidade básica denominada *firma*, abandonando a atuação puramente individual. Na verdade, as transações desenvolvidas por esses atores têm um custo que, principalmente nos contratos de longa vigência, precisa ser minimizado para aumentar o valor da produção.[109]

Entendidos como "custos de busca e informação, custos de barganha e decisão, custos de monitoramento e cumprimento" – segundo a definição do economista Carl J. Dahlman, da qual Ronald Coase se vale –,[110] os custos das transações são mitigados quando os agentes se estruturam na firma.

Nesse ponto, Coase refere-se ao *contrato* – negócio jurídico consensual, bilateral ou plurilateral tão conhecido dos juristas – como um instrumento que, quanto ao custo, seria mais vantajoso se celebrado pela firma do que se celebrado por agentes isoladamente considerados (como empresários, gestores e trabalhadores).

Logicamente, o contrato não estaria de todo indene contra a oscilação ou a ruína porventura sofrida pela firma. Mas, na prática, a firma seria a estrutura racional apta a amenizar o peso das obrigações contratuais assumidas pelos mencionados agentes econômicos.

A estabilização das relações produtivas não decorreria somente da eficiente alocação dos recursos, mas também adviria da celebração de contratos de execução continuada ou diferida.[111]

---

109 "Dentro da firma, as barganhas individuais entre os vários fatores de produção em cooperação são eliminadas", sendo coerente, logo, "começar a análise do comportamento dos produtores considerando a firma como a unidade básica, entendida não como uma coleção de pessoas e máquinas, mas sim como uma teia de contratos mutuamente vantajosos" (Barbosa, Eraldo Sergio. Ronald Harry Coase. *Universa*, Brasília, v. 3, n. 1, p. 203-224, p. 204, mar. 1995).

110 Dahlman, Carl J. The problem of externality. *Journal of Law and Economics*, v. 22, n. 1, p. 141-162, apr. 1979.

111 "Os esforços para estabilizar a atividade produtiva, nos setores em que for possível, em face da escassez de recursos, incertezas quanto à disponibilidade imediata

O leitor perceberá que, em "A natureza da firma", é traçado o cenário em que surgiu essa verticalização. O comerciante seria um agente que, a princípio, lidava com o mercado de forma direta e solitária. Se o comerciante individual quisesse obter lucro em sua atividade de intermediação, deveria procurar cada insumo nos diferentes pontos do mercado. Essa empreitada, porém, não se concretizaria enquanto não vencidos os obstáculos impostos pelos custos de transação.

Somente com a evolução da atividade econômica, em particular impulsionada pela Revolução Industrial, o comerciante passou a assimilar que era melhor que os insumos se constituíssem a partir de uma unidade técnica de produção ou circulação (pelos direitos de propriedade ou dos contratos), como meio de diminuir os custos de transação e maximizar o lucro.

Advém, então, a *firma*, figura que nasce na economia de mercado para minimizar os custos de transação inerentes à atividade e, consequentemente, aumentar o lucro.

A firma não é, todavia, autossuficiente, de modo que necessita participar de relações de interdependência. É a constatação de que:

> "(...) mesmo as firmas são incapazes de operar isoladamente; instala-se modelo de interdependência que tanto tem razões econômicas, de alocação de recursos, quanto fiscais, de economia tributária, ou logísticas, de distribuição sem investimentos, o que faz com que se conformem negócios de atuação conjunta. No plano jurídico, o fenômeno aparece em

---

ou prevista para viabilizar o processo produtivo, requerem não apenas a mais eficiente alocação possível, mas, a celebração de contratos de execução continuada, ou diferida, sob a coordenação do empresário. Este fenômeno é, para Coase, o retrato de empresa. Não há referência expressa a contratos de execução instantânea que, na espécie, serão pontuais, quase emergências. Coase define a empresa, qualquer empresa, como um feixe de contratos, ou, conforme outros estudiosos, a empresa seria um nexo de contratos. Independente do conceito adotado, inegável que sem contratos não há como pensar em atividades empresariais, notadamente diante da complexidade das relações negociais que se protraem no tempo. Essas estruturas (instituição social?) se prestam para o exercício de atividades, seja por tempo indeterminado, com prazo certo, ou em ciclos. Empresa é fruto de decisões estratégicas dos empreendedores, quando há custos de transação" (Sztajn, Rachel. Ronald H. Coase e a importância de perguntar. *Revista de Direito Empresarial*: ReDE, v. 2, n. 1, p. 201-209, p. 202-203, jan./fev. 2014).

contratos de longo prazo nos quais se percebe maior cuidado nas negociações, uma vez que a redação do clausulado deve refletir relações duradouras entre pessoas, relações que se pretende estáveis".[112]

Com a evolução das técnicas de gestão dos negócios e o advento da tecnologia da informação, o controle das cadeias de suprimento externas à firma tornou-se mais fácil e menos dispendioso, o que permitiu que as firmas também se horizontalizassem e ficassem menos verticalizadas. Logo, com os custos de transação menores, as firmas adotaram formatos menos rígidos do que a costumeira verticalização, podendo ser citadas, como exemplo desses novos modelos, a descentralização e a terceirização.

Na visão de Coase, existem, como alternativa ao mercado, outros sistemas de organização da produção. Assim, as firmas não deixam de ser uma alternativa ao mercado, pois buscam eliminar ou, pelo menos, suavizar o mecanismo de preços.

Essa colocação confronta a ideia de Adam Smith (e também sustentada pela Economia Neoclássica) segundo a qual os mercados corresponderiam a um produto instintivo da procura individual por interesses não menos individuais. Mas a lógica da espontaneidade da busca pelo mercado não contenta Coase, o qual entende que, se o mercado fosse um simples espaço por excelência da busca (individual e social) pela realização de interesses econômicos, não faria sentido a existência das firmas, tão procuradas exatamente por proporcionarem a redução dos custos de transação.

Surge, então, a assertiva de Coase de que as firmas advêm precisamente da existência de custos para a adoção do mecanismo de preços, ou melhor, os custos de transação. Estariam embutidos nos custos de transação inúmeros custos, tais como o custo de identificar os "preços de mercado" (de onde exsurgem realidades como a formação de consultores especializados nessa área) e o custo de negociar e executar contratos distintos para cada transação levada a efeito no mercado. Em contrapartida, o mercado até possibilitaria o abrandamento dos referidos custos, porém não seria capaz de erradicá-los como ocorre na firma (a qual não requer especialistas em preços de mercado e dis-

---

112 Sztajn, Rachel. *Teoria jurídica da empresa...*, p. 14.

Ronald Coase: um economista voltado para o Direito LIII

põe de empreendedores cujas decisões já substituem as transações de mercado, eliminando esses custos).[113]

Vê-se, pois, a importância que a firma assume perante o fator *lucro*. E não é preciso ser economista para dizer que o lucro é um dos maiores estímulos (se não o maior) para o surgimento, a permanência e o desenvolvimento da atividade empresária no mercado.

V. O mercado

O mercado é o espaço de operatividade da firma e de ação de seus agentes. É o lugar para o qual convergem os mais diversos interesses econômicos. É o ambiente artificial onde se celebram os contratos entre *firmas* e *outras firmas* ou entre *firmas* e *consumidores*.

Apesar da evolução do mercado, ele, entretanto, é passível de falhas e distorções, as quais podem gerar "efeitos externos" ou "externalidades", tema estudado a fundo por Coase.

Relata Coase que, na Inglaterra medieval, a provisão dos mercados era realizada por cidadãos autorizados pelo monarca, os quais ofereciam as instalações físicas e a segurança necessária para os períodos instáveis do governo, bem como administravam as *Piepowder Courts* (tribunais que proclamavam justiça imediata para as controvérsias comerciais). Com o passar do tempo, os particulares (atacadistas e varejistas) começaram a fornecer as locações, enquanto a administração pública veio a responder tão somente pela segurança nesses mercados.

Coase defende que o mercado não surge de modo voluntário nem é produto das relações privadas. O mercado decorre da vontade humana institucionalizada. Desse modo, devem interessar à Economia não somente as relações econômicas desenvolvidas no mercado, mas também as relações havidas fora do mercado. Sim, porque a própria Economia é a ciência das escolhas humanas, de forma que ela pode e deve ser utilizada por outras ciências sociais, como a ciência do Direito.

---

113 Laender, Gabriel Boavista. Op. cit., p. 197-198.

Mercados seriam, portanto, uma criação da consciência, uma necessidade das relações privadas, e não um resultado instintivo da busca humana. Os mercados existiriam e funcionariam mediante custos e, por meio dessa ação consciente de utilização do mercado, as pessoas viabilizariam as trocas em um ambiente indissociável do mecanismo de preços, visto que os custos de transação são inevitáveis.

E, exatamente por saber que os custos permeiam o mercado, a Economia busca modos alternativos de organização que sejam menos dispendiosos do que o mercado (a firma, por exemplo). Essa constatação é debatida em dois artigos de Coase: "A natureza da firma" e "O problema do custo social". Ele alerta, porém, para o fato de que a compreensão do mercado é ainda mais complexa do que a da firma. Acontece que, ao longo do tempo, poucos estudiosos teriam se disposto a entender o mercado.[114] Para além dos mercados convencionais, pouco se pensa, na atualidade, sobre os novos mercados existentes na economia moderna, tais como as bolsas de valores e as bolsas de mercadorias.

Tais mercados, a despeito da normatização do governo, regulamentam minuciosamente as atividades daqueles que transacionam nesse ambiente, até mesmo impondo sanções para quem descumprir as regras próprias do setor. Por exemplo, as bolsas, ao administrarem seus conflitos por meio de regras rígidas e aplicação de sanções, acabam por reduzir os custos de transação e fomentar negócios:

> "Não é despido de significado o fato de que essas bolsas, frequentemente usadas pelos economistas como exemplos de mercados perfeitos em

---

114 "A realidade é que o mercado e seus pressupostos não são e nunca foram objeto de escrutínio crítico pelo direito. Ainda que muitos de seus pressupostos hoje sejam sabidamente irreais e assim reconhecidos mesmo na teoria econômica mais arejada, nenhuma modificação institucional relevante foi introduzida no seu funcionamento. É papel do direito e não da teoria econômica fazê-lo. O direito, seja proibindo o funcionamento de certos mercados, seja transformando o seu funcionamento, precisa intervir, de modo a garantir que novas realidades, como a escassez ou as necessidades redistributivas da sociedade, sejam contempladas no momento da realização dos fluxos econômicos" (Salomão Filho, Calixto. Reflexões sobre a disfunção dos mercados. *Revista de direito bancário e do mercado de capitais*, v. 17, n. 64, p. 149-167, p. 166, abr./jun. 2014).

perfeita competição, são mercados em que as transações são fortemente regulamentadas (e isto ocorre muito além de quaisquer regulamentações governamentais existentes). Esta situação sugere – corretamente, acredito – que, para a existência de algo que se aproxime do conceito de concorrência perfeita, um intrincado sistema de regras e regulamentos seria normalmente necessário. Os economistas que analisam a regulamentação das bolsas muitas vezes interpretam-nas como se representassem uma tentativa de exercer poder monopolista e de restringir a concorrência. Não levam em consideração, ou, pelo menos, não enfatizam uma explicação alternativa para tal regulamentação: o fato de existirem com a finalidade de reduzir os custos de transação e, assim, aumentar o volume de negócios". (p. 9-10)

Por um lado, se as bolsas oferecem um espaço físico e suas sanções específicas desestimulam o inadimplemento das regras postas, os mercados convencionais disseminados, por outro lado, com instalações físicas dispersas e pertencentes a vários negociantes (como o atacado e o varejo), seriam mais difíceis de controlar por regras privadas, exigindo uma maior influência legal por parte do Estado.

Já a firma opera *no mercado* e *para o mercado*, o qual, por sua vez, se exterioriza na atividade da firma. Mas, se comparado à firma, o mercado poderá trazer mais riscos e insegurança àquele indivíduo que busca fatores de produção dispersos (bens, capital, trabalho).

Essa constatação é muito citada nos escritos de Coase, para quem a firma (atualmente, a empresa explorada por uma sociedade empresária) não é somente uma estrutura sofisticada de sobrevivência ao mercado: ela é uma tradição normativa que convive com um conjunto de instrumentos contratuais no qual a estrutura possibilitaria a formulação e o monitoramento de contratos de longa duração entre os vários agentes econômicos.

O contrato é o instrumento que, na prática, distingue a firma como organização voltada à produção. A contratação seria uma importante (ou mesmo a principal) modalidade de agir da firma no exercício da autonomia privada (autodeterminação).

Em "O problema do custo social", o autor esclarece que, na firma, os contratos individuais entre os diversos fatores de produção (e os custos relacionados) foram eliminados e substituídos, a cada transação de mercado, por uma decisão administrativa. Por isso, Coase defende que a estrutura da firma oferece um modo de produção mais eficiente do que as disseminações características do mercado, embora aquela (a *firma*) esteja inserida neste (o *mercado*) e ambos coexistam.

Apenas 7 anos separam a morte de Ronald Coase de uma das maiores irrupções da história global: a pandemia da Covid-19, um novo exemplo de externalidade, cujo custo social avançará por mais um longo tempo.

Além dos nítidos efeitos na macroeconomia, os efeitos da pandemia na microeconomia também são inegavelmente sentidos por todos. Se por ora a maioria das externalidades decorreram da crise sanitária, será bem provável que, com a amenização da pandemia, restará um saldo de muitas outras externalidades – propriamente econômicas e até mesmo comportamentais (mudanças de hábitos de consumo e outras questões ainda imprevisíveis).

Se vivo fosse, Coase provavelmente emitiria o seu parecer sobre as vantagens e desvantagens econômicas do *lockdown* para as sociedades empresárias, para o mercado e para o Direito e, quem sabe, para a nova relação estabelecida entre pessoas socialmente distantes e a economia. Não é cauteloso, entretanto, arriscar qual opinião ele daria se ainda vivesse; aliás, Coase não era tão previsível assim.

Numa crise mundial de saúde dessas proporções, é óbvio que são esperadas políticas econômicas para lidar com a externalidade, ou, mais detidamente, políticas planejadas direta (regulamentação) ou indiretamente (impostos implícitos e subsídios direcionados com base em uma análise do custo-benefício social, a fim de internalizar a externalidade e minimizar o custo social da atividade econômica). Essas medidas, porém, não são suficientes à luz do legado doutrinário de Coase, cuja perspectiva de redução do custo social sempre incluiu a simetria nas situações de externalidade e a análise do problema de maximização da eficiência econômica.[115]

Nesse ínterim, se houver baques na economia durante o *lockdown*, também haverá custos para hibernar a economia ou para retomá-la? Haveria como minimizar esses imensos custos sociais a partir do

---

115 Allen, Darcy; Berg, Chris; Davidson, Sinclair; Potts, Jason. On Coase and CO-VID-19. *Blockchain Innovation Hub*, RMIT University, Melbourne, Australia, abr. 2020. Disponível em: <https://papers.ssrn.com/sol3/papers.cfm?abstract_id=3585509>. Acesso em: 11-04-2021.

teorema de Coase e de outras teses do autor? É possível que alguns custos sociais possam ser privatizados por meio de integração vertical? E o Estado, como uma superempresa, não teria responsabilidade nesses custos sociais, visto ser ele próprio um grande influenciador dos fatores de produção?

Coase nunca eximiu o Estado de suas responsabilidades nem negou a eficiência e a força da intervenção estatal (por exemplo, sobre a propriedade ou sobre condutas individuais e coletivas sujeitas ao poder de polícia ou atividade administrativa de ordenação). Ele acreditou, no entanto, que o mercado e as sociedades empresárias possuem mecanismos mais pontuais para resolver boa parte dos problemas do custo social – em particular, quando os custos de coordenação forem muito altos para o setor privado, mas forem perfeitamente suportáveis para o Estado.

A pandemia é, em termos econômicos, uma externalidade negativa. Para as externalidades negativas, há algumas saídas importantes para as políticas públicas subsequentes e a Análise Economia do Direito é, sem dúvida, uma delas. Para o microcosmo de algumas instituições públicas, a Análise Econômica do Direito também oferece um respeitável ferramental, a exemplo do Judiciário, que terá de lidar com a judicialização de pleitos públicos e privados afetos à pandemia.

VI. O Direito

São interessantes as sugestões apontadas por Coase para a solução de controvérsias judiciais, em particular as referidas nos artigos "A natureza da firma" e "O problema do custo social".

O autor discorre, em "O problema do custo social", sobre a função do Direito na marcha do sistema econômico, uma vez que a firma também pode gerar danos ao ambiente e a terceiros (externalidades negativas).

É inegável que a assunção de um direito por determinada pessoa pode suprimir o direito de outra pessoa ou de outras pessoas, mas também é possível que o direito em debate possa ser adquirido por aquela pessoa que vê nele uma fonte de lucro.

A partir desse raciocínio, alguém que compre um terreno para a instalação de uma fábrica passa a ter o direito de uso, gozo e disposição sobre tal imóvel, bem como o direito de reavê-lo de quem injustamente o possua ou detenha.

A fábrica ocupa espaço físico, emite fumaça e produz ruídos; logo, as pessoas das adjacências estão inevitavelmente impedidas não apenas de explorar aquele espaço, como também de usufruir do ar puro, do silêncio e da tranquilidade outrora existentes.

A concentração das atividades do proprietário no espaço da fábrica, entretanto, gera um rendimento líquido bem maior do que ocorreria se essa atividade fosse feita nos mercados alternativos e disseminados. Em outras palavras, o proprietário "comprou" o direito de alguém que "vendeu" esse direito. Para o proprietário, a "aquisição" desse direito tem um significativo valor, quer de produção, quer de gozo. Já os moradores da região não poderiam "adquirir" o referido direito, o qual teria um valor bastante elevado para seus recursos individuais.

É despiciendo dizer que o proprietário explorará o seu "direito" de sorte a obter o maior rendimento possível, observados os custos de transação e os arranjos contratuais celebrados:

> "O modo como os direitos serão usados depende de quem possui os direitos e dos arranjos contratuais celebrados pelo proprietário. Se tais arranjos forem resultado de transações de mercado, tenderão a fazer com que os direitos sejam utilizados da maneira mais valiosa, mas só após a dedução dos custos envolvidos em efetuar tais transações. Os custos de transação, portanto, desempenham um papel crucial na determinação de como direitos serão usados e exercidos". (p. 13-14)

Diante desse conflito, Ronald Coase pontua que o problema dos efeitos nocivos a terceiros deve ser reciprocamente considerado: o praticante da atividade (no caso, o dono da fábrica) gera prejuízo a terceiros (a vizinhança), mas também é prejudicado pelas tentativas desses moradores de cerceamento da atividade fabril.

Nessa mesma situação, a Economia Neoclássica diria que o critério a ser empregado na solução do impasse seria o da maior utilidade: se a produção da fábrica se mostrasse mais útil comparativamente aos prejuízos trazidos para os vizinhos, a primazia seria da atividade fabril em detrimento dos reclamos da vizinhança.

Coase discorda da referida solução, pois, partindo da premissa de que o problema é recíproco, ele vem a desenvolver a proposição que hoje se denomina *Teorema de Coase*.[116] Não foram muitos os economistas que emprestaram os próprios nomes às suas proposições. Coase não se sentia perfeitamente confortável com a nomenclatura "Teorema de Coase", mas concordou com o título por ter sido uma sugestão do amigo (e seu economista preferido) George Stigler.[117]

A adequada atribuição dos direitos de propriedade[118] e a correta administração dos custos de transação tornariam desnecessárias tanto a aplicação de penalidades ao poluidor (multas, impostos) quanto a excessiva intervenção estatal no setor.

No artigo "O problema do custo social", o *Teorema de Coase* é explicado na prática. Para tanto, o autor argumenta sobre o que ocorreria se os custos de transação fossem iguais a zero – não para trabalhar sobre a hipótese de uma economia idealizada, mas para estabelecer um cenário bem simples, onde fosse possível entender, sem grandes interferências externas, o papel dos custos de transação perante as instituições econômicas.

Reside, aqui, o conhecido exemplo segundo o qual o gado de um pecuarista, ante a inexistência de uma cerca entre os terrenos, invade a

---

116 "A partir da afirmação de que se trata de um problema de natureza recíproca, o autor passa à exposição daquilo que ficou conhecido como Teorema de Coase. O autor não o apresenta como um teorema – essa denominação e sua formalização segundo os pressupostos neoclássicos foram feitas pelo economista George Stigler. O teorema corresponde à conclusão de Coase de que, pela atuação do mecanismo de preços em condições ideais, qualquer que seja a imputação jurídica do direito a produzir ou reprimir externalidades negativas, o resultado final será a alocação eficiente de recursos segundo os pressupostos da Economia Neoclássica (maximização de utilidade)" (Laender, Gabriel Boavista. Op. cit., p. 201-202).

117 Littlechild, Stephen C. Op. cit., p. 11.

118 Na atualidade, "a análise de direitos de propriedade abarca um campo extremamente amplo, abrangendo, entre outros, as consequências econômicas da propriedade comum de recursos naturais e de capital, organização do trabalho, organizações financeiras e de seguros, regulação governamental, empresas públicas, serviços de saúde, etc." (Fiani, Ronaldo. A natureza multidimensional dos direitos de propriedade e dos custos de transação. *Economia e Sociedade*. Campinas, v. 12, n. 2, p. 185-203, p. 185, jul./dez. 2003).

plantação do agricultor vizinho, causando-lhe dano (externalidade).[119] Se o agricultor pedir indenização material contra o pecuarista, este, certamente, terá de transferir o valor pago a título de indenização para os custos do rebanho que comercializa (internalização da externalidade).

Se o pecuarista não fosse obrigado a indenizar o agricultor, se a ação governamental fosse mínima e se o mercado agisse por si, o pecuarista e o agricultor poderiam optar por uma livre negociação privada, resultando, portanto, em custos de transação mais baixos. O Estado regulador interviria somente se os custos de transação fossem tais que obstassem a negociação entre os agentes privados. Por sua vez, o Judiciário deveria sopesar a repercussão econômica das decisões que viesse a proferir.[120]

Assim, o *Teorema de Coase* propõe que a regulação governamental, em vez de substituir-se à vontade dos particulares, deve, primeiramente, voltar-se à redução dos custos de transação. O Estado regulador, em especial o de cariz paternalista, deve acautelar-se para não se arvorar na autonomia da vontade e na capacidade de livre conciliação dos particulares. Administradores e magistrados[121] têm um desempenho importante na busca da redução dos custos de transação (a fim de que as partes adotem a solução mais eficiente para o caso), mas seu papel também envolve colaborar para a redução dos custos de transação, e não simplesmente impor uma solução que não é a pretendida pelas partes.[122]

---

119 Frise-se, aqui, o enquadramento da propriedade agrária no conceito de firma/empresa, pois aquela "não pode ser vista sob ângulo que privilegie a sua noção estática, sendo necessária também uma visão que enalteça o seu dinamismo, instaurado a partir do chamado poder de destinação do empresário, que conduz o bem à consecução de suas funções sociais" (Scaff, Fernando Campos. A função social dos imóveis agrários. *Revista dos Tribunais*. São Paulo, v. 94, n. 840, p. 107-113, p. 112, out. 2005).

120 A propósito: Dias, Gabriel Nogueira. O livro de Ronald H. Coase, enfim, no vernáculo! Devore-o!. *Revista Consultor Jurídico*, 24 de outubro de 2016.

121 Nesse particular: Gico Jr., Ivo T. Metodologia e epistemologia da Análise Econômica do Direito. *EALR*. Brasília, v. 1, n. 1, p. 7-33, jan./jun, 2010.

122 Sobre a necessidade de se respeitar a vontade das partes nas transações, esclarece Juan Vicente Sola: "*Todo lo que se necesita es una norma jurídica que asigne inicialmente los derechos a una parte o a otra. El mecanismo de fijar precios por el mercado funcionará entonces como lo hace habitualmente con los bienes y servicios*

Dessumem-se, por conseguinte, alguns componentes essenciais do *Teorema de Coase*: os direitos das partes devem estar nitidamente atribuídos a cada qual; os custos de transação precisam ser reduzidos para que haja negociação; pela negociação, as partes chegarão a uma solução eficiente; e a solução encontrada independe do direito originalmente aplicável.

Na presença das referidas condições, soluciona-se a externalidade, o que corrobora a importância da redução dos custos de transação. Diz-se "reduzir" os custos de transação, pois é óbvio que, na prática, não é possível eliminá-los completamente. Mas, se os custos permanecem elevados, inúmeras transações não chegarão a ser iniciadas ou concluídas, o que acabará por afetar o bem-estar da sociedade.

Nem sempre as externalidades correspondem a alocações incorretas de recursos, contanto que os custos de transação sejam quase nulos. Nessa linha, competiria ao Estado fixar o marco institucional para minimizar os custos de transação entre as partes e atribuir os direitos de propriedade, enquanto aos particulares (que sabem mais de perto as controvérsias que os afetam) caberia dar soluções eficazes aos negócios por eles entabulados. Em suma, não somente o governo pode internalizar externalidades nas relações de troca e produção econômica, mas também os particulares poderão fazê-lo. É o que, ressalvada a brevidade da descrição, se denomina *Teorema de Coase*, pro-

---

sobre los cuales los derechos están definidos. Si luego de la negociación entre las partes los derechos están bien definidos, la situación será eficiente, ya que las partes han establecido una nueva asignación de derechos que es Pareto superior. La intervención regulatoria, los remedios de Pigou sólo empeorará la situación. Sin duda, las partes poseen una mejor información sobre la forma de maximizar su utilidad que la que podría tener un organismo regulador. Lo que sí corresponde al estado, es mejorar la información que poseen las partes y, em general, reducir los costos de transacción. El Teorema de Coase tiene una aplicación importante para la solución de controversias. Si existe um conflicto lo que el juez debe efectuar es reducir los costos de transacción para que las partes puedan negociar una solución que será siempre eficiente. Es decir, pondrá a ambas partes en una situación mejor que la que se encontraban anteriormente" (Sola, Juan Vicente. *Coase y la decisión judicial*. Disponível em: <http://www.derecho.usmp.edu.pe/centro_derecho_economia/revista/febrero_2011/Coase_y_la_decision_judicial_Dr_Juan_Vicente_Sola.pdf>. Acesso em: 26 jul. 2015).

posição que, para além da Economia, se estende ao Direito e a outras ciências sociais.[123]

No caso do Direito, infere-se do Teorema de Coase que, muitas vezes, a norma jurídica pode obstar a distribuição eficiente de direitos, ocasião em que as pessoas procurarão, na tentativa de favorecer o bem-estar de todos, realocar esses direitos mediante negociações privadas, desde que os custos de transação não sejam desanimadores.

Também é digna de nota a questão dos "efeitos externos" no Direito Ambiental, tema profundamente abordado por Coase ao estudar os efeitos das ações dos agentes econômicos em face dos recursos naturais. Do ponto de vista econômico, o meio ambiente fornece insumos (extração de recursos naturais), mas, ao mesmo tempo, recebe os detritos da produção e do consumo (poluição ambiental). A extração de recursos naturais é livre e sem custo (ar, água, solo) e, ainda assim, o poluidor deteriora o meio ambiente.[124]

Fala-se, como visto, em "externalidade" quando a atividade de (em regra) um agente econômico interfere no bem-estar dos indivíduos por via estranha ao mercado; bem como quando alguns dos custos ou be-

---

123 *"Estas soluciones se refieren a la aplicación del Teorema de Coase, el cual establece que, en ciertas condiciones y en presencia de externalidades, las empresas privadas pueden encontrar soluciones eficaces sin que para ello sea necesaria la intervención del gobierno. Las negociaciones privadas entre particulares conducirán a una eficiente resolución de las externalidades, sin importar quién tenga derechos de propiedad, siempre y cuando puedan definirse los mencionados derechos de propiedad. En su aplicación legal, el teorema de Coase postula que en un mercado en que los costos de transacción sean bajos o inexistentes, donde se establezcan fallos judiciales sobre derechos de propiedad que no permitan una solución económica suficientemente satisfactoria, se producirá necesariamente una reasignación de estos derechos hacia aquellos que los valoran más, independientemente que la justicia halla fallado en contra de estos. En la realidad, cuando los costos de transacción son altos, no se produce espontáneamente tal reasignación de derechos, por lo que, en esos casos, los tribunales deben buscar, dentro del marco de la ley, minimizar los costos asociados a sus fallos"* (D'Medina Lora, Eugénio. Conflicto, Estado e democracia: una visión desde las relaciones Estado-sociedad. *Revista de Economía y Derecho*, v. 6, n. 23, p. 93-140, p. 135-136, 2009).

124 A respeito das limitações impostas pela preservação do meio ambiente: Maluf, Carlos Alberto Dabus. *Limitações ao direito de propriedade*: de acordo com o Código Civil de 2002 e com o Estatuto da Cidade. 3. ed. rev. e atual. São Paulo: Revista dos Tribunais, 2011, p. 216-244.

nefícios oriundos da ação do agente não são incorporados a seu cálculo econômico, recaindo, portanto, sobre terceiros que não intervieram na referida ação, ou seja, o agente não assume a responsabilidade pelos danos que ele próprio produziu (não paga os custos da poluição).[125] Por óbvio, se o agente econômico não arcar com os custos da poluição causada por sua própria atividade, esses custos serão pagos por toda a sociedade. Ademais, sua situação será deslealmente vantajosa em face de concorrentes que respeitarem o meio ambiente.

No tocante aos direitos de propriedade, alguns exemplos sobre a aplicação do Teorema de Coase são clássicos na doutrina, sugerindo reflexões para que o Judiciário possa contribuir para uma melhor alocação dos recursos com base na realidade econômica:

– Uma fábrica, geradora de renda e empregos, elimina poluentes em um rio. Para Coase, não basta penalizar a fábrica automaticamente, mas, sim, saber qual critério econômico deve prevalecer: a manutenção da atividade fabril ou a preservação ambiental.

– Uma fábrica produz fuligem, que suja as roupas lavadas da vizinhança. A fábrica poderia instalar um filtro industrial ou distribuir secadoras de roupas para os vizinhos, mostrando-se a instalação do filtro, porém, mais viável economicamente. Os direitos de propriedade manifestar-se-iam no direito de a vizinhança não ter suas roupas sujas pela fuligem e no direito de a fábrica desempenhar sua atividade regularmente.

– Um caso verídico diz respeito à aplicação do Teorema de Coase aos direitos de propriedade dos hotéis Fontainebleau e Eden Rock, ambos localizados na Flórida. Na controvérsia, o Fontainebleau pretendia edificar um anexo de 14 andares em Miami Beach. Essa construção, entretanto, faria sombra sobre a piscina e as áreas de sol do vizinho Eden Rock. Este, por sua vez, pleiteava impedir a construção e receber perdas e danos, dada a previsível evasão dos hóspedes. A sombra da construção seria uma externalidade negativa, a qual obrigaria o Eden Rock a suportar o custo trazido pela edificação do Fontainebleau, sem qualquer benefício e com muitos prejuízos. Ao apreciar o caso concreto, a Corte americana entendeu, a partir do Teorema de

---

125 Ghersi, Carlos Alberto; Lovece, Graciela; Weingarten, Celia. Daños al ecosistema y al medio ambiente. Buenos Aires: Astrea, 2004, p. 151-152.

Coase, que o Fontainebleau não estaria obrigado a indenizar o Eden Rock, sob o fundamento de que o direito de construção não poderia ser obstado tão somente pelos eventuais prejuízos causados pela construção, sem falar que o anexo construído traria receita e lucro economicamente muito mais favoráveis para a região.

Vale lembrar que a firma não é a única alternativa para diminuir os custos de produção, já que os custos administrativos de uma firma podem ser muitos, em particular quando uma única organização gere várias atividades.

A regulação governamental direta também seria uma alternativa: o Estado, em vez de estabelecer regramento jurídico sobre aquilo que pode ser modificado por transações de mercado, deve regular o que as pessoas podem ou não fazer. Aliás, caso queira, o governo pode até não se valer do mercado, o que para a firma não seria possível. O governo seria, assim, uma espécie de "superfirma" capaz de, por decisões administrativas, interferir na utilização dos fatores de produção.

Logo, se uma fábrica elimina fumaça, afetando inúmeras pessoas que desenvolvem outras atividades, os custos administrativos para a contenção desse poluente podem ser demasiados para a firma. Alternativamente, existe a possibilidade de uma regulação governamental direta: mediante lei ou atuação de entidades administrativas, o governo estabelecerá, por exemplo, quais métodos de produção podem ou não ser empregados ou mesmo determinar que certas atividades obedeçam a uma política de zoneamento.

Extraem-se das observações de Ronald Coase pelo menos três importantes instituições econômicas: as *instituições de mercado*, que se valem do mecanismo de preços para alocar recursos; a *firma*, que necessita do mercado para obtenção de insumos e alocação de recursos; e o *governo*, que tanto pode recorrer ao mercado para obtenção de insumos e alocação da produção quanto pode recorrer a alternativas institucionais distintas do mercado. Nenhum desses arranjos está livre dos respectivos custos, sendo exatamente a comparação dos custos no âmbito de cada um dos referidos arranjos a forma de se observar o melhor resultado.[126]

---

126 Laender, Gabriel Boavista. Op. cit., p. 204-208.

Merece ênfase o fato de que, desde a publicação de "O problema do custo social" em 1960, Coase passou a dedicar-se ao tema dos direitos de propriedade e seu elo com os custos de transferência de tais direitos (custos de transação). Tal artigo debate o acesso e a utilização dos "recursos comuns", isto é, bens ou serviços de uso comum e, ao mesmo tempo, restrito (por exemplo, lençol de água, poço de petróleo ou farol de sinalização marítima). Para assegurar o acesso comum a esses bens e serviços, a regulação governamental é intensa no setor. Coase, porém, acredita que a eficiência do mercado (desde que os custos de transação não sejam exagerados) pode ser maior do que a própria regulação do governo, citando, como exemplo, a concessão do serviço de radiodifusão a particulares que queiram operar suas rádios. Entretanto, para a atuação do mercado na espécie, os direitos de propriedade devem estar claramente delimitados.

Atualmente, não há como negar que a teoria do contrato esteja também relacionada ao *Law and Economics*, o qual, embora não baste para explicar todas as incidências do regime jurídico dos contratos, pode esclarecer temas como a exigibilidade plena ou o não cumprimento de contratos válidos.

No Brasil, a Lei nº 13.874/2019 (Lei da Liberdade Econômica) instituiu a Declaração de Direitos de Liberdade Econômica e estabeleceu garantias de livre mercado, com necessárias alterações de leis infraconstitucionais para fins de adaptação a esse novo diploma. A Lei da Liberdade Econômica tem, sem dúvida, lastros na Análise Econômica do Direito, com normas de proteção à livre-iniciativa, de intervenção subsidiária e excepcional do Estado sobre o exercício de atividades econômicas, de interpretação e integração de negócios jurídico e de facilidades ao empreendedorismo. Uma lei que robustece princípios contratuais conhecidos como clássicos e reaviva, por exemplo, a autonomia da vontade, além de impor excepcionalidade e limitação da revisão judicial dos contratos e o respeito à alocação de riscos fixada pelas partes nas relações empresariais e civis paritárias, pode destravar inúmeras situações econômicas, favorecer o cumprimento dos contratos e, por conseguinte, conferir mais segurança jurídica aos contratantes.[127]

---

127 Esse reavivamento de princípios contratuais clássicos desejado pela Lei da Liberdade Econômica se harmoniza perfeitamente com o pensamento de Ronald

O *Coase-Sandor Institute*, criado em 2011 pela *University of Chicago*, também tem se mantido firme na compreensão e na disseminação da abordagem econômica do Direito e do pensamento de Ronald Coase, com publicações sobre temas muito atuais, como efeitos da pandemia da Covid-19, direito digital, proteção de dados pessoais, discriminação de gênero, liberdade de expressão, entre outros.

Por serem inúmeras tanto as reflexões de Coase sobre o direito quanto as reflexões possíveis sobre a aplicação de suas teorias, tornar-se-ia arbitrário (e mesmo impossível) encerrá-las em rol exaustivo. Foram citadas, pois, as mais exemplares ao viso deste introdutório.

VII. O processo de tradução de *A firma, o mercado e o Direito*

A tradução de *A firma, o mercado e o Direito* foi um processo complexo que buscou preservar o rigor linguístico com as especificidades de um texto que transita com frequência entre conceitos jurídicos e econômicos.

A dificuldade já se apresenta no título: seria mais conveniente traduzir *firm* como "firma" ou "empresa"? Manter a singularidade de textos que remontam, inicialmente, a 1937 (ano de publicação de *The nature of the firm*) ou atualizá-los às exigências destas quase nove décadas posteriores? Sim e não. Quase em um enlevo de captar a "verdade poética", optou-se, no título, pelo tradicional e coloquial termo "firma", embora se tenha, no corpo da tradução, utilizado tanto "firma" quanto "empresa", a depender do contexto histórico a que o autor

---

Coase, em especial no tocante ao resgate da autonomia da vontade. Desse modo, "dois sujeitos que titularizam interesses contrapostos, mas convergentes, podem, por meio do exercício da autonomia privada, compor ou harmonizar os interesses envolvidos por efeito da conclusão de um contrato (...)" (Rodrigues Jr., Otavio Luiz Rodrigues; Leonardo, Rodrigo Xavier; Prado, Augusto Cézar Lukascheck. A liberdade contratual e a função social do contrato – alteração do art. 421-A do Código Civil: art. 7º. In: Marques Neto, Floriano Peixoto; Rodrigues Jr., Otavio Luiz; Leonardo, Rodrigo Xavier (coord.). *Comentários à Lei da Liberdade Econômica*: Lei 13.874/2019. São Paulo: Thomson Reuters Brasil, p. 309-325, 2019, p. 316).

alude. Inteligente e sensível, porém, é o leitor. *Inteligente* para saber que o sentido de "firma" percorreu uma longa trajetória até alcançar o conceito atual de "empresa". *Sensível* para valorizar acertos e relevar desacertos – e desacertos, se houver (e sempre os há), devem ser atribuídos a estes que se aventuraram a conformar ao vernáculo uma obra interdisciplinar e *sui generis*. São essas explicações, contudo, secundárias: o trabalho acadêmico de Ronald Coase é daqueles cuja essência a tudo supera, principalmente por imprimir a batalha de um autor que, para além de explicar Economia para juristas, continuou fiel ao seu pensamento e distinto respondedor de críticas e agravos.

A partir de uma tradução inicial de Heloisa Gonçalves Barbosa, coube uma revisão total do texto a Francisco Niclós Negrão, advogado especialista em Direito Concorrencial que cursou um *bachelor of arts* na *Brandeis University*, nos Estados Unidos. Três especialistas em Direito e em Economia realizaram cuidadosa revisão técnica da tradução: Alexandre Veronese, professor adjunto da Faculdade de Direito da Universidade de Brasília; Lucia Helena Salgado, professora adjunta da Universidade do Estado do Rio de Janeiro, que foi conselheira do CADE – Conselho Administrativo de Defesa Econômica, no período de 1996 a 2000, e Antônio José Maristrello Porto, professor da Escola Brasileira de Economia e Finanças da Fundação Getúlio Vargas. Coube a Otavio Luiz Rodrigues Jr., professor associado da Faculdade de Direito da Universidade de São Paulo (Largo de São Francisco), proceder a uma revisão final do livro. Os revisores, especialmente Francisco Niclós Negrão, acresceram notas explicativas em diversos trechos do livro, destacadas por asteriscos.

Este livro foi traduzido, até agora, para 10 idiomas (chinês, estoniano, francês, húngaro, italiano, japonês, coreano, russo, espanhol e sueco). Em alemão, há apenas a tradução de "O problema do custo social". No Irã, traduziram-se para o persa os artigos "O problema do custo social" e "A natureza da firma".[128] Esta é, portanto, a décima primeira língua para a qual se verteram integralmente os três mais importantes escritos de Ronald Coase.

---

128 Fonte: <https://www.coase.org/coaseintranslation.htm>. Acesso em 27 jul. 2015.

Em português, há tradução de "O problema do custo social", de Francisco Kümmel F. Alves e Renato Vieira Caovilla, com revisão técnica de Antônio José Maristrello Porto, publicada na *Revista de Direito Público da Economia* (vol. 7, n° 26, p. 135-191, abr.-jun. 2009), e também estampada como capítulo do livro *Direito e Economia:* Textos escolhidos (São Paulo: Saraiva, 2010. p. 59-112), coordenado por Bruno Meyerhof Salama.

Com esta terceira edição, devidamente revista, de *A firma, o mercado e o Direito*, o público de língua portuguesa terá acesso aos três mais importantes trabalhos acadêmicos de Ronald Coase, com uma tradução coerente e que conserva os principais elementos de sua obra, mas que tornará possível o acesso a seu conteúdo por um universo bem maior de leitores.

VIII. Conclusão

Ronald Coase é proficuamente paradoxal: um anglo-americano conservador que, em simultâneo, modernizou, desmistificou e esclareceu importantes questões econômicas, tornando-as tanto acessíveis ao público quanto coerentes com a atualidade. É exemplo de que os grandes escritores não necessariamente são os que possuem vasta doutrina, mas também aqueles cujo legado, embora esparso e de estilo conciso, guarda a perspectiva inovadora e elucidativa sobre temas até então herméticos para muitos leitores.

Coase fez questão de expressar que sua maior contribuição não foi para a alta teoria econômica, senão para a compreensão do óbvio da Economia, daquilo que, de tão evidente, poderia passar despercebido no domínio da referida ciência (como a necessidade de interação com outras ciências sociais, a exemplo do Direito).

Se para alguns as incursões de Coase na área jurídica seriam temerárias, para outros elas significariam uma útil empreitada interdisciplinar do mestre que, procurando compreender os reflexos econômicos no mundo jurídico, e vice-versa, terminou por colaborar para que o jurista compreendesse os elementos comuns e funcionais entre estes dois campos epistêmicos: Direito e Economia. O Direito seria, de fato, ainda mais útil se favorecesse as relações econômicas.

Acertadas ou não estas conclusões de Coase, pois há muitos críticos e antagonistas do modelo proposto pelo *Law and Economics*, devem ser conhecidas até para que se forme um debate enriquecedor e não unilateral.

Como o próprio Coase disse no prefácio desta obra, seu propósito maior era convencer seus pares "a modificarem o modo como analisam diversas questões importantes em microeconomia" (p. LXXI). Talvez ele não tenha logrado a unanimidade da aquiescência de seus colegas economistas. Concluirão os leitores, porém, que o contributo de Ronald Coase para o Direito contemporâneo se tornou inegável, por dizer estritamente o que precisa ser dito sobre os atores econômicos relevantes ao mundo jurídico, tais como a empresa, o Estado, o consumidor, a vizinhança, a família, o trabalhador. Atores econômicos que, embora individuais, repercutem, cada um a seu modo, no bem-estar da coletividade, tão caro ao Direito. Questões econômicas que, conquanto pertencentes a outras ciências, estão atreladas ao sentido amplo e estrito de Justiça, nela interferindo ou dela se valendo para apaziguar casos pontuais (ou nem tanto), em uma válida interação entre juridicidade e economia.

A leitura desta tradução revelará a qualidade do trabalho concluído por Heloisa Gonçalves Barbosa, mas que foi integrado pela revisão de Francisco Niclós Negrão e ainda pela revisão técnica de Alexandre Veronese, Lucia Helena Salgado e Antônio José Maristrello Porto.

A tradução de *A firma, o mercado e o Direito* é mais uma exitosa iniciativa do Ministro José Antonio Dias Toffoli e do professor Otavio Luiz Rodrigues Jr., diretores da Coleção Paulo Bonavides, publicada por meio do selo editorial Forense Universitária, do Grupo Editorial Nacional – GEN. Os autores deste estudo introdutório agradecem aos diretores da coleção pela confiança em nós depositada e pela contribuição que oferecem à cultura jurídica e econômica de língua portuguesa com as traduções de clássicos contemporâneos como Hans Kelsen e, agora, Ronald Harry Coase.

Aos leitores, fica o convite para examinar o pensamento de um dos mais importantes pensadores do século XX, que conseguiu avançar nas diferentes e complexas áreas do Direito e da Economia sem se perder nos meandros de uma Ciência Econômica hermética, tão contrária as suas preferências intelectuais.

Brasília, Distrito Federal, 20 de janeiro de 2022.

Antonio Carlos Ferreira
Ministro do Superior Tribunal de Justiça

Patrícia Cândido Alves Ferreira
Doutora em Direito Civil pela Universidade de São Paulo

Prefácio

O objetivo deste livro é persuadir meus colegas economistas a modificarem o modo como analisam diversas questões importantes em microeconomia. A maior parte do livro consiste de reimpressões de artigos publicados anteriormente, mas tentei, em um ensaio introdutório e em um artigo intitulado "Notas sobre o problema do custo social", esclarecer melhor a natureza dos argumentos expostos nesses artigos e rebater algumas das principais críticas a eles.

Não foram feitas modificações nos artigos reimpressos, excetuando-se a correção de erros de impressão e a remoção de algumas idiossincrasias da minha ortografia e gramática.

Agradeço a Gary Becker, Gerhard Casper, Aaron Director e George Stigler, que leram meu ensaio introdutório e "Notas sobre o problema do custo social", e fizeram sugestões que resultaram em muitas melhorias, embora não tantas quantas seriam de seu agrado.

Ronald H. Coase

Um

A firma, o mercado e o direito

I. Objetivo do livro

O núcleo central deste livro é formado por três artigos, "A natureza da firma" (1937), "A controvérsia sobre o custo marginal" (1946) e "O problema do custo social" (1960). Foram incluídos, também, outros artigos que ampliam, ilustram ou explicam os argumentos contidos nestes três artigos. Como se verá, todos esses ensaios apresentam essencialmente o mesmo ponto de vista.

De modo geral, meu ponto de vista não obteve concordância, tampouco meu argumento, na sua maior parte, foi entendido. Sem dúvida, inadequações em minha exposição foram parcialmente responsáveis por esse resultado, e espero que este ensaio introdutório, que trata de algumas das principais questões levantadas por comentaristas e reafirma meu argumento, ajude a tornar mais compreensível minha posição. Não creio, contudo, que uma falha na exposição tenha sido a principal razão pela qual os economistas tenham tanta dificuldade em assimilar meus argumentos. Uma vez que o argumento nesses artigos é, do meu ponto de vista, simples, tão simples de fato que faz com que suas proposições recaiam na categoria de verdades que podem ser consideradas autoevidentes, sua rejeição ou aparente incompreensão sugere que a maioria dos economistas tem um modo diverso de encarar os problemas econômicos e não compartilham minha concepção sobre a natureza de nosso assunto. Isto eu acredito ser verdade.

No presente, a visão dominante sobre a natureza da economia é aquela expressa pela definição de Robbins: "A economia é a ciência que estuda o comportamento humano como uma relação entre finalidades e meios escassos que têm usos alternativos."[1] Isto faz da economia a ciência das escolhas humanas. Na prática, a maioria dos economistas, inclusive Robbins, restringe seu trabalho a um conjunto de escolhas muito menor do que sugeriria esta definição. Recentemente, porém, Becker argumentou que o modo de Robbins olhar para a economia não precisava ser tão restritivo, e que a abordagem econômica, tal como ele a denomina, pode e deve ser aplicada de modo mais geral por toda a gama das ciências sociais. O próprio trabalho de Becker demonstra que a abordagem econômica pode ser aplicada, com sucesso, às outras ciências sociais.[2] Seu sucesso, porém, impõe a pergunta: por que demonstraram ser tão versáteis as ferramentas de trabalho dos economistas?

O que tem me interessado particularmente é aquela parte da teoria econômica que trata das firmas, das indústrias e dos mercados, aquilo que se costumava denominar Valor e Distribuição, e que atualmente se denomina, em geral, teoria dos preços ou microeconomia. Trata-se de uma estrutura intrincada de elevada qualidade intelectual que produziu valiosos *insights*. Os economistas analisam o modo como a escolha dos consumidores, ao decidirem que bens e serviços adquirir, é determinada por sua renda e pelos preços pelos quais se podem adquirir tais bens e serviços. Também estudam como os produtores decidem quais fatores de produção utilizar e que produtos e serviços produzir e vender, e em que quantidades, dados os preços dos fatores, a demanda pelo produto final e a relação entre a produção e a quantidade de fatores empregados. A análise se mantém coerente pela hipótese de que os consumidores maximizam a utilidade (uma entidade não existente que, suspeito, desempenha um papel semelhante ao do éter na antiga física) e pela hipótese de que os produtores têm como meta maximizar seus lucros ou resultado líquido (para o que existem muito mais provas). As decisões de consumidores e produtores são harmonizadas pela teoria da troca.

---

1 Robbins, Lionel. *An essay on the nature and significance of economic science*. 2. ed. London: Macmillan, 1935. p. 16.
2 Ver os vários estudos em Becker, Gary S. *The economic approach to human behavior*. Chicago: University of Chicago Press, 1976.

O desenvolvimento pormenorizado da análise não deveria nos ocultar sua natureza essencial: trata-se de uma análise das escolhas. É isto que dá à teoria sua versatilidade. Becker aponta que "o que mais distingue a economia enquanto disciplina de outras disciplinas não é o seu tema, mas sua abordagem."[3] Se as teorias que foram desenvolvidas na economia (ou, pelo menos, na microeconomia) constituem, na maior parte, um modo de analisar os determinantes das escolhas (o que acredito ser verdadeiro), é fácil compreender que deveriam ser aplicáveis a outras escolhas humanas, tais como as que são feitas no direito ou na política. Neste sentido, os economistas não contam com um tema próprio. O que se desenvolveu foi uma abordagem divorciada (ou que pode se divorciar) do tema. Na verdade, uma vez que o homem não é o único animal que faz escolhas, é de se esperar que a mesma abordagem pudesse se aplicar ao rato, ao gato e ao polvo, todos os quais, sem dúvida, se ocupam em maximizar suas utilidades de modo muito semelhante ao do homem. Não é por nenhum acaso, portanto, que se demonstrou ser possível aplicar a teoria dos preços ao comportamento animal.[4]

Se, por um lado, essa preocupação dos economistas com a lógica das escolhas pôde, afinal, rejuvenescer o estudo do direito, da ciência política e da sociologia, por outro lado teve, a meu ver, efeitos seriamente adversos sobre a própria economia. Um dos resultados deste divórcio entre a teoria e seu tema foi que os economistas não tomaram como tema de estudo as entidades cujas decisões se ocupam em analisar e, portanto, lhes falta toda a substância. O consumidor não é um ser humano, mas um conjunto de preferências coerentes. Para um economista, a firma, conforme afirmou Slater, "é claramente definida como uma curva de custos e uma curva de demanda, e a teoria é simplesmente a lógica da combinação entre a otimização da determinação de preços e os insumos."[5] Trocas e intercâmbios ocorrem sem quaisquer especificações de seu marco ou espaço institucional. Temos, portanto, consu-

---

3   *Ibidem*, p. 5.
4   Ver, por exemplo, Kagel, John H.; Battalio, Raymond C.; Rachlin, Howard; Green, Leonard. Demand curves for animal consumers. *Quarterly Journal of Economics* 96, n. I, p. 1-14, February 1981.
5   Slater, Martin. Foreword em Edith T. Penrose. *The Theory of the Growth of the Firm*. 2. ed. White Plains, NY: M. E. Sharpe, 1980. p. ix.

midores sem humanidade, firmas sem organização e até mesmo trocas sem mercados. O maximizador racional de utilidade na teoria econômica não tem qualquer semelhança com o homem médio razoável que pega um ônibus ("*the man on the Clapham bus*"),* ou, na verdade, com qualquer homem (ou mulher) em qualquer ônibus. Não há qualquer motivo para supor que a maioria dos seres humanos esteja ocupada em maximizar seja o que for, a não ser sua infelicidade, e, mesmo assim, com sucesso limitado. Knight expressou muito bem esta ideia:

"... [o] argumento dos economistas ... de que os homens pensam e trabalham para se livrarem de problemas é, ao menos pela metade, uma inversão dos fatos. As coisas pelas quais trabalhamos são 'importunadoras' com a mesma frequência que as que 'causam satisfação'; despendemos tanta energia para nos encrencarmos quanto para sair das encrencas e, de qualquer modo, o suficiente para nos mantermos eficientemente encrencados. ... Aquele que não tem nada com o que se preocupar imediatamente se ocupa em criar alguma coisa, entra em um jogo eletrizante, se apaixona, se prepara para conquistar algum inimigo, ou caçar leões ou ir ao Polo Norte, ou o que for."[6]

Acredito que as preferências humanas se tornaram o que são durante os milhares de anos em que nossos ancestrais (quer possam ser classificados como humanos ou não) viveram em bandos de caçadores e eram aquelas preferências que, naquelas condições, permitiam a sobrevivência. É possível, portanto, que, afinal, o trabalho de sociobiólogos (e de seus críticos) venha a permitir que construamos uma imagem da natureza humana tão detalhada que poderemos chegar à determinação do conjunto de preferências do qual partem os economistas. Caso se alcance esse resultado poderemos refinar nossa análise sobre a demanda dos consumidores e de outros comportamentos na esfera econômica. Até lá, porém, seja o que for que faça com que os homens escolham da

---

* **N.r.: (Nota dos revisores)***The man on the Clapham bus* refere-se à figura de um homem médio comum. *Clapham* é um local extremamente usual em Londres, de modo que a designação do ônibus de *Clapham* faz alusão a uma linha habitual e comum (Oxford Advanced Learner's Dictionary. Disponível em: http://oald8. oxfordlearnersdictionaries.com/dictionary/the-man-on-the-clapham-omnibus. Acesso em 10.11.2013).

6   Knight, Frank H. *The ethics of competition.* 2. ed. New York: Harper & Bros., 1936. p. 32.

maneira que o fazem, somos forçados a nos contentar com o fato conhecido de que, para grupos humanos, em quase todas as circunstâncias, um preço (relativamente) mais elevado para qualquer coisa conduzirá a uma redução na quantidade demandada. Esta afirmativa não se refere apenas a um preço monetário, mas ao preço em seu sentido mais amplo. Se os homens são racionais ou não ao decidirem atravessar uma avenida perigosa para chegar a um determinado restaurante, podemos ter certeza de que menos pessoas atravessarão à medida que aumente o perigo. E não há dúvida de que a disponibilidade de uma alternativa menos perigosa, por exemplo, uma passarela para pedestres, normalmente reduzirá o número daqueles que atravessam a avenida, e nem de que, à medida que se torna mais atraente o ganho obtido ao se atravessar, aumentará o número dos que atravessam. A generalização deste conhecimento constitui a teoria dos preços. Não me parece ser necessário exigir o pressuposto de que os homens são maximizadores racionais de utilidade. Por outro lado, tal conhecimento nada nos diz sobre por que as pessoas fazem as escolhas que fazem. O motivo pelo qual um homem arriscará ser morto para obter um sanduíche não nos é revelado, muito embora saibamos que, se o risco aumentar o suficiente, ele abrirá mão de buscar aquele prazer.

Nenhum dos ensaios deste livro trata da natureza das preferências humanas, nem, conforme expliquei, acredito que os economistas poderão avançar muito até que sociobiólogos e outros não economistas tenham avançado bastante. Mas a aceitação, pelos economistas, de uma visão da natureza humana tão falha em conteúdo, é coerente com seu tratamento das instituições que são centrais para seu trabalho. Tais instituições são a firma e o mercado, os quais, juntos, compõem a estrutura institucional do sistema econômico. Na teoria econômica convencional, assume-se simplesmente a existência da firma e do mercado, os quais não são sujeitos de investigação por si mesmos. Um resultado disso é que o papel vital da lei em determinar as atividades desempenhadas pela firma e no mercado tem sido em grande parte ignorado. O diferencial dos ensaios que compõem este livro não está em rejeitarem a teoria econômica existente, a qual, como disse, personifica a lógica da escolha e tem ampla aplicabilidade, mas em empregarem a teoria econômica para examinar o papel que a firma, o mercado e o direito desempenham no funcionamento do sistema econômico.

II. A firma

A firma, na moderna teoria econômica, é uma organização que transforma insumos em produtos. O motivo pelo qual existem firmas, o que determina o número de firmas, o que determina o que fazem as firmas (os insumos que uma firma adquire e os produtos que vende) não são questões de interesse para a maioria dos economistas. A firma, na teoria econômica, como disse recentemente Hahn, é uma "figura nebulosa".[7] É bastante extraordinária essa falta de interesse, dado que a maioria das pessoas nos Estados Unidos, no Reino Unido e em outros países ocidentais é empregada por firmas, que a maior parte da produção ocorre dentro de firmas e que a eficiência de todo o sistema econômico depende, de maneira considerável, do que acontece dentro dessas moléculas econômicas. Meu objetivo no artigo "A natureza da firma" foi estabelecer uma base lógica para a firma e indicar o que determina a gama das atividades que desenvolve. Embora tenha sido muito citado, fica claro, a partir de observações tais como a de Hahn, que as ideias desse artigo (publicado há mais de 50 anos) não foram incorporadas à bagagem de um economista. E é fácil compreender o porquê. A fim de explicar por que existem as firmas e quais atividades desenvolvem, considerei necessário introduzir um conceito que denominei, naquele artigo, "o custo de utilizar o mecanismo de preços", "o custo de realizar uma transação por meio de uma troca no mercado aberto", ou, simplesmente, "custos associados à utilização do mercado".* Para expressar a mesma noção em meu artigo "O problema do custo social", empreguei a expressão "o custo das transações no mercado", o que veio a ser conhecido na literatura de economia como "custos de transação". Descrevi o que me passava pela cabeça nos seguintes termos:

---

7   Hahn, Frank. General equilibrium theory. In: *The Crisis in Economic Theory*. Ed. Daniel Bell and Irving Kristol. New York: Basic Books, 1981. p. 131.
*   **N.r.**: "*Marketing costs*", no original. Na presente obra, de forma a expor o conceito da forma mais clara possível, o termo *marketing costs* foi traduzido principalmente como "custos associados à utilização do mercado" ou "custos para realização de transações de mercado", mantendo o mesmo significado em todas as formas.

> "A fim de efetuar uma transação no mercado, é necessário descobrir com quem se deseja fazer a transação, informar às pessoas que se quer fazer a transação e em que termos, conduzir negociações que levem a um acordo, redigir o contrato, realizar o monitoramento necessário para assegurar que os termos do contrato estão sendo cumpridos, e assim por diante."[8]

Dahlman cristalizou o conceito de custos de transação ao descrevê-los como "custos de busca e informação, custos de barganha e decisão, custos de monitoramento e cumprimento".[9] Sem o conceito de custos de transação, o qual, na maioria das vezes, está ausente das teorias econômicas atuais, sustento que é impossível compreender o funcionamento do sistema econômico, analisar vários de seus problemas de maneira útil, ou ter uma base para determinar políticas. A existência de custos de transação impulsionará aqueles que desejam realizar trocas a se envolverem em práticas que ocasionam uma redução dos custos de transação sempre que a perda sofrida de outras maneiras pela adoção de tais práticas seja menor do que os custos de transação economizados. As pessoas com quem um negocia, o tipo de contrato que se celebra, o tipo de produto ou serviço fornecido, todos serão afetados. Mas, talvez, a mais importante adaptação à existência de custos de transação seja o surgimento da firma. Em meu artigo "A natureza da firma", argumentei que, embora se possa realizar a produção de maneira totalmente descentralizada por meio de contratos entre indivíduos, o fato de que existe um custo relativo à participação nessas transações significa que surgirão firmas para organizar transações que de outro modo seriam de mercado, sempre que seus custos forem menores do que os custos de realizar as transações através do mercado. O limite para o tamanho da firma se estabelece onde seus custos de organizar uma transação tornam-se iguais ao custo de realizá-la através do mercado. Isso determina o que a firma compra, produz e vende. Uma vez que o conceito de custos de transação não é em geral utilizado pelos economistas, não causa surpresa que seja de difícil aceitação uma abordagem que o incorpora. Poderemos melhor entender esta atitude se considerarmos não a firma, mas o mercado.

---

8 Ver *The problem of social cost*, p. 114.
9 Dahlman, Carl J. The problem of externality. *The Journal of Law and Economics* 22, n. 1. p. 148, April 1979.

III. O mercado

Embora os economistas aleguem que estudam o funcionamento do mercado, nas modernas teorias econômicas o mercado tem um papel ainda mais nebuloso do que a firma. Alfred Marshall incluiu um capítulo "Sobre os mercados" em seu livro *Princípios de Economia*,* mas seu teor era geral, sem aprofundamento, talvez porque se tratasse de um tema reservado para o que veio a se tornar *A Indústria e o Comércio*. Nos livros-texto modernos, a análise se centra na fixação dos preços de mercado, mas desapareceu completamente a discussão a respeito do mercado. Este fato é menos estranho do que parece. Os mercados são instituições que existem com o intuito de facilitar as trocas, isto é, existem a fim de reduzir os custos de se realizar transações de troca. Em uma teoria econômica que parte do princípio de que não existem custos de transação, os mercados ficam destituídos de função, e parece perfeitamente razoável desenvolver a teoria da troca por meio de uma complexa análise de indivíduos que trocam nozes por maçãs no limiar da floresta, ou de outro exemplo extravagante do mesmo tipo. Esta análise certamente demonstra o motivo pelo qual se obtêm ganhos de comércio, mas não é capaz de lidar com os fatores que determinam a quantidade de comércio que se realiza ou quais mercadorias são comercializadas. E quando os economistas efetivamente discutem sobre estrutura do mercado, seu discurso não se relaciona com o mercado como instituição, mas se refere a fatores tais como o número de firmas, a diferenciação entre os produtos e outros mais, ignorando completamente a influência das instituições sociais que permitem e facilitam as trocas.

A provisão de mercados é uma atividade empresarial e conta com uma longa história. Na Idade Média, na Inglaterra, as feiras e os mercados eram organizados por indivíduos franqueados pelo Rei. Não só proporcionavam as instalações físicas para a feira ou o mercado, mas também se responsabilizavam pela segurança (fator importante em períodos instáveis de governo relativamente fraco) e administravam

---

* **N.r.:** Marshall, Alfred. *Princípios de economia.* Tratado introdutório. *Natura non facit saltum.* Tradução revista de Rômulo de Almeida e Otolmy Strauch. São Paulo: Nova Cultural, 1996. v. I (Coleção Os Economistas).

um tribunal para resolver contendas (*piepowder courts*, as Cortes Comerciais).* Na modernidade, ainda se organizam feiras e mercados, inclusive salões de exposição e similares, o que, muitas vezes (ainda na Inglaterra), tem sido uma função das municipalidades. Naturalmente, sua importância relativa vem decaindo com o crescimento do número de lojas e instalações semelhantes geridas por varejistas e atacadistas privados. Uma vez que o governo fornece a segurança, e, com a existência de um sistema legal mais desenvolvido, os proprietários dos antigos mercados não mais precisam assumir a responsabilidade por fornecer segurança ou por realizar funções legais, embora algumas Cortes Comerciais (*piepowder courts*) tenham sobrevivido até o final do século XIX.[10]

Se por um lado os tradicionais mercados do passado viram diminuir sua importância, nos tempos atuais, surgiram novos mercados de importância comparável para nossa economia moderna. Refiro-me às bolsas de mercadorias e às bolsas de valores. São normalmente organizadas por um grupo de investidores (os membros da bolsa) que é proprietário (ou aluga) das instalações físicas onde são realizadas as transações. Todas as bolsas regulamentam, em profusão de detalhes, as atividades daqueles que realizam transações nesses mercados (os momentos em que podem ser feitas transações, o que pode ser comprado ou vendido, as responsabilidades das partes, os termos dos acordos etc.), todas fornecem mecanismos para a resolução de controvérsias e impõem sanções contra aqueles que infringem as regras da bolsa. Não é despido de significado o fato de que essas bolsas, frequentemente usadas pelos economistas como exemplos de mercados perfei-

---

*   **N.r.:** Do francês antigo, "*pied poudre*" ou "pé poeirento". Os pés poeirentos denunciavam os comerciantes itinerantes e, portanto, identificavam os forasteiros. Esses tribunais ministravam justiça instantânea em mercados e feiras e resolviam contendas no próprio local em toda a Inglaterra. Fonte: *Glossary of terms*. Altrincham History Society. Disponível em: http://althistsoc.users.btopenworld.com/glossary.html Altrincham History Society. Acesso em: 22 jun. 2010.

---

10 Para um relato sobre a história de feiras e mercados e sobre as Cortes Comerciais (*courts of piepowder*), ver Pease, Joseph G.; Chitty, Herbert. *Pease and Chitty's Law of Markets and Fairs*. 2. ed. por Harold Parrish. London: C. Knight, 1958. p. 1-9, e de Palgrave o *Dictionary of political economy*. London: Macmillan, 1894-1901, S. V. "Fairs and Markets" e "Piepowder Court".

tos em perfeita competição, são mercados em que as transações estão fortemente regulamentadas (e isto ocorre muito além de quaisquer regulamentações governamentais existentes). Esta situação sugere – corretamente, acredito – que, para a existência de algo que se aproxime do conceito de concorrência perfeita, um intrincado sistema de regras e regulamentos seria normalmente necessário. Os economistas que analisam a regulamentação das bolsas muitas vezes interpretam-nas como se representassem uma tentativa de exercer poder monopolista e de restringir a concorrência. Não levam em consideração, ou, pelo menos, não enfatizam uma explicação alternativa para tal regulamentação: o fato de existirem com a finalidade de reduzir os custos de transação e, assim, aumentar o volume de negócios. Adam Smith afirmou o seguinte:

> "O interesse dos negociantes, em qualquer ramo específico de comércio ou de manufatura, sempre difere sob algum aspecto do interesse público, e até se lhe opõe. O interesse dos empresários é sempre o de ampliar o mercado e limitar a concorrência. Ampliar o mercado muitas vezes pode ser benéfico para o interesse público, mas limitar a concorrência sempre contraria necessariamente o interesse público."[11]*

A eloquência e a força das denúncias feitas por Adam Smith à regulação criada para limitar a concorrência parecem ter-nos cegado para o fato de que os negociantes também têm interesse em pôr em vigor regulamentações que ampliam o mercado, talvez porque Adam Smith desse pouca atenção ao assunto. Mas há, acredito, outro motivo para negligenciar o papel que a regulação desempenha na ampliação do mercado. Monopólios e restrições ao comércio, tais como as tarifas, são facilmente tratadas pela teoria dos preços tradicional, enquanto a ausência de custos de transação na teoria faz com que o efeito de sua redução seja difícil de incorporar na análise.

---

11 Smith, Adam. *An inquiry into the nature and causes of the wealth of nations*, v. 1 da *The Glasgow edition of the works and correspondence of Adam Smith*, ed. R. H. Campbell e A. S. Skinner, texto ed. por W. B. Todd. Oxford, 1976. p. 267.

* **N.r.:** Smith, Adam. *A riqueza das nações*: Investigação sobre sua natureza e suas causas. Tradução de Luiz João Baraúna. São Paulo: Nova Cultural, 1996. v. I, p. 287 (Coleção Os Economistas).

Cap. 1 • A Firma, o Mercado e o Direito

É evidente que, para sua operação, os mercados como os que existem hoje exigem mais do que o fornecimento de um espaço físico onde possam ocorrer as compras e vendas. Exigem também o estabelecimento de normas jurídicas que regem os direitos e deveres daqueles que realizam transações nessas instalações. Tais normas jurídicas podem ser criadas por aqueles que organizam os mercados, tal como ocorre na maior parte das bolsas de mercadorias. O maior problema encontrado pelas bolsas neste processo de criação de normas é obter a concordância dos membros da bolsa e assegurar o cumprimento de suas normas. A concordância é facilitada, no caso das bolsas de mercadorias, porque seus membros se reúnem no mesmo local e negociam uma gama restrita de mercadorias; e o cumprimento das normas é possível porque a oportunidade de negociar na bolsa tem por si grande valor, de forma que a negativa da permissão para negociar é uma sanção forte o suficiente para induzir a maioria dos negociantes a respeitarem as regras da bolsa. Quando as instalações físicas estão dispersas e são de posse de um grande número de indivíduos com interesses muito diversos, tal como é o caso com o atacado e o varejo, seria muito difícil o estabelecimento e a gestão de um sistema normativo privado. Portanto, aqueles que operam nesses mercados precisam depender do sistema legal do Estado.[12]

IV. O problema do custo social

A influência do direito no funcionamento do sistema econômico é examinada em "O problema do custo social". A gênese desse artigo esclarece um pouco o estado atual da teoria econômica. Em um artigo publicado anteriormente, intitulado "The Federal Communications Commission" (A Comissão Federal de Comunicações),[13] eu

---

12 Para uma análise de mercados futuros organizados que contém grande paralelismo com a minha e é certamente consistente com ela, ver Telser, Lester G.; Higinbotham, Harlow N. Organized futures markets: costs and benefits. *Journal of Political Economy* 85, n. 5, p. 969, 1977.

13 Coase, R. H. The Federal Communications Commission. *The Journal of Law and Economics*. p. 1-40, October 1959.

havia argumentado que seria melhor se, nos Estados Unidos, o uso de vários segmentos do espectro das frequências radiofônicas fosse concedido aos que dessem o maior lance, ao contrário de resultar de um decreto administrativo. Mas minha análise do tema não parou aí. Continuei e debati quais direitos seriam adquiridos pelo concorrente vencedor, uma questão que os economistas, com seu raciocínio que considera os fatores de produção como unidades físicas (toneladas de fertilizante, alqueires de terra etc.), em geral dão por certo. Os advogados, porém, habitualmente pensam naquilo que é comprado e vendido como um pacote de direitos. É fácil compreender o motivo pelo qual fui levado a adotar a mesma abordagem ao lidar com o espectro das frequências radiofônicas, uma vez que é tão difícil tratar o uso do direito de emitir radiações elétricas somente em termos físicos. Tal se dá, particularmente, porque o que pode ser realizado pela emissão de radiações elétricas em uma determinada frequência depende crucialmente de que uso dessa frequência e das frequências adjacentes está sendo feito por outros. É impossível pensar concretamente sobre o que seria pago pelo uso de uma determinada frequência, a não ser que haja alguma especificação dos direitos que possuem todos aqueles que usam essa frequência e as frequências adjacentes, ou que possam vir a usá-las. Foi nesse contexto que desenvolvi a análise publicada primeiramente em "The Federal Communications Commission", e que, em seguida, elaborei muito mais profundamente em "O problema do custo social". Fui conduzido a reformular meu argumento dessa forma mais elaborada, porque um número de economistas, particularmente da Universidade de Chicago, que leram o artigo anterior consideraram a análise falaciosa, e tive esperanças de dirimir suas dúvidas e derrubar suas objeções por meio de um tratamento mais completo.[14]

Não há qualquer dificuldade em empregar a mesma abordagem que achei útil na discussão da alocação do espectro de frequências radiofônicas para a análise dos problemas com os quais os economistas estão mais acostumados a lidar. Alguém que tem o direito de construir uma fábrica em um terreno (e que deseje exercer este di-

---

14 Ver Kitch, Edmund W. (ed.). The fire of truth: a remembrance of law and economics at Chicago, 1932-1970. The Journal of Law and Economics 26, n. 1, p. 220-222, April 1983.

reito) normalmente também buscaria assegurar o direito de impedir que terceiros ali plantassem, digamos, trigo; e, se o funcionamento da fábrica gerasse ruído ou causasse emissão de fumaça, o proprietário da fábrica gostaria de ter o direito de fazer isto.

O proprietário da fábrica selecionaria para uso um determinado local e produziria ruído e emitiria fumaça porque essa alternativa produziria um rendimento líquido superior ao de locais ou modos de operação alternativos. O exercício desses direitos, é claro, privaria agricultores do uso dessa terra, e negaria o silêncio e o ar limpo a outros.

Se os direitos de realizar determinadas ações podem ser comprados e vendidos, tenderão a ser adquiridos por aqueles para quem são mais valiosos, quer para a produção ou para o gozo. Neste processo, os direitos serão adquiridos, subdivididos e combinados, de tal forma que permitam que sejam realizadas todas as ações que produzam aquele resultado que tem o maior valor no mercado. O exercício dos direitos adquiridos por uma pessoa inevitavelmente nega oportunidades de produção ou usufruto por outros, para quem o preço de adquirir os direitos seria elevado demais. Naturalmente, no processo de aquisição, subdivisão e combinação, o aumento do valor do resultado que uma nova constelação de direitos permite precisa ser comparado ao custo de efetuar as transações necessárias para atingir essa nova constelação, e esse arranjo de direitos só será empreendido se o custo das transações necessárias para atingi-lo for menor do que o aumento no valor que tal arranjo permite.

O que tal abordagem deixa claro é que não há diferença, analiticamente, entre direitos tais como aqueles que determinam o modo como um terreno deve ser usado e aqueles, por exemplo, que permitem que um indivíduo emita fumaça em um determinado local. Assim como a posse do direito de construir uma fábrica em um terreno normalmente atribui ao proprietário o direito de não construir naquele local, da mesma forma, o direito de emitir fumaça em um determinado local pode ser utilizado para impedir que seja emitida fumaça naquele local (por não exercer o direito e transferi-lo para outro que o fará). O modo como os direitos serão usados depende de quem possui os direitos e dos arranjos contratuais celebrados pelo proprietário. Se tais arranjos forem resultado de transações de mercado, tenderão a fazer com que os direitos sejam utilizados da maneira mais valiosa, mas só após a dedução dos custos envolvidos em efetuar tais transações. Os custos de transação, portanto, desempenham um papel crucial na determinação de como direitos serão usados e exercidos.

O artigo "O problema do custo social", no qual tais pontos de vista foram apresentados de modo sistemático, tem sido amplamente citado e discutido na literatura econômica. Mas sua influência sobre a análise econômica tem sido menos benéfica do que eu esperava. Em geral, o debate tem-se circunscrito às seções III e IV do artigo e, mesmo assim, tem-se concentrado no que se denomina "Teorema de Coase", deixando de lado outros aspectos da análise. Nas seções III e IV, examinei o que ocorreria em um mundo no qual se supõe que os custos de transação fossem equivalentes a zero. Meu objetivo, ao fazê-lo, não foi o de descrever como seria a vida em tal mundo, mas fornecer um cenário simples sobre o qual desenvolver a análise e, mais importante ainda, deixar bem claro o papel fundamental que os custos de transação desempenham, e devem desempenhar, em moldar as instituições que compõem o sistema econômico. Examinei duas situações, uma em que as firmas estavam sujeitas a pagar indenizações pelos danos que suas ações causassem a terceiros, e outra em que não eram responsabilizadas. O exemplo que utilizei como ilustração, o qual foi usado por meus críticos, foi o de criadores de gado cujos animais se extraviavam e destruíam as plantações das fazendas vizinhas. Demonstrei, acredito, que, se os custos de transação fossem considerados como sendo iguais a zero, e fossem bem definidos os direitos das diversas partes, a alocação de recursos seria a mesma em ambas as situações. Em meu exemplo, se o criador de gado precisasse pagar ao agricultor o valor dos danos causados por seu gado, obviamente incluiria este fator em seus custos. Se o criador de gado, porém, não fosse responsável pelos danos, o agricultor estaria disposto a pagar (até) o valor dos danos para induzir o pecuarista a cessá-los, de tal maneira que dar prosseguimento a suas atividades e causar dano à plantação significaria, para o pecuarista, abrir mão dessa quantia, a qual se tornaria, portanto, um custo na atividade de criar gado. Os danos impõem o mesmo custo ao pecuarista em ambas as situações. No entanto, também apontei um fator que desempenha um papel importante no argumento seguinte, mas que nem sempre foi detectado por meus críticos: que, se o criador de gado puder ser responsabilizado, seria sempre possível negociar a cessação da produção agrícola ou uma alteração no que se planta sempre que isso reduzisse os danos em um montante superior à queda no valor da produção agrícola (excluindo-se os danos). Além disso, outras providências podem ser tomadas a fim de reduzir os danos, por exemplo, a colocação de cercas, se seu custo for inferior aos danos que previnem. Como consequência, "a queda no valor de produção em outra parte que seria considerada nos custos do pecuarista pode muito bem ser inferior aos danos que o gado [de outra maneira] viesse a causar."[15] Minha conclusão foi: "... o resultado final (que maximiza o valor de produção) independe do sistema jurídico se for entendido que o sistema de preços funciona sem custos."[16] Esta conclusão foi formalizada por Stigler como o "Teorema de Coase", o qual o expressou como se segue: "... em condições de concorrência perfeita, os custos privados e sociais serão iguais."[17]

Um mundo sem custos de transação é dotado de propriedades muito peculiares. Conforme afirmou Stigler a respeito do "Teorema de Coase": "Um mundo com custos de transação zero revela-se tão bizarro quanto seria o mundo físico sem a fricção. Os monopólios seriam compensados para agirem como concorrentes, e não existiriam companhias de seguro."[18] Demonstrei, em "A natureza da firma", que, na ausência de custos de transação, não há fundamento econômico para a existência da firma. O que demonstrei em "O problema do custo social" foi que, na ausência de custos de transação, não importa qual é a legislação, pois é sempre possível negociar sem custos a fim de adquirir, subdividir e combinar direitos sempre que isto aumentasse o valor da produção. Num mundo assim, as instituições que compõem o sistema econômico não têm nem substância e nem objeto. Cheung chegou a argumentar que, se os custos de transação são iguais a zero, "se pode abandonar a ideia de direitos de propriedade privada sem de qualquer forma negar o Teorema de Coase",[19] e, sem dúvida, está cor-

---

15 Ver *The problem of social cost*, p. 101.
16 Ver *The problem of social cost*, p. 104.
17 Stigler, George J. *The theory of price*. 3. ed. New York: Macmillan, 1966. p. 113.
18 Stigler, George J. The Law and economics of public policy: a plea to the scholars. *Journal of Legal Studies* I, p. 12, 1972.
19 Cheung, Steven N. S. *Will China go 'capitalist'?*. 2. ed. Hobart Paper 94. London: Institute of Economic Affairs, 1986. p. 37.

reto. Outra consequência de supor custos de transação iguais a zero, muitas vezes despercebida, é que, quando não há custos na celebração de transações, nada custa acelerá-las, de tal forma que a eternidade pode ser vivenciada em uma fração de segundo.

Não parece proveitoso gastar muito tempo na investigação das propriedades de um mundo como este. O que meu argumento realmente sugere é a necessidade de introduzir, explicitamente, na análise econômica, os custos de transação positivos a fim de que possamos estudar o mundo que, de fato, existe. Mas não tem sido esse o efeito de meu artigo. Nas revistas acadêmicas, extensas discussões têm-se concentrado quase que somente no "Teorema de Coase", que vem a ser uma proposição a respeito de um mundo com custos de transação iguais a zero. Embora seja decepcionante, é possível compreender essa reação. O mundo com custos de transação iguais a zero, ao qual se aplica o "Teorema de Coase", é o mundo da análise econômica moderna e, portanto, os economistas sentem-se bastante confortáveis ao lidarem com os problemas intelectuais que acarreta, muito embora se distanciem tanto do mundo real. É fácil compreender, também, que a maior parte das discussões têm sido desfavoráveis aos meus argumentos já que, se eu estiver correto, a análise econômica atual é incapaz de lidar com muitos dos problemas para os quais pretende fornecer respostas. Dificilmente se receberá bem uma conclusão tão deprimente, o que torna natural a resistência encontrada por minha análise. O meu ponto de vista é que as objeções erguidas contra o "Teorema de Coase" e contra minha discussão dos sistemas de tributação (a parcela de minha análise em "O problema do custo social", que recebeu maior atenção dos economistas), não têm validade, são sem importância ou irrelevantes. Em "A controvérsia do custo marginal", que aparece mais adiante neste volume, encontram-se as razões pelas quais acredito que seja assim. A discussão do "Teorema de Coase" preocupa-se, todavia, com uma situação em que se pressupõe, implícita ou explicitamente, que os custos de transação sejam iguais a zero. Não passa, de qualquer forma, de um preâmbulo para o desenvolvimento de um sistema analítico capaz de enfrentar os problemas inerentes ao mundo real dos custos de transação positivos. No entanto, é minha opinião que não será possível desenvolver tal sistema, a não ser que, primeiro, abandonemos a abordagem em uso no presente pela maioria dos economistas.

V. Precificação com base no custo marginal

O apoio dado à proposta de precificação com base no custo marginal, que discuti em "A controvérsia do custo marginal", artigo reproduzido neste volume, fornece uma excelente ilustração da abordagem de economistas modernos. Esse apoio não veio de um grupo de economistas pequeno, obscuro e pouco respeitado, mas de alguns dos mais destacados membros da profissão. O artigo que lhe deu origem surgiu nos Estados Unidos, em 1938, com autoria de Hotelling.[20] Na Inglaterra, o mais influente defensor da fixação de preços pelo custo marginal foi Lerner, que publicou sua análise em 1944, mas cujo trabalho já datava da década de 1930.[21] Durante a guerra, Meade e Fleming, que, na época, atuavam na divisão de economia do Gabinete do Primeiro-Ministro britânico, escreveram em favor da precificação com base no custo marginal em um simpósio a respeito dos problemas de gestão das empresas estatais. Keynes leu o trabalho da dupla e tanto se entusiasmou por ele que o publicou no *Economic Journal*, que editava.[22] Outros economistas também têm defendido a fixação de preços pelo custo marginal, mas Hotelling, Lerner, Meade, Fleming e Keynes já perfazem uma lista formidável.[23]

Não é preciso enfatizar o quanto são convincentes os argumentos em favor da precificação com base no custo marginal. Caso contrário, não teria angariado o apoio de tantos economistas notáveis. Sua base lógica é de fácil explicação. O custo dos fatores utilizados na manufatura de um produto é o valor daquilo que poderiam produzir se não estivessem sendo usados para esse fim. A não ser que o preço seja igual ao custo, os consumidores não necessariamente demanda-

---

20 Hotelling, H. The general welfare in relation to problems of taxation and of railway and utility rates. *Econometrica* 6, p. 242-269, July 1938.

21 Lerner, A. *The economics of control*. New York: Macmillan Co., 1944.

22 Meade, J. E.; Fleming, J. M. Price and output policy of state enterprise. *Economic Journal* 54, p. 321-339, December 1944.

23 Ver Coase, R. H. The theory of public utility pricing and its application. *The Bell Journal of Economics and Management Science* I, n. 1, p. 113-123, Spring 1970, para um relato da discussão sobre a fixação de preços pelo custo marginal por este e outros economistas.

rão um produto, muito embora seu valor para eles seja maior do que aquele que seria obtido, alhures, pelos fatores necessários para produzi-lo. Uma vez que os consumidores precisam decidir não somente o que consumir, mas também que quantidade consumir, o preço deve ser igual ao custo de unidades adicionais produzidas, quer dizer, ao custo marginal. Como afirmou Samuelson: "Somente quando o preço dos bens é igual ao custo marginal é que a economia está exprimindo, de seus escassos recursos e limitado conhecimento tecnológico, o máximo de produção. Uma vez que o custo marginal tem esta propriedade de otimização, pode, com algum cuidado, ser usado para detectar ineficiências em qualquer organização institucional."[24] Esta noção sugeriu a muitos economistas que todos os preços devem ser igualados ao custo marginal.

Um preço igual ao custo marginal geraria receitas suficientes para cobrir os custos totais se os custos médios do produtor subissem acompanhando aumentos na produção. De fato, nessas circunstâncias, a competição normalmente assegurará que o custo marginal se igualará ao preço sem qualquer necessidade de intervenção governamental. No entanto, se os custos médios diminuírem com os aumentos na produção e, consequentemente, o custo marginal for inferior ao custo médio, um preço igual ao custo marginal não gerará receitas suficientes para cobrir os custos totais. Para superar essa dificuldade, propôs-se que o governo deveria fornecer um subsídio à empresa em questão que fosse igual à quantia que faltasse nos recebimentos dos consumidores para atingir os custos totais, com o governo levantando os fundos necessários para o subsídio por meio de impostos. O intuito de "A controvérsia do custo marginal" foi apontar as falhas dessa política.

Como há inúmeros produtos e serviços para os quais os custos médios diminuiriam com um aumento na produção, e nem todos devem ser subsidiados, o governo teria de decidir quais deles deveriam ser ofertados. O procedimento que aqueles que defendem a fixação de preços pelo custo marginal propuseram para solucionar este problema foi que o governo (ou aqueles que administram as empresas)

---

24 Samuelson, Paul A. *Economics:* an introductory analysis. 6. ed. New York: McGraw-Hill, 1964. p. 462.

Cap. 1 • A Firma, o Mercado e o Direito   19

deveria estimar quanto os consumidores estariam dispostos a pagar para obter a quantidade que demandariam se o preço fosse igual ao custo marginal, e, se tal estimativa demonstrasse que os consumidores estariam dispostos a pagar uma quantia que cobrisse os custos totais, o governo daria à empresa em questão a diferença entre os custos totais e as receitas provindas dos consumidores. Tal procedimento pareceu-me, ao mesmo tempo, estranho e capaz de conduzir a significativas ineficiências. Sua estranheza residia no fato de que, ao ser decidido que os consumidores estariam dispostos a pagar uma quantia que cobriria os custos totais, não lhes foi pedido que de fato o fizessem. O resultado seria a ineficiência porque, uma vez que os consumidores não foram forçados a pagar essa quantia, muito poucas informações estariam disponíveis para fundamentar estimativas a respeito da vontade dos consumidores de pagar a quantia. Além disso, sem um posterior teste mercadológico a respeito da correção das estimativas, os responsáveis por elas seriam menos cuidadosos (sem levar em consideração os fatores políticos que interfeririam e que influenciariam o governo na decisão de subsidiar ou não um determinado serviço). A proposta é uma receita para o desperdício em grande escala. Essa política também acarretaria uma redistribuição de renda em favor dos consumidores de bens produzidos em condições de custos decrescentes. E, ainda, esta política requer tributação adicional, o que tenderá a elevar os preços acima dos custos marginais para aqueles produtos ou serviços objeto dessa tributação. O resultado seria que, para impedir que os preços de alguns produtos elevem-se acima do custo marginal, o preço de outros o seria. O ganho líquido dessa política não é evidente para mim.

Foram esses os pontos que enfatizei em "A controvérsia do custo marginal". Deste então, percebi, todavia, a importância de um conceito que Tom Wilson expressou no início do debate no *Economic Journal*.[25] Wilson chamou a atenção para a relação íntima entre a autonomia financeira e a estrutura administrativa. Se existe um subsídio, o governo estará preocupado em manter baixo o seu valor e, portanto,

---

25 Wilson, Tom. Price and output policy of state enterprise: A comment. *Economic Journal* 55, p. 254-61, 1945.

desejará envolver-se, pelo menos até certo ponto, na administração do serviço subsidiado. A fixação de preços pelo custo marginal tenderia a forçar uma substituição das empresas privadas pelas empresas estatais e das operações descentralizadas pelas centralizadas. As ineficiências causadas por aquilo que, com grande frequência, demonstra ser uma estrutura administrativa muito inadequada, podem muito bem ser a maior desvantagem da precificação com base no custo marginal. Se a empresa privada e as operações descentralizadas promovem a eficiência, é necessária a autonomia financeira. E a autonomia financeira é incompatível com a precificação com base no custo marginal. Como política, falta mérito à precificação com base no custo marginal. Como explicar, portanto, o amplo apoio que desfrutou entre os economistas? Acredito ser resultado de tais profissionais utilizarem uma abordagem que denominei "economia de quadro-negro". A política que estamos examinando é implementada no quadro-negro. Parte-se do princípio de que todas as informações necessárias estão disponíveis, e o professor representa todos os papéis. Fixa preços, cobra impostos e distribui subsídios (no quadro-negro) a fim de promover o bem-estar geral. Mas não existe um equivalente do professor no sistema econômico da realidade. Não há ninguém a quem caiba a tarefa realizada no quadro-negro. Lá, por trás do pensamento do professor (e, às vezes, na frente), está, sem dúvida, a ideia de que, no mundo real, o governo desempenharia o papel que ele está representando. Mas não há uma única entidade no governo que regule detalhadamente as atividades econômicas, ajustando, com cuidado, o que é realizado em um ponto de acordo com o que é feito em outro. Na vida real, temos muitas firmas e órgãos do setor público, cada qual com seus interesses, suas políticas e seus poderes. O governo implementa sua política econômica quando instala (ou elimina) um órgão governamental, quando modifica a legislação referente a responsabilidades ou a outras matérias, quando introduz uma prática de licenciamento, ou quando outorga aos tribunais a autoridade sobre determinados assuntos, quando estatiza (ou privatiza) uma indústria, e assim por diante. O que o governo faz é escolher entre as instituições sociais que preenchem as funções do sistema econômico. A "economia de quadro-negro", sem dúvida, constitui um exercício que demanda grande habilidade intelectual, e é possível que tenha uma função no desenvolvimento da capacidade do economista, mas nos distrai quando estamos raciocinando a respeito de políticas econômicas. Para tanto, precisamos levar em consideração o modo como o sistema econômico funcionaria com estruturas institucionais alternativas. E, para isto, é necessária uma abordagem diversa daquela empregada pela maioria dos economistas modernos.

VI. A tradição pigouviana e a moderna análise econômica

A economia do bem-estar – a parte da economia que trata, entre outros assuntos, do papel do Setor Público na regulação do funcionamento do sistema econômico – é, em grande parte, baseada na análise feita por Pigou em *The Economics of Welfare*, publicado pela primeira vez em 1920, embora, fundamentalmente, repita argumentos que apareceram em sua obra *Wealth and Welfare*, publicada em 1912.

Em "O problema do custo social", afirmei que a posição básica de Pigou era a de que, quando fossem encontrados defeitos no funcionamento do sistema econômico, a forma de consertar as coisas seria por meio do emprego de alguma ação governamental. Esta visão é expressa com numerosas ressalvas, mas representa a tendência central de seu pensamento. Alguns sugeriram ser severa demais minha crítica a Pigou, mas acredito que minhas afirmações são essencialmente corretas. Demonstrarei a natureza da abordagem de Pigou ao examinar a parcela de sua obra que não debati em "O problema do custo social", o capítulo 20 da segunda parte de *The Economics of Welfare*, intitulado "Intervention by Public Authorities".[26] Pigou está preocupado com a questão de se o dividendo nacional poderia ser aumentado por meio de alguma intervenção pública. Afirma ele: "Em qualquer indústria, onde há motivos para crer que a livre interação de interesses próprios fará com que a quantidade de recursos investidos seja diferente da quantidade que é necessária aos melhores interesses do dividendo nacional, existem motivos *prima facie* para a intervenção pública".[27] Acrescenta que, naturalmente, se trata apenas de um caso *prima facie*:

---

26 Pigou, A. C. *The economics of welfare*. 5. ed. London: Macmillan & Co., 1952. p. 329-35.

27 *Ibidem*, p. 331.

"Não basta contrastar os ajustes imperfeitos da empresa privada desimpedida com os melhores ajustes que os economistas possam imaginar em seus estudos. Pois não podemos esperar que qualquer autoridade pública jamais atinja este ideal, ou sequer o procure de bom grado. Tais autoridades são igualmente sujeitas à ignorância, a pressões secionais ou à corrupção pessoal pelo interesse privado."[28]

Pigou argumenta, todavia, que tais falhas da intervenção pública não são dotadas da mesma força em todos os momentos e em todos os lugares. Na Inglaterra, e aqui cita Marshall, existe mais honestidade e desinteresse pessoal do que já houve no passado, e o eleitorado hoje tem possibilidade de verificar abusos de poder e de privilégios. "Este importante fato implica que existe agora maior probabilidade de que qualquer interferência, por qualquer autoridade pública, seja mais benéfica do que era provável em outros tempos."[29] Pigou observa também que, do mesmo modo que temos de lidar com as "melhorias no funcionamento das formas de autoridade pública existentes, temos também de nos haver com a invenção de formas aperfeiçoadas."[30] Órgãos representativos municipais e similares têm quatro desvantagens no que tange ao controle e à gestão de negócios: (1) são selecionados primordialmente para fins diferentes da intervenção na indústria; (2) seus membros estão em constante mudança; (3) suas áreas de operação são comumente determinadas por considerações não comerciais; e (4) são sujeitos à pressão eleitoral indesejável. No entanto, de acordo com Pigou, estas "quatro desvantagens podem ser superadas ... pelos mecanismos recentemente desenvolvidos referentes a Comissões ou Conselhos *ad hoc.* ... Os membros dessas Comissões podem ser especificamente selecionados por sua aptidão para a tarefa, sua designação pode cobrir longos períodos, a área pela qual se responsabilizam pode ser ajustada adequadamente, e os termos de sua designação podem ser tais que os liberem, de modo geral, de pressões eleitorais."[31] Um exemplo dessas Comissões, oferecido por Pigou, é a Comissão Interestadual de Comércio. Pigou sente-se capaz de concluir: "O resultado

---

28 *Ibidem*, p. 332.
29 *Ibidem*, p. 333.
30 *Ibidem*, p. 333.
31 *Ibidem*, p. 334.

Cap. 1 • A Firma, o Mercado e o Direito

amplo é que desenvolvimentos modernos na estrutura e métodos das agências governamentais vêm capacitando tais agências para uma intervenção benéfica na indústria sob condições que não justificariam a intervenção em tempos passados."[32] Assim, enquanto afirma anteriormente no capítulo que não deveríamos "contrastar os ajustes imperfeitos da empresa privada com os melhores ajustes que os economistas possam imaginar", Pigou é capaz, ao assumir a existência de órgãos públicos de funcionamento (quase) perfeito, de fazer exatamente isto. Pigou parece não ter duvidado de que tais Comissões funcionariam da forma que descreve. Assim, partindo de uma afirmação a respeito das imperfeições do governo, Pigou descobre a forma perfeita de organização governamental e, a partir daí, é capaz de evitar questionamentos no tocante às circunstâncias em que os defeitos da intervenção pública significariam que tal intervenção pioraria as coisas. A crença de Pigou nas virtudes das comissões regulatórias independentes, a qual nos parece risível hoje, foi expressa pela primeira vez em *Wealth and Welfare* em 1912, e repetida em todas as edições de *The Economics of Welfare*, sem modificações. Pigou parece jamais ter julgado necessário indagar se sua opinião otimista sobre essas comissões foi justificada por eventos nos 40 anos que se seguiram (a reimpressão de 1952 é a última edição a conter material novo). Em todas as edições, a Comissão Interestadual de Comércio é mencionada como a "Comissão Ferroviária Interestadual", e este órgão, criado em 1887, é sempre descrito como "recentemente desenvolvido", o que não sugere um real interesse pelo assunto.

Com isso, fica muito clara a tendência da mente de Pigou. A despeito de que Pigou estava, conforme observa Austin Robinson, "preocupado primordialmente ... com 'frutos' em lugar de 'luz'; com a escrita de uma teoria do bem-estar que fosse aplicável na prática", não fez qualquer estudo detalhado do funcionamento das instituições econômicas. Sua discussão sobre qualquer questão particular parece ter-se baseado na leitura de alguns poucos livros ou artigos, e nunca se ergue acima do nível da literatura secundária da qual dependeu. Os exemplos a serem encontrados em suas obras são na verdade ilus-

---

32 *Ibidem*, p. 335.

trativos de sua posição, em lugar de servirem de base para ela. Austin Robinson nos informa que, em sua leitura, Pigou estava "sempre procurando ilustrações realísticas para citações em seu próprio trabalho", o que revela sua maneira de trabalhar.[33] Não chega a surpreender que, obtendo suas ilustrações de tal forma, Pigou muitas vezes não se dê conta da seu significado. Por exemplo, como apontei em "O problema do custo social", a situação em que as fagulhas produzidas por uma locomotiva poderiam causar incêndios que destruiriam as matas em terrenos junto à linha férrea sem que a ferrovia fosse obrigada a pagar compensação aos proprietários dos terrenos (a situação jurídica na Inglaterra na época em que Pigou escreveu e, talvez, aquela de que estivesse a par) surgira não por causa de uma falta de ação governamental, mas em consequência dela.

Em sua maioria, os economistas modernos utilizam a mesma abordagem de Pigou, embora com algumas modificações na terminologia e um afastamento ainda maior do mundo real. Samuelson, em seu *Fundamentos da análise econômica* (1947), assim resume a posição de Pigou, sem contradizê-la:

> "... sua doutrina afirma que o equilíbrio de uma economia fechada em condição de concorrência está correto, exceto onde há economias ou deseconomias tecnológicas externas. Nessas condições, uma vez que as ações de cada indivíduo têm efeitos sobre os outros, que ele não leva em consideração ao tomar sua decisão, existe uma argumentação *prima facie* em favor da intervenção, mas isso só se aplica aos fatores tecnológicos (perturbações decorrentes de fumaça etc.)..."[34*]

---

33 Robinson, Austin. Arthur Cecil Pigou. In: *International Encyclopedia of the Social Sciences*. Macmillan Co. and Free Press, 1968. v. 12, p. 92, 94. Possuo o exemplar de Pigou de Edward W. Bemis, *Municipal monopolies*. 4. ed. Thomas Y. Crowell & Co., 1904, citado em seis ocasiões nos capítulos 20 ("Intervention by Public Authorities"), 21 ("Public Control of Monopoly") e 22 ("Public Operation of Industry") em *The Economics of Welfare*. Depositarei este livro no setor de Coleções Especiais da Regenstein Library, da Universidade de Chicago. Um estudo de suas marcas e comentários evidenciará o método de trabalho de Pigou.

34 Samuelson, Paul A. *Foundations of economic analysis*. Cambridge, Mass.: Harvard University Press, 1947. p. 208.

* **N.r.:** Samuelson, Paul Anthony. *Fundamentos da análise econômica*. Tradução de Paulo de Almeida. São Paulo: Nova Cultural, 1988. p. 234 (Coleção Os Economistas).

A única diferença nas discussões mais recentes é que a expressão "economias ou deseconomias externas" foi substituída pela palavra "externalidade", termo que parece ter sido cunhado por Samuelson na década de 1950.[35] Desta forma, Hahn, escrevendo em 1981, declara que "denominamos externalidade ... um efeito das ações de nosso agente sobre o bem-estar de outro." Ele acrescenta que, "desde Marshall e Pigou, concorda-se que as externalidades constituem uma argumentação *prima facie* em favor da intervenção governamental sobre a economia de mercado."[36] Uma externalidade é mais comumente definida como os efeitos da decisão de um indivíduo sobre alguém que não é uma parte daquela decisão. Desta forma, se A adquire algo de B, a decisão de compra de A afeta B, mas este efeito não é considerado uma "externalidade". Mas, se a transação de A com B afeta C, D e E, que não participaram da transação, devido, por exemplo, ao barulho ou à fumaça que impigem em C, D e E, os efeitos sobre C, D e E são denominados "externalidades". A partir desta nova compreensão, a afirmação de Hahn sobre a abordagem pigouviana é representativa da análise econômica convencional. Deve-se observar também que, quando os economistas modernos falam de intervenção governamental, em geral têm em mente a imposição de tributos ou, menos frequentemente, a regulação direta das atividades das firmas ou indivíduos em questão.

Tal abordagem tem graves defeitos. Ela deixa de revelar os fatores que determinam se é desejável a intervenção governamental, e de que tipo, e ignora outros tipos de ação possíveis. Consequentemente, tem induzido os economistas em erro nas suas formulações de recomendações de políticas econômicas. Em particular, a existência de "externalidades" não implica que haja argumentação *prima facie* em favor da intervenção governamental, caso tal afirmação signifique que,

---

35 Os mais antigos empregos do termo "externalidade" que encontrei estão contidos na revisão feita por Samuelson do artigo de Graaf, Theoretical welfare economics. In: *Economic Journal*. p. 539-41, September 1958, e em seu artigo Aspects of public expenditure theories. *The Review of Economics and Statistics*, p. 332-338, November 1958. Este artigo é uma pequena revisão de um trabalho apresentado em dezembro de 1955.

36 Hahn, Frank. Reflections on the invisible hand. *Lloyds Bank Review*, p. 7-8, April 1982. Este artigo foi reimpresso em Hahn, Frank. *Equilibrium and macroeconomics*. Cambridge, Mass.: MIT Press, 1984. p. 111-133.

quando encontramos "externalidades", há uma pressuposição de que seja necessária a intervenção governamental (imposição de impostos ou de regulamentação) em lugar de outras providências que poderiam ser tomadas (inclusive a inação, o abandono de ações governamentais anteriores, ou a facilitação de transações de mercado).

Imaginemos que A, ao fabricar um produto, emita fumaça (o que A tem o direito de fazer), a qual prejudica C, com quem A não tem relações contratuais e cuja existência poderia até ignorar. Há, aí, uma "externalidade". Imaginemos que o governo é tão capaz e motivado quanto a Comissão Interestadual de Comércio existente na imaginação de Pigou. O que deveria ser feito? Examinemos o caso em que a quantia que C deveria pagar para impedir o dano fosse inferior ao custo adicional que deveria ser pago por A para eliminá-lo. Nestas circunstâncias, o governo perfeito, ansioso para maximizar o dividendo nacional, nada faria, nem por meio de taxação a A, nem por regulamentação direta, para impedir a emissão de fumaça. A "externalidade" continuaria a existir e não demandaria intervenção governamental.

Agora, consideremos o caso em que C pagaria mais para impedir o dano do que o custo adicional que recairia sobre A para eliminá-lo. É preciso primeiro perguntar por que C não fez um acordo com A para encerrar a emissão de fumaça, já que parece possível um acordo cujos termos seriam proveitosos tanto para A quanto para C. A resposta deve ser que os custos de efetuar a transação seriam tão elevados que se sobreporiam aos ganhos a serem auferidos com a transação. Se for esta a situação, o que deveria fazer o governo perfeito? Do mesmo modo como A e C analisariam os custos de efetuarem a transação, um governo perfeito levaria em conta seus custos para descobrir o que C poderia pagar para evitar os danos, e os custos aos quais A precisaria se submeter a fim de eliminá-los, bem como os custos do governo para administrar a solução que viesse a ser adotada. Se os custos da investigação e administração forem suficientemente elevados e/ou os resultados obtidos forem suficientemente incertos, com a consequência de que os ganhos esperados pela intervenção governamental sejam inferiores aos custos envolvidos, tal governo não instituiria tributos para A e nem estabeleceria regulamentação que eliminasse a fumaça. Outra possibilidade seria modificar a lei para tornar A responsável pelos danos causados, o que tornaria desnecessária uma transação entre A e C. Uma outra possibilidade, ainda, seria modificar as disposições legais que regulam um contrato entre A e C, de forma que tal transação se tornasse menos dispendiosa. Pode-se presumir, porém, que este governo ideal já teria analisado as repercussões de tais modificações na legislação sobre outras transações referentes a outros casos, e, não as tendo realizado, deve ter decidido que perdas em outros casos suplantariam quaisquer benefícios que poderiam trazer no caso em tela. No exemplo hipotético discutido neste parágrafo, o custo da transação e os custos envolvidos na ação governamental tornam desejável que a "externalidade" continue a existir e que nenhuma intervenção governamental deveria ser levada a cabo para eliminá-la.

Como vimos, é fácil demonstrar que a simples existência de "externalidades" não fornece, por si só, qualquer motivo para a intervenção governamental. Na verdade, o fato de que existem custos de transação e de que estes são elevados[37] implica que muitos efeitos das ações individuais não serão cobertos por transações de mercado. Consequentemente, as "externalidades" serão ubíquas. O fato de que a intervenção governamental também tem seus custos torna muito provável que se deve permitir que a maioria das "externalidades" continue caso se deseje que o valor de produção seja maximizado. Esta conclusão se reforça quando reconhecemos que os governos não são iguais ao ideal de Pigou, mas são mais parecidos com sua autoridade pública – ignorante, sujeita a pressões e corrupta. A questão sobre a eventual existência de uma presunção de necessidade de intervenção governamental, quando se observa uma "externalidade", depende das condições de custo na economia em questão. Podemos imaginar condições de custo em que tal presunção seria correta, bem como outras em que não o seria. É errado afirmar que a teoria econômica estabelece tal presunção. Estamos lidando com uma questão de fato. A natureza ubíqua das "externalidades" sugere a mim que existe uma argumentação *prima facie* contra a intervenção, e os estudos realizados nos Estados Unidos em anos recentes sobre os efeitos da regulação, que abordam

---

37 Ver North, D.; Wallis, J. Measuring the size of the transaction sector in the american economy, 1810-1970. In: Engerman, S.; Gallman, R. (eds.). *Long Term Factors in American Economic Growth*. Studies on Income and Wealth, National Bureau of Economic Research, 1987. v. 51, p. 95-148.

desde a atividade agrícola até o zoneamento, e que indicaram que a regulação em geral piorou a situação, apoiam este ponto de vista.

O conceito de "externalidade" adquiriu uma posição central na economia do bem-estar social, com resultados completamente desafortunados. Há, sem dúvida, efeitos de suas ações sobre outros (e até mesmo sobre si mesmos) que aqueles que tomam as decisões não estão levando em consideração. Mas, tal como é utilizado hoje, o termo traz consigo a conotação de que, quando são encontradas "externalidades", o governo deve tomar medidas para eliminá-las. Como já foi apontado, a única razão pela qual indivíduos e organizações particulares não as eliminam é que o ganho obtido por assim fazer seria superado pelo que seria perdido (inclusive os custos de tomar as providências necessárias para atingir tais resultados). Se, com a intervenção governamental, as perdas também forem superiores aos ganhos obtidos com a eliminação da "externalidade", é obvio que esta deveria permanecer. Para impedir que se pensasse que eu compartilhava da visão geral, jamais empreguei a palavra "externalidade" em "O problema do custo social", mas falei em "efeitos danosos", sem especificar se os tomadores de decisão os levavam em consideração ou não. De fato, uma de minhas metas com o artigo era demonstrar ser possível tratar tais "efeitos danosos" como qualquer outro fator produtivo, que, algumas vezes, seria desejável eliminá-los, outras, não, e que, na análise, era desnecessário empregar um termo como "externalidade" a fim de obter o resultado correto. Não atingir, todavia, qualquer sucesso em divorciar meu argumento da abordagem dominante, já que, frequentemente, "O problema do custo social" é descrito, mesmo por aqueles que simpatizam com minha visão, como um estudo da questão das "externalidades".

É preciso que se tenha consciência de que, quando os economistas estudam o funcionamento do sistema econômico, estão tratando dos efeitos das ações de indivíduos ou organizações sobre outros que operam no mesmo sistema. É este o nosso tema. Se tais efeitos não existissem, não haveria sistema econômico a ser estudado. Indivíduos e organizações, ao atenderem a seus próprios interesses, serão responsáveis por ações que facilitam ou prejudicam o que outros desejam fazer. Podem fornecer ou retirar serviços trabalhistas, fornecer equipamento capital ou recusar-se a fazê-lo, emitir fumaça ou impedi-la, e assim por diante. O objetivo da política econômica é assegurar que as pessoas, quando decidem que rumo dar a suas ações, façam aquilo que trará o melhor resultado para o sistema como um todo. Como primeiro passo, parti do princípio de que isto fosse equivalente a maximizar o valor total da produção (e, nisto, sou pigouviano). Uma vez que, de modo geral, as pessoas escolhem realizar as ações que acreditam ser capazes de promover seus próprios interesses, a melhor maneira de modificar seu comportamento na esfera econômica é fazer com que seja de seu interesse agir da forma desejada. Os únicos meios disponíveis para que o governo aja deste modo (sem contar a exortação, que, em geral, é ineficaz) é mudar a lei ou sua implementação. Tais mudanças podem tomar muitas formas. O governo pode modificar os direitos e deveres que os indivíduos têm permissão de adquirir ou que supostamente possuem, ou pode tornar as transações mais ou menos caras, alterando as exigências para a celebração de contratos juridicamente vinculantes. Ou pode alterar as sanções impostas pelos tribunais quando se causam danos extracontratuais a terceiros. E, naturalmente, existe o meio favorito dos economistas, a vinculação de impostos e subsídios à execução de determinadas ações ou, também, o emprego de uma regulamentação governamental que proíba ou exija a execução de determinadas ações. Outras modificações no modo como o sistema jurídico funciona, tais como modificações nos procedimentos dos tribunais, uma redistribuição de atribuições e competências entre órgãos governamentais e (nos Estados Unidos) uma transferência na alocação de deveres entre o governo federal e os Estados afetarão o funcionamento do sistema econômico. Sem dúvida, advogados acharão fácil acrescentar itens a esta lista. A política econômica consiste em escolher que regras e procedimentos legais ou estruturas administrativas serão capazes de maximizar o valor da produção. No entanto, detectar os efeitos de alterações das posições jurídicas sobre o funcionamento do sistema econômico não é fácil, embora esteja sendo feito progresso como resultado das pesquisas de economistas engajados na nova disciplina "Direito e Economia". Minhas esperanças são de que, à medida que os economistas venham a perceber a natureza insatisfatória da atual abordagem, aumentará o número de economistas que devotarão seu talento a esse trabalho.

A política econômica envolve uma escolha entre instituições sociais alternativas, e estas são criadas pela legislação ou dela dependem.

A maioria dos economistas não encara o problema desta forma. Pintam um quadro de um sistema econômico ideal e, depois, comparando-o com o que observam (ou pensam que observam), prescrevem o que é necessário para atingir este estado ideal sem dar maior atenção ao modo como este poderia ser atingido. A análise é efetuada com grande engenhosidade, mas alça voo. É, como tenho colocado, "economia de quadro-negro". Existe pouca pesquisa a respeito de como a economia realmente funciona e, consequentemente, não é de surpreender que verifiquemos, tal como em Pigou, que os exemplos factuais fornecidos são, muitas vezes, equivocados. Um caso mais recente é o de Meade, que, em um artigo muito citado, utiliza o exemplo de abelhas que polinizam pomares como uma inter-relação com a qual o mercado não é capaz de lidar, obviamente desinformado a respeito dos contratos celebrados entre apicultores e os donos dos pomares, pelo menos nos Estados Unidos.[38]

Uma ilustração abrangente das inadequações das abordagens geralmente utilizadas pelos economistas para tratar de questões de política econômica, pelo menos em microeconomia, está no exemplo do farol,* discutido em meu artigo "O farol na economia", reproduzido neste volume. O farol foi usado por vários dos maiores economistas, de John Stuart Mill a Samuelson, como exemplo de um serviço que precisa ser fornecido pelo governo, e tem desempenhado um papel semelhante em incontáveis livros-texto de autores menores. Mas ne-

---

38 Meade, James E. External economies and diseconomies in a competitive situation. *The Economic Journal* 62, p. 54-67, March 1952. Um interessante relato do meio institucional em que atuam os apicultores nos Estados Unidos, incluindo os acordos contratuais entre apicultores e agricultores, está em Johnson, David B. Meade, bees and externalities. *The Journal of Law and Economics* 16, n. 1 p. 35-52, April 1973. Uma análise mais detalhada desses acordos contratuais em que se demonstra de modo convincente a efetividade do mercado está em Cheung, Steven N. S. The fable of the bees: An economic investigation, no mesmo número de *The Journal of Law and Economics*, p. 11-33. Meade fornece outro exemplo da prática dos economistas de dar ilustrações de suas constatações teóricas sem sentirem a necessidade de investigar se o que afirmam corresponde ao que ocorre no mundo real.

* **N.r.:** Alguns autores consultados falam em "torre do farol", possivelmente induzidos pelo inglês *"lighthouse"* (termo que contém a palavra *"house"*, podendo gerar alguma confusão). No Brasil, porém, o termo na legislação e na navegação é simplesmente "farol". Ver: Marinha do Brasil. Cap. 13 – Auxílios visuais à navegação:

nhum desses grandes economistas que usa o farol como exemplo, até onde sei, jamais fez um estudo das finanças e da administração de um farol. Nessas circunstâncias, não surpreende que as afirmações que são feitas sobre o assunto sejam incorretas, pouco claras ou que possam induzir a erro. Samuelson vai além dos economistas mais antigos e, utilizando uma abordagem comum entre os modernos economistas, argumenta não somente que não é possível cobrar pelos serviços do farol (o que, de fato, não é verdadeiro), mas que, mesmo que fosse possível cobrar, isto não seria desejável, uma vez que os custos marginais são iguais a zero (o custo da utilização dos serviços do farol por mais um navio) e o preço deveria ser igual ao custo marginal. Samuelson não dá seguimento ao raciocínio com a comparação entre os resultados que seriam atingidos por um sistema em que haveria uma taxa para a utilização dos serviços do farol com aqueles obtidos por outro em que o serviço seria financiado por meio de impostos em geral. O autor começa postulando a situação ideal (que acredita ser um preço zero) e deixa implícito que tal situação deveria ser atingida, mas sem qualquer exame dos efeitos que tal política teria sobre o funcionamento dos faróis. Argumentei que, no caso da Inglaterra, em que havia uma taxa pela utilização dos serviços do farol, esses serviços eram mais adequados às necessidades dos proprietários de navios dentro do sistema existente do que seriam se financiados por impostos em geral. Se a minha conclusão é correta, já é outra questão. Mas só pode ser refutada ao se fazer uma comparação semelhante à que fiz e por uma demonstração de que não considerei alguns fatores relevantes ou que avaliei incorretamente os efeitos de alguns fatores que considerei. Minha conclusão não pode ser contestada por uma demonstração de que o alcançado com minha recomendação de política não corresponde a um ideal inatingível.

---

faróis, faroletes, barcas-faróis, boias, balizas e sistemas de balizamento. "O serviço hidroceanográfico brasileiro", portal da Diretoria de Hidrografia e Navegação. Disponível em: http://www.mar.mil.br/dhn/bhmn/download/cap13.pdf. Acesso em 26 jun. 2010. Miguens, Altineu Pires. Navegação: a ciência e a arte – Livro 1 – Navegação costeira, estimada e em águas restritas. Disponível em: http://www.scribd.com/doc/18168818/Navegacao-A-Ciencia-e-a-Arte-Livro-1. Acesso em 26 jun. 2010.

VII. O caminho à frente

Sugeri que economistas precisam adotar uma nova abordagem ao analisarem a política econômica. Mas não basta uma mudança de abordagem. Sem algum conhecimento do que seria alcançado com arranjos institucionais alternativos, é impossível escolher entre eles de modo sensato. Desta forma, precisamos de um sistema teórico capaz de analisar os efeitos de mudanças nesses arranjos. Para tanto, não é necessário abandonar a teoria econômica tradicional, mas significa, sim, incorporar à análise os custos de transação, uma vez que grande parte do que ocorre no sistema econômico tem o intuito ou de reduzir os custos de transação ou de viabilizar aquilo que sua existência impede. A não inclusão dos custos de transação empobrece a teoria. Sem dúvida, é preciso acrescentar também outros fatores. Mas não é fácil aperfeiçoar a análise sem termos um conhecimento melhor do que o atual a respeito de como as atividades econômicas de fato são levadas a cabo. O exemplo do farol demonstra até que ponto os economistas podem errar se não estiverem cientes dos fatos. Em meu artigo "Organização industrial: uma proposta de pesquisa", reproduzido neste volume, apontei a exiguidade de nossos conhecimentos e o quanto ainda precisamos descobrir sobre as atividades das firmas e seus arranjos contratuais. De modo semelhante, em "O problema do custo social", dei como exemplo do tipo de pesquisa imprescindível a necessidade de estudar "o trabalho do corretor ao aproximar as partes, a eficácia de avenças restritivas, os problemas das companhias de desenvolvimento imobiliário em larga escala, o funcionamento do zoneamento governamental e outras atividades regulatórias." Excelente trabalho tem sido realizado desde que esses artigos foram publicados, mas ainda resta muito a fazer. As tarefas mais alarmantes ainda a fazer são as que pertencem ao novo campo, "Direito e Economia". As inter-relações entre o sistema econômico e o sistema jurídico são extremamente complexas, e muitos dos efeitos das alterações na legislação sobre o funcionamento do sistema econômico (o próprio cerne da política econômica) ainda não se revelaram a nós. Os ensaios deste livro muito pouco fazem além de apontar a direção que a pesquisa deveria tomar. Uma jornada longa, árdua, porém, recompensadora, está à nossa frente.

Dois

A natureza da firma[1]

A teoria econômica sofreu no passado por sua dificuldade em expor de forma clara seus pressupostos. Os economistas, ao construírem suas teorias, muitas vezes omitem o exame dos fundamentos sobre os quais elas se erigem. Este exame é, no entanto, essencial não somente para prevenir mal-entendidos e controvérsias desnecessárias que emergem do desconhecimento dos pressupostos sobre os quais se fundamenta uma teoria, mas também por conta da extrema importância, para a economia, do uso do bom senso na escolha entre conjuntos rivais de pressupostos. Por exemplo, sugere-se que o emprego da palavra "firma", em economia, pode ser diferente do uso feito pelo "cidadão comum".[2] Uma vez que, aparentemente, há uma tendência na teoria econômica de se iniciar a análise com a firma individual, e não com a indústria,[3] torna-se ainda mais necessário não apenas que se forneça uma definição precisa da palavra "firma", mas também que fique claro o modo como esta se distingue de uma firma do "mundo real", se é que tais diferenças existem. Joan Robinson afirmou que "as duas perguntas a serem feitas a respeito de um conjunto de pressupostos em economia são: os pressupostos são tratáveis? E correspondem ao mundo real?"[4] Entretanto, como assinala Joan Robinson, "com maior frequência, um conjunto [de pressupostos] será manejável enquanto o outro será realista"; apesar disto, pode muito bem

---

1 Reimpresso de *Economica*, n. 4, November 1937.
2 Robinson, Joan. *Economics is a serious subject*. Cambridge: W. Heffer & Sons, 1932. p. 12.
3 Ver Kaldor, Nicholas. The equilibrium of the firm. *Economic Journal* 44, p. 60-76, March 1934.
4 Robinson. *Serious subject*, p. 6.

haver ramos da teoria nos quais os pressupostos sejam ao mesmo tempo manejáveis e realistas. Espero demonstrar, no artigo que se segue, que se pode obter uma definição de firma que não seja apenas realista por corresponder ao que se entende por firma no mundo real, mas que seja tratável por dois dos mais poderosos instrumentos de análise econômica desenvolvidos por Marshall, a saber, a ideia de margem e a de substituição, as quais, juntas, produziram a ideia de substituição na margem.[5] Naturalmente, nossa definição deve "se referir a relações formais que podem ser concebidas com precisão".[6]

I

Será conveniente se, na busca por uma definição de firma, considerarmos primeiro o sistema econômico tal como é normalmente tratado pelo economista. Consideremos a descrição de sistema econômico oferecida por Sir Arthur Salter.

> "O sistema econômico normal funciona por si mesmo. Uma vez que seu funcionamento corrente não está sob controle central, não necessita de qualquer monitoramento central. Dentro de toda a gama de atividades e de necessidades humanas, a oferta é ajustada à demanda, e a produção ao consumo, por meio de um processo que é automático, elástico e responsivo."[7]

Um economista pensa no sistema econômico como sendo coordenado pelo mecanismo de preços, e a sociedade se torna não uma organização, mas um organismo.[8] O sistema econômico "funciona por si mesmo". Isto não significa que não haja planejamento por parte

---

5   Keynes, J. M. *Essays in biography*. London: Macmillan, 1933. p. 223-24.
6   Robbins, L. *Nature and significance of economic science*. London: Macmillan, 1932. p. 66.
7   A descrição é citada, com aprovação, por Robertson, D. H. *The control of industry*. ed. rev. London: Nisbet, 1928. p. 85, e por Plant, Arnold. Trends in business administration. *Economica* 12, n. 35, p. 387, February 1932. Aparece em Salter, J. A. *Allied shipping control*. Oxford: Clarendon Press, 1921. p. 16-17.
8   Ver Hayek, F. A. The trend of economic thinking. Economica. May 1933.

dos indivíduos, já que estes fazem previsões e escolhem entre alternativas. É preciso que seja assim para que haja ordem no sistema. Esta teoria pressupõe, entretanto, que o direcionamento dos recursos depende diretamente do mecanismo de preços. De fato, essa presunção é usualmente apresentada como objeção ao planejamento econômico, que meramente tenta fazer o que já é feito pelo mecanismo de preços.[9] A descrição de Sir Arthur Salter, entretanto, traça um quadro muito incompleto de nosso sistema econômico. Dentro da firma, a descrição não se encaixa de forma alguma. Por exemplo, na teoria econômica, verificamos que a alocação dos fatores de produção entre os diversos usos é determinada pelo mecanismo de preços. O preço do fator A fica mais alto em X do que em Y. Como resultado, A passa de Y para X até que a diferença entre os preços em X e Y, exceto na medida em que compensa outras vantagens diferenciais, desapareça. No entanto, no mundo real, constatamos que há muitas áreas onde isso não se aplica. Se um funcionário se transfere do departamento Y para o departamento X, não o faz por causa de uma mudança nos preços relativos, mas porque recebeu a ordem de fazê-lo. Pode-se contestar aqueles que são contrários ao planejamento econômico sob a alegação de que o problema é solucionado por movimentos dos preços, indicando-lhes que há planejamento em nosso sistema econômico muito diverso do planejamento individual mencionado acima, e mais semelhante ao que comumente se denomina planejamento econômico. O exemplo fornecido acima é típico de uma ampla esfera de nosso sistema econômico moderno. Este fato, é claro, não foi ignorado pelos economistas. Marshall introduz a organização como um quarto fator de produção; J. B. Clark atribui a função coordenadora ao empreendedor; Knight apresenta gerentes que coordenam. Conforme assinala D. H. Robertson, encontramos "ilhas de poder consciente neste oceano de cooperação inconsciente que são como bolhas de manteiga flutuando em um jarro de leite."[10] Mas, em vista do fato de que geralmente se argumenta que a coordenação será realizada pelo mecanismo de preços, por que tal organização é

---

9   *Ibidem.*
10 Robertson. *Control of industry.* p. 85.

então necessária? Por que existem essas "ilhas de poder consciente"? Fora da firma, o movimento dos preços direciona a produção, que é coordenada por meio de uma série de operações de troca efetuadas no mercado. Dentro de uma firma, essas transações de mercado são eliminadas e, em lugar da complexa estrutura do mercado com operações de troca, entra o empresário-coordenador, que direciona a produção.[11] Está claro que estes são métodos alternativos de coordenar a produção. Considerando, todavia, que, se a produção é regulada pelo movimento dos preços, a produção poderá ser levada a cabo sem qualquer organização, poderíamos muito bem indagar: por que existe qualquer forma de organização?

Obviamente, varia muitíssimo o grau no qual o mecanismo de preços é substituído. Em uma loja de departamentos, a alocação das diversas seções no prédio pode ser feita pela autoridade que está no controle ou pode ser resultado de um leilão de preços competitivo para a ocupação do espaço. Na indústria algodoeira de Lancashire, o tecelão pode alugar oficinas com energia elétrica, e pode adquirir teares e fios a crédito.[12] Essa coordenação dos vários fatores de produção, no entanto, é em geral realizada sem intervenção do mecanismo de preços. Evidentemente, a quantidade de integração "vertical", a qual envolve a substituição do mecanismo de preços, varia enormemente de uma indústria para outra e de uma firma para outra.

É possível pressupor, creio, que a marca distintiva da firma é que esta suplanta o mecanismo de preços. É, naturalmente, conforme aponta Robbins, "relacionado a uma rede externa de preços e custos relativos",[13] mas é importante desvendar a exata natureza desta relação. Esta distinção entre a alocação de recursos em uma firma e a alocação no sistema econômico foi vividamente descrita por Maurice Dobb em sua discussão sobre a concepção de Adam Smith sobre o capitalismo: "Começou-se a perceber que havia algo mais importante do

---

11 No restante deste artigo, utilizarei o termo "empresário" ("*entrepreneur*", no original) para me referir à pessoa ou pessoas que, em um sistema competitivo, assume o papel do mecanismo de preços no direcionamento dos recursos.

12 Reino Unido, Parlamento, Comissão de Indústria e Comércio, *Survey on textile industries* 26 (1928).

13 Robbins. *Nature and significance*, p. 71.

que as relações dentro de cada fábrica ou unidade capitaneada por um empreendedor; havia as relações do empreendedor com o restante do mundo econômico fora de sua esfera imediata ... o empreendedor se ocupa com a divisão do trabalho dentro de cada firma e planeja e organiza de modo consciente", mas "ele está relacionado com a especialização econômica muito maior, dentro da qual ele próprio não passa de uma unidade especializada. Aqui, desempenha seu papel como uma única célula em um organismo maior, em geral sem consciência do papel mais amplo que representa."[14]

Considerando que os economistas tratam o mecanismo de preços como um instrumento de coordenação, mas também admitem a função coordenadora do "empresário", certamente é importante indagar por que a coordenação é tarefa do mecanismo de preços em um caso e do empresário em outro. O propósito deste artigo é preencher aquilo que parece ser uma lacuna na teoria econômica entre o pressuposto (feito para alguns propósitos) de que os recursos são alocados por meio do mecanismo de preços e o pressuposto (feito para outros propósitos) de que esta alocação depende do empresário-coordenador. Precisamos explicar a base sobre a qual, na prática, esta escolha entre as alternativas é efetuada.[15]

---

14 Dobb, Maurice. *Capitalist enterprise and social progress*. London: Routledge, 1925. p. 20. Cf. também, Henderson, H. D. *Supply and demand*. London: Nisbet & Co., 1932. p. 3-5.

15 É fácil perceber que, quando o Estado assume a direção de uma indústria, ao planejá-la, está fazendo algo que era feito antes pelo mecanismo de preços. O que em geral não se percebe é que qualquer homem de negócios, ao organizar as relações entre seus departamentos, está também fazendo algo que poderia ser organizado pelo mecanismo de preços. Há, portanto, razão na resposta de Durbin àqueles que enfatizam os problemas envolvidos no planejamento econômico de que os mesmos problemas devem ser solucionados por homens de negócios no sistema competitivo. (Ver Durbin, E. F. M. Economic calculus in a planned economy. *Economic Journal* 46, p. 676-690, December 1936.) A diferença relevante entre esses dois casos é que o planejamento econômico é imposto à indústria, enquanto as firmas surgem voluntariamente porque representam um método mais eficiente de organizar a produção. Em um sistema competitivo, existe uma quantidade "ótima" de planejamento!

II

Nossa tarefa é tentar descobrir por que, de fato, emerge uma firma em uma economia de troca especializada. O mecanismo de preços (considerado somente do ponto de vista do direcionamento de recursos) pode ser suplantado se a relação que o substitui for almejada por si só. Seria o caso, por exemplo, se algumas pessoas preferissem trabalhar sob a direção de um outro indivíduo. Tais indivíduos aceitariam menos a fim de trabalhar sob as ordens de alguém e, a partir disso, surgiriam naturalmente as firmas. Mas parece que esta não seria uma razão muito importante, pois o que se parece observar é que a tendência oposta é que está operando, a julgar pela ênfase normalmente posta nas vantagens de "ser seu próprio patrão."[16] Obviamente, se o desejo não é de ser controlado, mas de controlar, de exercer poder sobre outros, então as pessoas poderiam estar dispostas a abrir mão de alguma coisa a fim de dirigir outros; quer dizer, estariam dispostas a pagar a outros mais do que conseguiriam obter sob o mecanismo de preços a fim de poder dirigi-los. Mas isto implica que aqueles que dirigem pagam a fim de poder fazê-lo, mas não são pagos para dirigir, o que simplesmente não é verdadeiro na maioria dos casos.[17] Poderiam também vir a existir firmas se os compradores preferissem mercadorias que são produzidas por firmas em detrimento daquelas que não são produzidas por firmas; contudo, mesmo em esferas onde se esperaria que tais preferências (se é que existem) fossem de importância negligenciável, encontram-se firmas no mundo real.[18] Portanto, deve haver outros elementos em jogo.

A principal razão pela qual é lucrativo estabelecer uma firma pareceria ser que existe um custo na utilização do mecanismo de preços.

---

16 Cf. Dawes, Harry. Labour mobility in the steel industry. *Economic Journal* 44, p. 86, March 1934, que oferece como exemplo "a trilha para o comércio varejista e a venda de seguros pelos mais bem pagos entre os trabalhadores especializados devido ao desejo (frequentemente a principal meta na vida de um trabalhador) de ser independente."

17 Não é, todavia, não é de todo fantástico. Afirma-se que alguns proprietários de pequenas lojas ganham menos do que seus auxiliares.

18 Shove, G. F. The imperfection of the market: a further note. *Economic Journal* 43, p. 116, n. 1, March 1933, aponta que tais preferências podem existir, embora o exemplo que oferece seja quase o oposto da situação descrita no texto.

O mais óbvio custo de "organizar" a produção por meio do mecanismo de preços é descobrir quais são os preços relevantes.[19] Tal custo pode ser reduzido, mas não será eliminado, pelo surgimento de especialistas que vendem tal informação. Também devem ser levados em consideração os custos de negociar e celebrar um contrato individual para cada transação de troca que ocorre em um mercado.[20] Mais uma vez, em certos mercados como, por exemplo, bolsas de produtos agrícolas, cria-se uma técnica para minimizar tais custos contratuais, mas não se eliminam esses custos. É verdade que os contratos não são eliminados quando existe uma firma, mas são significativamente reduzidos. Um fator de produção (ou seu proprietário) não precisa celebrar uma série de contratos com os fatores com os quais está cooperando dentro da firma, o que seria necessário, é claro, se tal cooperação fosse resultado direto do funcionamento do mecanismo de preços. Substitui-se essa série de contratos por um só. Nesse estágio, é importante observar a natureza do contrato a que adere um fator a ser empregado dentro da firma. O contrato é aquele por meio do qual o fator, por uma determinada remuneração (que pode ser fixa ou flutuante), concorda em acatar as ordens de um empresário *dentro de determinados limites*.[21] A essência do contrato é que este deveria estabelecer apenas os limites dos poderes do empresário. Dentro de tais limites, ele é capaz, portanto, de dirigir os outros fatores de produção.

Há, porém, outras desvantagens – ou custos – na utilização do mecanismo de preços. Pode ser desejável estabelecer um contrato de

---

19 De acordo com Nicholas Kaldor (A classificatory note on the determinateness of equilibrium. *Review of Economic Studies*, p. 123, February 1934), é um dos pressupostos da teoria estática que "todos os preços relevantes... são conhecidos por todos os indivíduos." Mas, claramente, isto não é verdadeiro no mundo real.

20 Esta influência foi observada por Abbott Usher quando discutiu o desenvolvimento do capitalismo. Afirma ele: "A sucessiva compra e venda de produtos parcialmente acabados é pura perda de energia." (*An introduction to the industrial history of England*. Boston: Houghton Mifflin, 1920. p. 13.) Mas o autor não desenvolve a ideia nem examina o motivo pelo qual ainda existem operações de compra e venda.

21 Seria possível não estabelecer limites para os poderes do empresário; isto equivaleria à escravidão voluntária. De acordo com Francis R. Batt (*The law of master and servant*. 1. ed. London: Sir I. Pitman & Sons, 1929. p. 18), tal contrato seria nulo e inexequível.

longo prazo para o fornecimento de um item ou serviço. Tal pode se dar porque, caso um contrato seja celebrado para um período mais longo em vez de vários períodos mais curtos, determinados custos de celebração de cada um dos contratos seriam evitados. Ainda, em virtude da conduta com relação ao risco das pessoas envolvidas, elas podem preferir celebrar um contrato de prazo longo ao invés de um contrato de curto prazo. Em função da dificuldade de previsão, porém, quanto mais longo o prazo do contrato para o fornecimento da mercadoria ou do serviço menos possível e, de fato, menos desejável será para a pessoa que compra especificar o que espera que a outra parte no contrato faça. Qual, dentre várias possibilidades de ação, será a escolhida pode muito bem ser uma questão indiferente para aquele que fornece o serviço ou a mercadoria, mas não para aquele que adquire o serviço ou a mercadoria. O comprador não saberá, contudo, qual dessas possibilidades de ação ele irá querer que o fornecedor escolha. Assim, o serviço que está sendo fornecido é expresso em termos gerais, deixando-se os detalhes exatos para um momento posterior. Tudo o que o contrato estabelece são os limites relativos ao que se espera que aquele que fornece os bens ou serviços faça. Os detalhes sobre o que se espera que faça o fornecedor não são especificados no contrato, mas são decididos mais tarde pelo comprador. Quando o direcionamento dos recursos (dentro dos limites do contrato) passa a depender do comprador dessa forma, pode-se obter a relação à qual denomino "firma".[22] É provável, portanto, que surja uma firma nos casos em que não seria satisfatório um contrato com prazo muito curto. Obviamente, é mais importante no caso de serviços – trabalho – do que no caso da compra de mercadorias. No caso de mercadorias, os principais elementos podem ser especificados antecipadamente, e os detalhes a serem decididos mais tarde serão de menor importância.

Podemos resumir esta parte do argumento dizendo que a operação de um mercado tem seus custos e, ao estabelecer uma organização e permitir que alguma autoridade (um "empresário") direcione os re-

---

22 Naturalmente, não é possível traçar uma linha forte e clara que determine se existe uma firma ou não. Pode haver um grau de direção maior ou menor. A discussão é semelhante à questão jurídica que distingue entre haver uma relação entre senhor e servo ou entre principal e agente. Ver a discussão deste problema a seguir.

cursos, são economizados determinados custos de mercado. O empresário precisa executar sua função a menores custos, considerando o fato de que pode obter os fatores de produção a custo inferior aos oferecidos pelas transações de mercado que substitui, porque é sempre possível reverter ao mercado aberto caso fracasse em sua missão. A questão da incerteza é frequentemente considerada relevante para o estudo do equilíbrio da firma. Parece improvável que emergisse uma firma sem a existência da incerteza. Mas aqueles, como, por exemplo, Knight, que consideram o *modo de pagamento* como a marca distintiva da firma – rendimentos fixos garantidos a alguns daqueles engajados na produção por uma pessoa que toma a renda residual, e flutuante – parecem estar introduzindo uma questão que é irrelevante para o problema que estamos considerando. Um empresário pode vender seus serviços para outro por uma determinada quantia de dinheiro, enquanto o pagamento a seus empregados pode ser, no todo ou em sua maior parte, uma participação nos lucros.[23] A pergunta pertinente parece ser por que a alocação de recursos não é feita diretamente pelo mecanismo de preços.

Outro fator que deve ser realçado é que as transações de troca em um mercado e as mesmas transações organizadas em uma firma são muitas vezes encaradas de modo diverso por governos e outros órgãos com poderes de regulação. Se considerarmos o funcionamento de um imposto sobre as vendas, fica claro que se trata de um imposto sobre as transações de mercado, e não sobre as mesmas transações organizadas dentro da firma. Agora, uma vez que esses são métodos alternativos de "organização" – pelo mecanismo de preços ou pelo empresário –, tal regulação propiciaria o surgimento de firmas que de outra forma não teriam razão de ser. Forneceria um motivo para o surgimento de uma firma em uma economia de troca especializada. É claro, uma vez que já existem firmas, medidas tais como um imposto sobre as vendas tenderiam apenas a torná-las maiores do que seriam em outras circunstâncias. De modo semelhante, esquemas de cotas e métodos de controle de preços que implicam a existência de racionamento e que não se aplicam a firmas que produzem tais produtos elas mesmas, por darem van-

---

23 As opiniões de Knight são examinadas a seguir com mais detalhes.

tagens àqueles que organizam dentro da firma e não através do mercado, necessariamente encorajam o crescimento das firmas. Mas é difícil crer que são medidas tais como as mencionadas neste parágrafo que motivaram a existência das firmas. Tais medidas tenderiam, porém, a produzir tal resultado, se as firmas não existissem por outras razões.

Essas, portanto, são as razões pelas quais organizações tais como as firmas existem em uma economia de troca especializada na qual se pressupõe, de forma geral, que a distribuição de recursos é "organizada" pelo mecanismo de preços. Uma firma, portanto, consiste no sistema de relações que passa a existir quando o direcionamento dos recursos depende de um empresário.

A abordagem que acaba de ser delineada pareceria oferecer uma vantagem, já que possibilita dar um significado científico ao que se quer dizer quando se observa que uma firma aumenta ou diminui. Uma firma aumenta à medida que transações adicionais (que poderiam ser operações de troca coordenadas por meio do mecanismo de preços) são organizadas pelo empresário, e encolhe à medida que ele abandona a organização de tais transações. A questão que surge é se é possível estudar as forças que determinam o tamanho da firma. Por que o empresário não organiza uma transação a menos ou uma a mais? É interessante observar que Knight considera que

> "a relação entre eficiência e tamanho é um dos problemas mais graves da teoria, sendo, em contraste com a relação no caso de uma fábrica, em grande parte uma questão de personalidade e acidente histórico ao contrário de princípios gerais inteligíveis. Mas a questão é peculiarmente vital porque a possibilidade de ganho de monopólio oferece um poderoso incentivo para a expansão *contínua e ilimitada* da firma, cuja força deve ser contrabalançada por alguma outra igualmente poderosa, levando por sua vez a uma diminuição da eficiência (na produção de rendimentos monetários) com crescimento em tamanho, se é que alguma concorrência, ainda que limítrofe, deva existir."[24][*]

---

24 Knight, Frank H. *Risk, uncertainty and profit*. Preface to the Reissue. London: London School of Economics and Political Science, 1933.

[*] **N.r.:** Knight, Frank H. *Risco, incerteza e lucro*. Rio de Janeiro. Expressão e Cultura, 1972. Tradução de Hunfredo Cantuária. Revisão técnica de Airton Ribeiro (Coleção Economia e Administração). A tradução brasileira não inclui o prefácio da nova edição.

Knight parece considerar que é impossível examinar cientificamente os determinantes do tamanho da firma. Com base no conceito de firma desenvolvido acima, tentaremos agora realizar tal tarefa.

Sugeriu-se que a introdução da firma ocorreu primordialmente por causa da existência dos custos associados à utilização do mercado. Uma pergunta pertinente a ser feita pareceria ser (afora as considerações sobre o monopólio levantadas por Knight): por que existem transações de mercado se, por meio de organização, é possível eliminar certos custos e, de fato, reduzir o custo de produção?[25] Por que simplesmente não se realiza toda a produção por meio de uma grande firma? Parece haver algumas explicações possíveis.

Primeiro, à medida que a firma aumenta de tamanho, pode haver retornos decrescentes para a função do empresário, isto é, pode elevar-se o custo de organizar transações adicionais no âmbito da firma.[26] Naturalmente, deve-se atingir um ponto no qual os custos de organizar uma transação extra no âmbito da firma sejam iguais aos custos envolvidos em realizar a transação no mercado aberto ou aos custos de organização por outro empresário. Segundo, pode ser que, à medida que aumentam as transações que são organizadas, o empresário não consiga colocar os fatores de produção nos usos onde seu valor é maior, ou seja, não consegue fazer o melhor uso dos fatores de produção. Novamente, deve-se atingir um ponto no qual a perda pelo desperdício de recursos seja igual ao custo associado à utilização do mercado aberto na transação de troca ou à perda se a transação fosse organizada por outro empresário. Finalmente, o preço de oferta de um ou mais dos fatores de produção pode subir, porque as "outras vantagens" de uma firma pequena são maiores do que as de uma firma

---

25 Há certos custos associados à utilização do mercado que só poderiam ser eliminados por meio da abolição da "escolha dos consumidores", e estes vêm a ser os custos do varejo. É concebível imaginar que esses custos possam ser tão elevados que os consumidores se dispusessem a aceitar um racionamento porque o produto extra que assim viriam a obter valeria abrir mão de sua escolha.

26 Este argumento tem por pressuposto que as transações de troca em um mercado podem ser consideradas homogêneas, o que, claramente, não é um fato real. Este complicador é examinado abaixo.

grande.[27] É claro que o momento exato em que cessa a expansão da firma poderia ser determinado pela combinação dos fatores mencionados acima. As duas primeiras razões oferecidas devem, muito provavelmente, corresponder ao que os economistas denominam "rendimentos decrescentes da administração."[28]

Foi dito, no parágrafo anterior, que uma firma tenderá a expandir-se até que os custos de organizar uma transação extra no âmbito da firma se tornem iguais aos custos de realizar a mesma transação por meio de uma troca no mercado aberto ou aos custos de organização em outra firma. Mas, se a firma cessa sua expansão em um ponto abaixo dos custos associados à utilização do mercado aberto, e em um ponto igual aos custos de organização em outra firma, na maioria dos casos (à exceção do caso de "combinação"),[29] isto implicará que há uma transação de mercado entre esses dois produtores, cada um dos quais poderia organizá-la a um valor inferior aos reais custos de utilização do mercado. Como resolver tal paradoxo? Se examinarmos um exemplo, ficará clara a razão para isto. Suponhamos que A esteja adquirindo um produto de B, e que tanto A como B fossem capazes de organizar essa transação de mercado a um custo inferior ao do presente. B, pode-se supor, não está organizando um só processo ou fase da produção, mas vários. Se A, portanto, deseja evitar uma transação de

27 Para uma discussão da variação do preço de oferta de fatores de produção para firmas de tamanhos variados, ver Robinson, E. A. G. *The structure of competitive industry*. London: Nisbet, 1931. Afirma-se, às vezes, que o preço de oferta da habilidade organizacional aumenta à medida que aumenta o tamanho da firma, porque homens preferem ser chefes de pequenos negócios independentes a serem chefes de departamento em grandes negócios. Ver Jones, Eliot. *The trust problem in the United States*. New York: Macmillan, 1921. p. 231, e MacGregor, D. H. *Industrial combination*. London: G. Bell & Sons, 1906. p. 63. Trata-se de um argumento comum por parte daqueles que advogam a Racionalização. É dito que unidades maiores seriam mais eficientes, mas, devido ao espírito individualista dos pequenos empresários, preferem manter-se independentes, aparentemente a despeito da renda maior que seria possibilitada por sua maior eficiência pela Racionalização.

28 Esta discussão é, por óbvio, breve e incompleta. Para uma discussão mais profunda deste problema em particular, ver Kaldor. Equilibrium of the firm, e Robinson, Austin. The problem of management and the size of firms. *Economic Journal* 44, p. 242-257, June 1934.

29 A definição deste termo é fornecida mais à frente.

mercado, terá de assumir todos os processos de produção controlados por B. A não ser que A assuma todos os processos de produção, ainda restará uma transação de mercado, embora seja um produto diferente que é comprado. Mas partimos anteriormente do pressuposto de que, à medida que cada produtor se expande, ele se torna menos eficiente; o custo adicional de organizar transações extras aumenta. É provável que o custo para A organizar as transações previamente organizadas por B sejam maiores do que o custo para B fazer o mesmo. Dessa forma, A só assumirá totalmente a organização de B se o custo de organizar o trabalho de B não for maior do que o custo de B por uma quantia igual aos custos de efetuar uma transação de troca no mercado aberto. No entanto, uma vez que se torne econômico efetuar uma transação de mercado, também vale a pena dividir a produção de tal forma que o custo de organizar uma transação extra em cada firma seja o mesmo.

Até agora, partiu-se do pressuposto de que sejam homogêneas as transações de troca que ocorrem por meio do mecanismo de preços. Na verdade, nada poderia ser tão diversificado quanto as transações reais que ocorrem em nosso mundo moderno. Isto pareceria implicar que variariam consideravelmente os custos de efetuar transações de troca por meio do mecanismo de preços, tal como variariam os custos de organizar tais transações no âmbito da firma. Assim, parece ser possível que, sem considerar a questão dos retornos decrescentes, os custos de organizar certas transações no âmbito da firma podem ser maiores do que os custos de efetuar as transações de troca no mercado aberto. Isso implicaria necessariamente que haveria transações de troca efetuadas por meio do mecanismo de preços; mas significaria, também, que seria necessária a existência de mais de uma firma? É claro que não, pois todas essas áreas do sistema econômico em que o direcionamento dos recursos não depende diretamente do mecanismo de preços poderiam ser organizadas no âmbito de uma só firma. Os fatores discutidos anteriormente pareceriam ser aqueles que de fato importam, embora seja difícil dizer se são os "rendimentos decrescentes da administração" ou o aumento do preço de oferta o fator que terá provavelmente maior importância. *Ceteris paribus*, portanto, a firma tenderá a ser maior:

(a) quanto menores os custos de organização e quanto mais lentamente esses custos se elevarem com um aumento nas transações organizadas;

(b) quanto menos provável for que o empresário cometa erros e quanto menor o aumento dos erros com um aumento nas transações organizadas;

(c) quanto maior a diminuição (ou quanto menor o aumento) do preço de oferta dos fatores para firmas de maiores proporções.

Excetuando-se variações no preço de oferta dos fatores de produção para firmas de tamanhos diferentes, pareceria que os custos organizacionais e as perdas devidas a erros aumentariam com um aumento na distribuição espacial das transações organizadas, na dissimilaridade das transações, e na probabilidade de alterações nos preços relevantes.[30] À medida que mais transações são organizadas por um empresário, as transações tenderiam a se diferenciar em tipo ou em local. Isto fornece uma razão adicional pela qual a eficiência tenderia a diminuir à medida que as firmas ficam maiores. Invenções que tendem a aproximar mais os fatores de produção, por diminuir a distribuição espacial, tendem a aumentar o tamanho da firma.[31] Mudanças tais como o telefone e o telégrafo, que tendem a reduzir espacialmente os custos de organização, tenderão a aumentar o tamanho da firma. Todas as mudanças que aperfeiçoam as técnicas gerenciais tenderão a aumentar o tamanho da firma.[32]*

---

30 Este aspecto do problema é enfatizado por Kaldor. Equilibrium of the firm. Sua importância, neste contexto, havia sido observada anteriormente por E. A. G. Robinson (*Competitive industry*. p. 83-106). Isso pressupõe que um aumento na probabilidade de evolução dos preços aumenta os custos de organização dentro de uma firma mais do que aumenta o custo da realização de uma transação de troca no mercado – o que é provável.

31 Esta parece ser a importância do tratamento da unidade técnica por E. A. G. Robinson, *Competitive industry*. p. 27-33. Quanto maior a unidade técnica, maior a concentração de fatores e, portanto, a firma tende a ser maior.

32 Note-se que a maioria das invenções modificará tanto os custos de organização quanto os custos de utilização do mecanismo de preços. Em tais casos, se a invenção tenderá a tornar as firmas maiores ou menores dependerá do efeito relativo desses dois conjuntos de custos. Por exemplo, se o telefone reduz os custos de utilização do mecanismo de preços mais do que reduz os custos de organização, então terá o efeito de reduzir o tamanho da firma.

Uma ilustração dessas forças dinâmicas é oferecida por Dobb, Maurice. *Russian economic development since the revolution*. New York: E. P. Dutton, 1928. p. 68: "Com o desaparecimento do trabalho forçado, a fábrica, como um estabelecimento onde o trabalho era organizado sob o chicote de um feitor, perdeu sua *raison d'être*, até

Cap. 2 • A Natureza da Firma

Deve-se salientar que a definição de firma oferecida acima pode ser utilizada para dar significados mais precisos aos termos "combinação" e "integração".[33] Existe uma combinação quando transações que eram anteriormente organizadas por dois ou mais empresários passam a ser organizadas por um só. Isto se torna uma integração quando envolve a organização de transações que eram anteriormente efetuadas entre os empresários em um mercado. Uma firma pode expandir-se de uma dessas formas, ou de ambas. Passa a ser possível lidar com a totalidade da "estrutura da indústria competitiva" por meio da técnica comum da análise econômica.

III

O problema investigado na seção anterior não foi de todo negligenciado pelos economistas, e é agora necessário discutir por que de-

---

que foi restaurada com a introdução da força mecânica das máquinas a vapor após 1846." Parece importante perceber que a passagem do sistema doméstico ao sistema de fábrica não é um mero acidente histórico, mas é condicionado por forças econômicas. Isto é demonstrado pelo fato de que é possível passar do sistema de fábrica para o sistema doméstico, como no exemplo da Rússia, e vice-versa. É a essência da servidão não permitir que o mecanismo de preços funcione. Portanto, tem de haver um direcionamento imposto por um organizador. Quando, porém, desapareceu a servidão, foi permitido o funcionamento do mecanismo de preços. Só quando as máquinas começaram a atrair trabalhadores para uma localidade é que se tornou lucrativo suplantar o mecanismo de preços e, então, a firma surgiu novamente.

* **N.r.:** No original, "*bonded labor*". Situação na qual o empregado é forçado a trabalhar para pagar dívidas contraídas junto ao empregador. De acordo com a ILO (Organização Internacional do Trabalho), Convention 29 – Forced Labour Convention, 1930. Artigo 2 (1) *For the purposes of this Convention the term forced or compulsory labour shall mean all work or service which is exacted from any person under the menace of any penalty and for which the said person has not offered himself voluntarily.* (Para efeitos da presente Convenção, o trabalho forçado ou obrigatório designará todo trabalho ou serviço exigido de qualquer pessoa sob a ameaça de sanção e para a referida pessoa não se oferecer voluntariamente.) Disponível em: http://www.ilocarib. org.tt/projects/cariblex/conventions_21.shtml. Acesso em 30 jun. 2010.

---

33 Frequentemente denominado "integração vertical", sendo a combinação denominada "integração lateral".

vem ser preferíveis os motivos fornecidos acima para o surgimento de uma firma em uma economia de troca especializada em detrimento das demais explicações oferecidas.

Diz-se, às vezes, que o motivo para a existência de uma firma reside na divisão do trabalho. É esta a visão de Usher, que foi adotada e expandida por Maurice Dobb. A firma se torna "o resultado de uma crescente complexidade da divisão do trabalho. ... O crescimento dessa diferenciação econômica cria a necessidade de uma força integradora sem a qual a diferenciação reverteria para o caos; e é como a força integradora em uma economia diferenciada que as formas industriais são principalmente significativas."[34] A resposta a este argumento é óbvia. A "força integradora em uma economia diferenciada" já existe sob a forma do mecanismo de preços. É, talvez, a maior realização da ciência econômica a demonstração de que não há motivo para supor que a especialização conduza ao caos.[35] Assim sendo, é inadmissível o motivo oferecido por Maurice Dobb. O que resta por ser explicado é por que se deveria substituir uma força integradora (o mecanismo de preços) por outra força integradora (o empresário).

As razões mais interessantes (e provavelmente as mais amplamente aceitas) oferecidas para explicar este fato são as encontradas na obra de Knight, *Risco, incerteza e lucro*. Suas opiniões serão analisadas em algum nível de detalhe.

Knight começa com um sistema em que não há incerteza alguma:

> "Agindo como indivíduos sob absoluta liberdade mas sem conluio, os homens supostamente organizaram a vida econômica com a divisão primária e secundária do trabalho, o uso do capital etc., desenvolvida até o ponto conhecido na América atual. O fato principal que requer o exercício da imaginação é a organização interna dos grupos ou estabelecimentos produtivos. Com a incerteza inteiramente ausente, e com todo indivíduo estando de posse do perfeito conhecimento da situação, não haveria ocasião para nada semelhante à administração responsável ou ao controle da atividade produtiva. Nem sequer transações de mercado, em qualquer

---

34 Dobb, *Capitalist enterprise and social progress*, p. 10. As visões de Usher podem ser encontradas em seu *Industrial history of England*, p. 1-18.

35 Cf. Clark, J. B. *The distribution of wealth*. New York: Macmillan, 1931. p. 19, que fala da teoria da troca como a "teoria da organização da sociedade industrial".

Cap. 2 • A Natureza da Firma

sentido realista, existiriam. O fluxo de matérias-primas e serviços produtivos para o consumidor seria inteiramente automático".[36*]

Knight afirma que podemos imaginar esse arranjo como sendo "o resultado de um longo processo de experimentação, realizado exclusivamente por métodos de tentativa e erro", enquanto não é necessário "imaginar todo trabalhador fazendo exatamente a coisa certa na hora certa numa espécie de 'harmonia preestabelecida' com o trabalho dos outros. Haveria gerentes, superintendentes etc., para o fim de coordenar as atividades dos indivíduos", mas esses dirigentes estariam executando uma função meramente de rotina, "sem responsabilidade de qualquer natureza."[37**]

Knight, então, prossegue:

"Com a introdução da incerteza – o fato da ignorância e necessidade de agir com base na opinião e não no conhecimento – nessa situação edênica, seu caráter modifica-se completamente. ... Com a incerteza presente, fazer as coisas, a execução efetiva da atividade, torna-se num sentido real uma parte secundária da vida; o problema ou função primordial é decidir o que fazer e como fazê-lo".[38***]

Esse fator da incerteza acarreta as duas mais importantes características da organização social:

"Em primeiro lugar, os bens são produzidos para um mercado, com base numa previsão de necessidades inteiramente impessoais, e não para a satisfação das necessidades dos próprios produtores. O produtor assume a responsabilidade de prever os desejos dos consumidores. Em segundo lugar, o trabalho de previsão e ao mesmo tempo uma grande parte da direção tecnológica e controle da produção são, além disso, ainda concentrados numa classe muito restrita dos produtores, e encontramos um novo funcionário econômico, o empresário.

---

36 Knight. *Risk, uncertainty and profit*, p. 267.
*   **N.r.:** Knight, Frank H. *Risco, incerteza e lucro*, p. 281.
37 *Ibidem*, p. 267-68.
**   **N.r.:** Knight, Frank H. *Risco, incerteza e lucro*, p. 281-82.
38 *Ibidem*, p. 268.
*** **N.r.:** Knight, Frank H. *Risco, incerteza e lucro*, p. 282.

Quando a incerteza está presente e a tarefa de decidir o que fazer e como fazê-lo assume ascendência sobre a de execução, a organização interna dos grupos produtores não é mais uma questão de indiferença ou um detalhe mecânico. A centralização dessa função de decisão e controle é imperiosa, um processo de 'cefalização' ... é inevitável..."[39]*

A mais fundamental de todas as mudanças é que

"o sistema sob o qual o confiante e ousado assume o risco ou assegura o indeciso e tímido, garantindo a este último uma renda específica em troca de uma atribuição dos resultados efetivos... Com a natureza humana como a conhecemos, seria impraticável ou muito incomum que um homem garantisse a outro um resultado definido das ações desse último sem que recebesse poder para dirigir seu trabalho. Por outro lado, o segundo indivíduo não se colocaria sob a direção do primeiro sem tal garantia... O resultado dessa numerosa especialização de funções é a empresa e o sistema salarial da indústria. Sua existência no mundo é um resultado direto da incerteza".[40]

Essas citações contêm a essência da teoria de Knight. O fator incerteza significa que as pessoas têm de prever futuras necessidades e desejos. Assim, surge uma classe especial que dirige as atividades de outros e cujos salários assegura. Essa classe age porque, em geral, o bom senso está geralmente associado à confiança no juízo de cada um.[41]

Knight parece ficar aberto a críticas em diversos aspectos. Primeiro, como ele mesmo aponta, o fato de certas pessoas terem melhor discernimento ou mais conhecimento não significa que só podem obter uma renda dessas qualidades se participarem ativamente na produção eles próprios. Podem vender conselhos ou conhecimento. Todos os negócios compram os serviços de uma série de consultores. Podemos imaginar um sistema em que são comprados todos os conselhos ou conhecimentos na medida do necessário. Mais uma vez, é possível obter uma recompensa por mais conhecimento ou bom

---

39 *Ibidem*, p. 268-269.
*   **N.r.**: Knight, Frank H. *Risco, incerteza e lucro*, p. 282.
40 *Ibidem*, p. 270.
41 *Ibidem*, p. 269-70.

senso, não por participar ativamente da produção, mas por celebrar contratos com as pessoas que estão produzindo. Um comerciante que compra para entrega futura é exemplo disso. Mas isto meramente ilustra a tese de que é bem possível dar uma recompensa garantida para que certos atos sejam executados sem dirigir a realização de tais atos. Knight diz: "Com a natureza humana como a conhecemos, seria impraticável ou muito incomum que um homem garantisse a outro um resultado definido das ações desse último sem que recebesse poder para dirigir seu trabalho." Essa afirmação está seguramente incorreta. Uma grande parte dos serviços é realizada por contratação, ou seja, é garantida uma certa quantia ao contratado desde que ele execute certos atos. Mas isto não envolve qualquer direção. Significa, no entanto, que o sistema de preços relativos foi alterado e que haverá um novo arranjo dos fatores de produção.[42] O fato de Knight mencionar que "o segundo indivíduo não se colocaria sob a direção do primeiro sem tal garantia" é irrelevante para o problema que estamos examinando. Finalmente, parece importante salientar que, mesmo no caso de um sistema econômico onde não haja incerteza, Knight estipula que haveria coordenadores, embora esses desempenhassem apenas uma função de rotina. Ele imediatamente acrescenta que seriam "sem responsabilidade de qualquer natureza", o que suscita a pergunta: Por quem são pagos e por quê? Parece que Knight não oferece, em lugar algum, uma razão pela qual o mecanismo de preços devesse ser suplantado.

IV

Afigura-se importante analisar ainda um outro ponto, que é a relevância desta discussão para a questão geral da "curva de custo da firma".

---

42 Isso mostra que é possível ter um sistema de iniciativa privada sem a existência de firmas. Embora, na prática, as duas funções, de empreendimento (a qual realmente influencia o sistema de preços relativos ao prever necessidades e agir de acordo com essas previsões) e gestão (a qual aceita como dado o sistema de preços relativos), sejam normalmente realizadas pelas mesmas pessoas, parece importante mantê-las separadas na teoria. Este ponto é discutido em mais detalhes a seguir.

Por vezes tem-se pressuposto que o tamanho da firma é limitado em condições de concorrência perfeita se a sua curva de custos for ascendente,[43] enquanto em condições de concorrência imperfeita, seu tamanho é limitado por não ser rentável produzir uma quantidade maior do que uma produção na qual o custo marginal é igual à receita marginal.[44] É evidente, contudo, que uma firma pode produzir mais de um produto; portanto, não parece haver nenhuma razão, *prima facie*, para que essa curva de custos seja ascendente no caso da concorrência perfeita, ou para o fato de que o custo marginal não fique sempre abaixo da receita marginal, no caso de a concorrência imperfeita limitar o tamanho da firma.[45] Joan Robinson apresenta o pressuposto simplificador de que apenas um produto está sendo produzido.[46] Entretanto, é claramente importante investigar como o número de produtos produzidos por uma firma é determinado, ao passo que nenhuma teoria que toma como pressuposto que apenas um produto é de fato produzido pode ter grande significado prático.

Pode-se contra-argumentar que, sob concorrência perfeita, dado que tudo o que é produzido poderá ser vendido ao preço em vigor, não há necessidade de qualquer outro produto ser produzido. Tal argumento desconsidera o fato de que pode haver um ponto em que é menos oneroso organizar as operações de troca de um novo produto do que organizar mais operações de troca para o produto antigo. Este ponto pode ser ilustrado da seguinte maneira. Imaginemos, seguindo Von Thunen, que existe uma cidade, o centro consumidor, e que as indústrias estejam localizadas circularmente, em anéis, em torno desse ponto central. Tais condições são ilustradas no diagrama que se segue, em que A, B e C representam diferentes indústrias.

---

43 Ver Kaldor. *Equilibrium of the firm*, e Robinson. *Problem of management*.
44 Austin Robinson denomina isto solução da "Competição Imperfeita" para a sobrevivência da pequena firma.
45 A conclusão de Austin Robinson em *Problem of management*, p. 249, n. I, definitivamente parece incorreta. O autor é seguido por White, Jr., Horace J. Monopolistic and perfect competition. *American Economic Review*, p. 645, n. 27, December 1936. White declara: "É óbvio que o tamanho da firma é limitado em condições de competição monopolista."
46 Robinson, Joan. *The economics of imperfect competition*. London: Macmillan, 1933. p. 17.

Cap. 2 • A Natureza da Firma 53

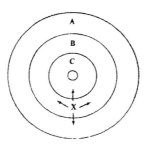

Imagine um empresário que comece a controlar as transações de troca a partir de X. Agora, à medida que amplia as suas atividades com o mesmo produto (B), o custo de organização aumenta até que, em algum momento, se torna igual ao de um produto diferente que esteja mais próximo. À medida que a firma se expande, irá a partir deste ponto incluir mais de um produto (A e C). Este tratamento do problema é, obviamente, incompleto,[47] mas é necessário para demonstrar que a mera prova de que a curva de custo é ascendente não fornece uma limitação para o tamanho da firma. Até agora, só consideramos o caso da concorrência perfeita; o caso da concorrência imperfeita pareceria óbvio.

Para determinar o tamanho da firma, temos de considerar os custos associados à utilização do mercado (ou seja, os custos da utilização do mecanismo de preços) e os custos de organização de diferentes empresários, e, então, poderemos determinar quantos produtos cada firma produzirá e que quantidade de cada uma produzirá. Por conseguinte, parece que Shove,[48] em seu artigo "Imperfect competition", fazia perguntas que o aparato da curva de custos de Joan Robin-

---

47 Como foi demonstrado acima, a localização é apenas um dos fatores que influenciam o custo da organização.
48 Shove. Imperfection of the market, p. 115. Em relação a um aumento da demanda nos subúrbios e ao efeito do preço cobrado por fornecedores, Shove pergunta: "... por que as antigas firmas não abrem filiais nos subúrbios?". Se o argumento do texto é correto, esta é uma questão que o aparato de Joan Robinson não é capaz de responder.

son não é capaz de responder. Os fatores acima mencionados parecem ser os relevantes.

V

Resta apenas uma tarefa agora, que vem a ser determinar se o conceito de firma que desenvolvemos se encaixa com o que ocorre no mundo real. A melhor forma de abordar a questão do que constitui uma firma na prática é considerar a relação jurídica normalmente denominada "amo e servo" ou "empregador e empregado".[49] Os fundamentos dessa relação têm sido apresentados como segue:

> (1) O servo deve estar sob a obrigação de prestar serviços pessoais ao amo ou a outros em nome do amo; do contrário, o contrato será um contrato para a venda de bens ou similares.
> (2) O amo deve ter o direito de controlar o trabalho do servo, pessoalmente ou por meio de outro servo ou agente. É esse direito de controle ou de interferência, de ter o direito de dizer ao servo quando trabalhar (dentro do horário de serviço) e quando não trabalhar, e que trabalho fazer e como fazê-lo (nos termos desse serviço) que é a principal característica nessa relação e distingue o servo de um trabalhador autônomo, ou de alguém empregado apenas para ceder a seu empregador os frutos do seu trabalho. Neste último caso, o contratado ou o executor não está sob o controle do empregador ao realizar o trabalho ou efetuar o serviço; ele deve configurar e administrar seu trabalho de forma a fornecer o resultado que foi contratado para produzir.[50]

Vemos, assim, que é o fato da direção que constitui a essência do conceito jurídico de "empregador e empregado", do mesmo modo que o era no conceito econômico desenvolvido acima. É interessante observar que Batt afirma ainda:

---

49 O conceito jurídico de "empregador e empregado" e o conceito econômico de firma não são idênticos, pois a firma pode implicar um controle sobre a propriedade de outra pessoa, bem como sobre seu trabalho. Mas a proximidade entre a identidade desses dois conceitos é suficiente para que um exame do conceito jurídico seja útil na apreciação do valor do conceito econômico.

50 Batt. *Master and servant*, p. 6.

Cap. 2 • A Natureza da Firma

"Aquilo que distingue um agente de um servo não é a ausência ou a presença de um salário fixo, ou o pagamento apenas das comissões sobre negócios realizados, mas sim a liberdade com a qual um agente pode realizar seu trabalho."[51]

Podemos, então, concluir que a nossa definição é aquela que mais se aproxima da firma tal como considerada no mundo real.

Assim sendo, nossa definição é realista. É possível trabalhar com ela? Isso precisa estar claro. Quando estimamos o tamanho que uma firma irá atingir, o princípio do marginalismo funciona sem problemas. A pergunta sempre é: valerá a pena colocar uma transação de troca extra sob a autoridade organizadora? Na margem, os custos de organização dentro da firma serão iguais aos custos de organização em outra firma ou aos custos envolvidos em deixar que a transação seja "organizada" pelo mecanismo de preços. Homens de negócios estarão constantemente experimentando, utilizando maior ou menor controle, e, dessa forma, será mantido o equilíbrio. Estabelece-se, assim, a posição de equilíbrio para a análise estática. Mas é evidente que os fatores dinâmicos são também de grande importância, e que uma investigação dos efeitos que as mudanças têm sobre o custo de organização dentro da firma e sobre os custos associados à utilização do mercado permitirá em geral que se explique por que as firmas aumentam e diminuem. Temos, assim, uma teoria de equilíbrio móvel. A análise acima também parece ter esclarecido a relação entre iniciativa, empresa e administração. Iniciativa significa previsão e opera através do mecanismo de preços pela celebração de novos contratos. A administração propriamente dita meramente reage às mudanças de preços, reorganizando os fatores de produção sob seu controle. O fato de o homem de negócios normalmente combinar ambas as funções é um resultado óbvio dos custos associados à utilização do mercado discutidos acima. Finalmente, esta análise permite-nos afirmar com maior exatidão o que se entende por "produto marginal" do empresário. Um aprofundamento desta questão levar-nos-ia, porém, muito longe de nossa tarefa relativamente simples de definir e esclarecer.

---

51 *Ibidem*, p. 7.

Três

Organização industrial:
uma proposta de pesquisa[1]

É um tanto embaraçoso apresentar um trabalho sobre o tema da organização industrial em uma reunião patrocinada pelo NBER* para comemorar seus 50 anos de serviço à profissão de economista e ao público em geral. Ninguém contesta o extraordinário – e benéfico – impacto que teve o NBER sobre nosso modo de pensar e trabalhar em muitas áreas da economia. E esta é, porém, a fonte de meu constrangimento, o NBER realizou muito pouca pesquisa diretamente relacionada aos problemas da organização industrial. Deveria ser difícil para mim saber como proceder com este trabalho, não fosse pelo fato de eu acreditar que, no futuro, o NBER deverá realizar muito mais pesquisas no campo da organização industrial. Na verdade, é exatamente o tipo de pesquisa que o NBER realiza de forma tão magistral: a cuidadosa coleta de informações detalhadas e sua composição de modo a revelar os padrões do comportamento econômico, o que me parece essencial se desejarmos, um dia, fazer progressos na compreensão das forças que determinam a organização da indústria. Assim, se tenho muito pouco a dizer sobre a atuação do NBER no passado, tenho esperanças de que

---

1   Reimpresso de *Policy issues and research opportunities in industrial organization*. Ed. Victor R. Fuchs, v. 3 de *Economic research*: retrospective and prospect. NBER General Series, n. 96. Cambridge: National Bureau of Economic Research, 1972. p. 59-73. ©1972 – The National Bureau of Economic Research, Inc. Todos os direitos reservados.

*   **N.r.:** O autor refere-se familiarmente como "Escritório Nacional" ao *National Bureau of Economic Research*, o mais importante centro de pesquisa econômica norte-americano.

o que eu (e outros) tenho a dizer, nesta ocasião, terá como resultado que o NBER realizará um programa de pesquisas tão extenso que aqueles que tiverem a sorte de participar das comemorações do centenário ouvirão o NBER ser elogiado pelos oradores por suas realizações no campo, não de ciclos de negócios, mas da organização industrial.

Esse menosprezo com relação à organização industrial por parte do NBER não é uma peculiaridade própria. É, em grande parte, um reflexo do que vem acontecendo na pesquisa econômica em geral. Muito pouco trabalho está sendo feito sobre o tema da organização industrial no momento presente, a meu ver, já que o assunto normalmente tratado sob esta rubrica quase nada nos diz sobre a organização da indústria. Vocês talvez se lembrem da ocasião em que Sherlock Holmes chamou a atenção do Inspetor para o "curioso incidente do cão na noite", provocando o seguinte comentário do Inspetor: "O cão nada fez durante a noite." Ao que Holmes replicou: "Foi este o incidente curioso."[2]* Eu não posso evitar lembrar desta conversa quando examino o atual estado do assunto organização industrial.

O que é curioso sobre o tratamento dado aos problemas de organização industrial na economia é que hoje não existe tal tratamento. Todos sabemos o que se entende por organização da indústria. A disciplina descreve o modo como as atividades empreendidas no sistema econômico são divididas entre as firmas. Como sabemos, algumas firmas incorporam muitas atividades diferentes, enquanto, para outras, o âmbito é estreitamente definido. Algumas firmas são grandes, outras, pequenas. Algumas firmas são integradas verticalmente, outras não o são. Esta é a organização da indústria ou, como se costumava chamá-la, a estrutura da indústria. O que se esperaria aprender com um estudo da organização industrial seria como a indústria se orga-

---

2   Na versão publicada originalmente, afirmei que este diálogo se dava entre Holmes e o Dr. Watson. Na verdade, ocorre entre Holmes e o Inspetor Gregory (em "Adventure of silver blaze"). Sou grato a S. C. Littlechild, que chamou minha atenção para esta mancada imperdoável que agora corrijo.

*   **N.r.:** O título do conto era tradicionalmente traduzido para o português como "O estrela de prata". Na mais recente edição, porém, foi utilizado um título parcial em inglês: Silver blaze. In: Doyle, Arthur Conan. *Memórias de Sherlock Holmes.* Tradução de Alessandro Zir. São Paulo: L&PM Editores, 2005 (Coleção L&PM Pocket).

niza agora e como isto difere do que ocorria em períodos anteriores; que forças foram instrumentais para ocasionar essa organização da indústria, e como essas forças vêm mudando ao longo do tempo; quais seriam os efeitos de propostas para alterar, por meio de vários tipos de ação legal, as formas de organização industrial. Tal tema, solidamente escorado pelo tipo de pesquisa que o NBER faz tão bem, permitiria verificar o valor das ações e propostas de ação que têm como objetivo a alteração do modo como se organiza a indústria.

Essa descrição da organização da indústria, que reflete a visão tradicional sobre o assunto, é, contudo, quase certamente, uma concepção demasiado restrita de seu escopo. As firmas não são as únicas organizações que realizam atividades econômicas. Além de associações de vários tipos e de organizações sem fins lucrativos (que podem, contudo, ser consideradas como tipos especiais de firma), há também um grande número de órgãos governamentais que realizam atividades econômicas, muitas delas de grande importância. Quase todas, ou até mesmo todas essas atividades econômicas do setor público – quer seja a proteção policial, a coleta de lixo, o fornecimento de serviços de utilidade pública, a educação, ou hospitais – também são exercidas por firmas (ou outras instituições análogas). Parte da tarefa de estudar sobre a organização industrial deveria, certamente, ser a de descrever as atividades econômicas exercidas por órgãos governamentais, e explicar por que a realização destas atividades econômicas é dividida entre organizações privadas e públicas da forma que é.[3]

Olhemos agora para a forma como se trata do assunto hoje. Vou tomar como exemplo dois dos mais respeitados livros sobre o tema: *The organization of industry*, de Stigler, e *Industrial organization*, de Bain. Stigler afirma o seguinte em seu primeiro capítulo:

> "Vamos começar este volume com um nível de sinceridade mais elevada que a que se manterá sempre: não existe tal disciplina denominada organização industrial. Os cursos ministrados com esse título têm por objetivo a compreensão da estrutura e do comportamento das indústrias

---

3 Gostaria de me referir aqui a um artigo inédito de Victor Fuchs, Some notes toward a theory of the organization of production, que examina esta questão e deixa clara sua importância.

> (produtores de bens e de serviços) de uma economia. Esses cursos abordam a estrutura de tamanho das firmas (uma ou várias, 'concentradas' ou não), as causas (acima de tudo as economias de escala) desta estrutura de tamanho, os efeitos da concentração sobre a concorrência, os efeitos da concorrência sobre preços, investimento, inovação e assim por diante. Mas esse é precisamente o conteúdo da teoria econômica – a teoria de preços ou de alocação de recursos, que, atualmente, recebe muitas vezes a infeliz denominação de microeconomia."

Quanto aos motivos por que existem cursos de organização industrial, além dos de teoria econômica, Stigler fornece duas razões. A primeira é que os cursos teóricos têm uma natureza muito formal e não podem enveredar por estudos das medidas empíricas de curvas de custo, concentração, e assim por diante. A segunda é que os cursos teóricos não podem enveredar por questões de políticas públicas, particularmente antitruste e regulação, e, conforme indicado por Stigler, "o curso de organização industrial enfrenta essas tarefas."[4]

Bain nos diz que o tema geral de seu livro é "a organização e o funcionamento do setor empresarial de uma economia capitalista." Descreve sua abordagem como "externa e comportamental". Preocupa-se com "o meio dentro do qual as empresas operam, e como se comportam em seus meios como produtores, vendedores e compradores". Dá "grande ênfase à incidência relativa das tendências competitivas e monopolistas em diversas indústrias ou mercados."[5] O que Bain produz é, em essência, um tipo especial de livro sobre teoria dos preços, lidando com questões como os efeitos da concentração e a importância desses supostos efeitos para a política antitruste. Bain sugere que o interesse no que a firma faz (suas operações internas) relaciona-se, de certa forma, com a ciência da administração, e parece relacionar isso ao ensino de como as empresas devem ser administradas,[6] embora me pareça que a questão poderia ser estudada sem ter tal objetivo em mente. A visão de Bain a respeito do assunto (mas não, é claro, a maneira como lida com ele) não difere essencialmente da de Stigler. Basicamente,

---

4 Stigler, George J. *The organization of industry*. Homewood, III.: Richard D. Irwin, 1968. p. 1.
5 Ver Bain, Joe S. *Industrial organization*. New York: John Wiley and Sons, 1968. p. vii.
6 *Ibidem*.

tanto Stigler como Bain consideram o tema da organização industrial como teoria dos preços aplicada. Caves, em seu livro *American industry: structure, conduct, performance*, é ainda mais explícito: "A disciplina 'organização industrial' aplica os modelos econômicos da teoria dos preços às indústrias no mundo à nossa volta."[7]

A organização industrial tornou-se o estudo das políticas de preços e produção das firmas, especialmente em situações oligopolísticas (muitas vezes denominada como um estudo da estrutura do mercado, embora em nada se relacione com o funcionamento dos mercados). Em nada ajuda, é claro, o fato de não existir uma teoria do oligopólio, ou, o que vem a ser a mesma coisa, que existem demasiadas teorias do oligopólio. Mas, indo além deste problema – e não pretendo sugerir que as questões mencionadas sejam sem importância –, é evidente que os economistas modernos, ao escreverem sobre a organização industrial, adotaram uma concepção muito restrita do âmbito do tema.

Não foi, todavia, sempre este o caso. Se visitar uma biblioteca, encontrará prateleiras cheias de livros escritos nos anos 1920 e 1930 que examinam em detalhes a organização de determinadas indústrias. E produzia-se uma grande quantidade de literatura mais geral (em particular nos Estados Unidos) que lidava com os problemas do que se denominava integração, tanto horizontal como vertical. Por exemplo, o estudo publicado em 1924 por Willard Thorp, *The integration of industrial operations*. E, na Inglaterra, a *Cambridge economics series* continha textos gerais, como *The control of industry* (1928), de D. H. Robertson, e *The structure of competitive industry* (1931), de E. A. G. Robinson. Anteriormente, é claro, fora publicado *Industry and trade* (1919), de Alfred Marshall – no qual se inspiraram muitas análises britânicas. Essas obras apresentavam significativas variações em sua gama e tratamento, indo desde a discussão dos conselhos de trabalhadores por Robertson até o relato histórico do desenvolvimento industrial de Marshall; do empirismo informal dos autores ingleses até as detalhadas investigações estatísticas de Willard Thorp. Mas todas se caracterizavam por se interessar pelo modo como se organizava a indústria, em toda sua riqueza e complexidade.

---

7   Ver Caves, Richard. *American industry*: structure, conduct, performance. Englewood Cliffs, N.J.: Prentice-Hall, 1967. p. 14.

Foram, certamente, obras como essas que me deram minha visão do tema organização industrial. Mas o que faltava na literatura, ao menos na minha opinião, era uma teoria que nos permitisse analisar os determinantes da organização da indústria. Foi esta situação que me levou a escrever, no início da década de 1930, meu artigo "A natureza da firma"[8] – um artigo muito citado e pouco usado. Não surpreende totalmente esta falta de uso, já que, nos anos recentes, os problemas que essa teoria visava a iluminar não têm sido de grande interesse para os economistas. Mas, se quisermos enfrentar seriamente os problemas de organização industrial, uma teoria é necessária.

O que determina o que uma firma faz? Para responder a esta pergunta, é necessário entender por que, de fato, existe uma firma, pois isso nos dá uma pista em relação à direção em que olhar para descobrir o que determina o que faz uma firma. Na minha época de estudante (e talvez isso ainda seja verdade hoje), o sistema de preços era apresentado como um sistema de autorregulação automática. Nas palavras de Sir Arthur Salter: "O sistema econômico normal funciona por si mesmo." A alocação de recursos era coordenada pelo sistema de preços. Colocada desta forma tão simples, pareceu-me naquela altura, e ainda me parece, que esta descrição não se encaixa em tudo o que ocorre dentro da firma. Um operário não se transfere do Departamento Y para o Departamento X porque o preço em X aumentou suficientemente em relação ao preço em Y para fazer com que a mudança valha a pena para ele. Ele se transfere de X para Y porque recebe ordens de fazê-lo.

Como colocado de forma pitoresca por D. H. Robertson, encontramos "ilhas de poder consciente neste oceano de cooperação inconsciente que são como bolhas de manteiga flutuando em um jarro de leite." Fora da firma, o preço determina a alocação dos recursos, e sua utilização é coordenada por meio de uma série de transações de troca no mercado. Dentro da firma, eliminam-se essas transações de mercado, e a alocação de recursos passa a ser o resultado de uma decisão administrativa. Por que a firma assume o ônus dos custos de criar e gerir essa estrutura administrativa, quando a alocação de recursos poderia ser responsabilidade do sistema de preços? O principal motivo é que

---

8   Ver A natureza da firma, p. 33-55.

se deve incorrer em custos ao se usar o mercado, e estes custos podem ser evitados por meio da utilização de uma estrutura administrativa. Se as transações são realizadas por meio do mercado, há os custos em descobrir quais são os preços relevantes; há os custos de negociar e celebrar um contrato individual para cada transação de mercado; e ainda há outros custos além desses. Claro, a firma está ligada ao mercado, de tal forma que não é eliminada totalmente a necessidade de celebrar contratos. Mas o proprietário de um fator de produção não tem de celebrar uma série de contratos com os proprietários dos outros fatores de produção com os quais coopera dentro da firma.

A fonte do ganho de se ter uma firma é que existem custos na operação de um mercado e que, estabelecendo uma organização e permitindo que a alocação de recursos seja determinada administrativamente, esses custos são poupados. Mas, é claro, a firma tem de cumprir a sua tarefa a um custo menor do que o custo da realização das transações de mercado que suplanta, porque é sempre possível reverter ao mercado se a firma fracassar nessa tarefa. E, é claro, para cada firma, a alternativa é alguma outra firma que possa assumir a incumbência se os seus custos forem mais baixos.

Assim sendo, o modo como a indústria se organiza depende da relação entre os custos de realização de transações no mercado e os custos de organizar as mesmas operações dentro daquela firma que possa realizar essa tarefa com o menor custo. Além disso, os custos de organizar uma atividade em qualquer firma determinada dependem das outras atividades levadas a cabo pela firma. Um determinado conjunto de atividades facilitará a realização de algumas atividades, mas prejudicará o desempenho das outras. São essas relações que determinam a organização real da indústria. Mas, tendo dito isso, até que ponto avançamos? Sabemos muito pouco sobre o custo da realização de transações no mercado ou do que dependem; sabemos quase nada sobre os efeitos sobre os custos de diferentes agrupamentos de atividades dentro das firmas. Quase tudo o que sabemos é que a mecânica dessas inter--relações conduz a uma situação em que as organizações viáveis são pequenas em relação ao sistema econômico do qual fazem parte.

Somos, na verdade, espantosamente ignorantes com relação às forças que determinam a organização da indústria. Temos, é certo, alguma ideia dos motivos pelos quais um aumento nas atividades organizadas no âmbito da firma tende a produzir tensões na estrutura administrativa, as quais aumentam os custos de organização de operações adicionais (mesmo se semelhantes às já realizadas): o aumento dos custos ocorre tanto porque os próprios custos administrativos se elevam como porque aqueles que tomam decisões cometem mais erros e deixam de alocar recursos sabiamente. É esse, mais ou menos, o tratamento convencional do problema da administração em economia.[9] No entanto, à medida que as firmas expandem suas funções, parece-me que tenderão a abranger atividades mais dispersas geograficamente, e cuja natureza será, de outras maneiras, mais diversificada. Esses aspectos, acredito, têm seu papel em conter a expansão da firma. Trata-se, na verdade, de um caso especial dos efeitos sobre os custos da combinação de diferentes atividades em uma única firma – e nem todos esses efeitos serão adversos. A existência de tais inter-relações sugere, contudo, que uma distribuição eficiente das atividades entre as firmas envolveria agrupamentos específicos (e diferentes) das atividades dentro das firmas (o que é, de fato, o que observamos). Não esperaríamos que as firmas fossem semelhantes na gama de atividades que abrangem; mas, até onde sei, não temos muito a dizer a respeito da distribuição das atividades entre as firmas.

Por que parecemos ter tão pouco a dizer? Em parte, isso se explica pela natureza da análise econômica que aparentemente trata da organização da indústria – com isto, refiro-me ao tratamento dado ao tamanho ótima da firma e às economias de escala. Essa análise, que soa como se estivesse lidando com a organização da indústria (embora não o faça), tende a tranquilizar aqueles que possam estar preocupados com uma lacuna mais evidente. Não é difícil perceber o que há de errado com a teoria do tamanho ótimo da firma, tal como apresentada pela economia.

Em primeiro lugar, o que se almeja não é uma definição de qual seja o tamanho ótimo da firma (com um ótimo diferente para cada setor, presume-se), mas uma teoria que se preocupe com a distribuição ótima das atividades, ou funções, entre as firmas. Em segundo lugar,

---

9   Ver Williamson, Oliver E. Internal organization and limits to firm size. In: *Corporate Control and Business Behavior*. Englewood Cliffs, N.J.: Prentice-Hall, 1970. p. 14-40.

a teoria do tamanho ótimo da firma não versa sobre o tamanho da firma, no sentido de lidar com as atividades realizadas pela firma, mas se preocupa com a determinação do tamanho de sua produção. Além disso, mesmo aqui a teoria atual se preocupa apenas com a produção de determinados produtos, ou um produto generalizado, e não com o leque de produtos produzidos pela firma. Esta última afirmação é um tanto temerária, uma vez que os economistas também podem usar valores ou ativos ou o número de empregados para medir o tamanho da firma – mas, de qualquer maneira, estou certo ao afirmar que muito pouco se discute sobre o que as firmas realmente fazem. A discussão sobre economias de escala preocupa-se principalmente com a relação entre custos e produção (a derivação, com efeito, da tabela de custos). Tal discussão nada diz quanto ao efeito exercido sobre os custos pela realização de uma atividade, pela realização de outra atividade, ou quanto aos custos relativos para diferentes tipos de firmas ao realizarem atividades específicas. E diz ainda menos ao avaliar até que ponto ocorre terceirização* à medida que aumenta a produção de um produto (ou produção em geral). O que acontece é que a natureza da análise que os economistas têm efetuado não parece exigir uma resposta para a pergunta que venho fazendo.

Não gostaria, porém, de deixar de mencionar o único ensaio que tenta lidar com essas questões, a saber, o artigo de Stigler, "*The division of labor is limited by the extent of the market*".[10] Como bem sabemos, esta declaração de Adam Smith, embora correta (todas as declarações de Adam Smith são corretas), causou alguma perplexidade, pois não parecia ser consistente com a existência de condições de concorrência. Na tentativa de resolver este problema, Stigler discute as condições que levam ao surgimento de firmas especializadas e que influenciam o grau de integração vertical. Stigler não nos leva muito longe, mas nos leva até onde já conseguimos ir.

Tenho afirmado que a natureza da análise utilizada pelos economistas tende a ocultar o fato de que não estão sendo enfrentados alguns dos problemas da organização industrial. Mas acredito que haja

---

*   **N.r.:** "*contracting out*", no original.
10 Ver Stigler. *Organization of industry*. p. 129-141.

uma razão muito mais importante para essa negligência: o interesse pela organização industrial tende a ser associado ao estudo do monopólio, do controle do monopólio e da política antitruste. Não se trata de um desdobramento recente. No final do século XIX, quando os economistas passaram a se interessar por problemas de organização industrial, defrontaram-se com o problema dos trustes nos Estados Unidos e dos cartéis na Alemanha. Era natural, portanto, que, com o desenvolvimento da política antitruste nos Estados Unidos, o interesse pelos aspectos antitruste da organização industrial viesse a dominar a disciplina.

Tal interesse teve efeitos positivos e negativos, mas, em minha opinião, os efeitos negativos de longe superam os positivos. Sem dúvida, elevou a moral de muitos acadêmicos que trabalham com problemas de organização industrial, pois passaram a se sentir engajados em um trabalho com relevantes implicações sobre políticas públicas. Teve o resultado salutar de chamar a atenção desses acadêmicos para problemas reais relativos ao modo como funciona o sistema econômico. Levou-os também a utilizar algumas fontes de informação que, caso contrário, poderiam ter sido negligenciadas. Ainda assim, em outros aspectos, os efeitos parecem-me ter sido desafortunados. O desejo de servir ao semelhante é, sem dúvida, um motivo nobre, mas não é possível influenciar a política sem oferecer uma resposta. Por conseguinte, tal desejo incentivou os homens a se tornarem "estadistas econômicos" – ou seja, homens que fornecem respostas mesmo quando não há respostas. Esta tendência desencorajou um questionamento crítico dos dados e da validade da análise, levando vários acadêmicos competentes que atuam nesse campo a tolerar padrões de provas e análises que, penso eu, rejeitariam em outras circunstâncias. Esta associação com a política – e com a política antitruste em particular – direcionou os estudos da organização industrial que impediu que se levantassem algumas questões, ou, de qualquer modo, tornou mais difícil aventá-las. Os fatos, tal como expressos em processos antitruste, foram aceitos como corretos (ou praticamente isso). As maneiras como o problema era encarado pelos juristas (juízes e advogados) foram aceitas como as maneiras corretas de abordar o problema. Com frequência, as opiniões dos juízes se tornavam o ponto de partida para a análise, e era feita uma tentativa de dar sentido a seus pronunciamentos. Esta situação de tal forma embaralhou o debate que, aparentemente, a maioria dos economistas não tinha consciência do seu fracasso. É verdade que esta situação começa a mudar como resultado do trabalho, entre outros, de Adelman e McGee,[11] mas a abordagem dominante continua a ser, acredito, aquela que descrevi.

Um resultado importante dessa inquietação quanto ao problema do monopólio é que, se um economista encontra algo que não compreende – um tipo ou outro de prática de negócios –, procura uma explicação no monopólio. E, como somos muito ignorantes nesta matéria, o número de práticas incompreensíveis tende a ser bastante grande, e frequente a dependência de uma explicação por meio do monopólio. Mais recentemente, o desejo de reduzir a carga tributária tornou-se uma outra maneira de explicar por que os negócios adotam as práticas que adotam. Na verdade, a situação é tal que, se, um dia, conquistássemos um sistema de governo limitado (e, portanto, baixa tributação) e o sistema econômico fosse claramente percebido como competitivo, não teríamos nenhuma explicação para a maneira como as atividades realizadas no sistema econômico são repartidas entre as firmas. Seríamos incapazes de explicar por que a General Motors não foi um fator dominante na indústria do carvão, ou por que a A & P não fabricou aviões.

Posso dar um exemplo tirado de um artigo recente no *The Journal of Law and Economics*? O artigo é de John L. Peterman, "The Clorox case and the television rate structures".[12] A Procter and Gamble adquiriu a Clorox, e a fusão foi contestada sob a legislação antitruste. Uma grande parte do processo contra a Procter and Gamble baseou-se no fato de que conseguiram obter descontos na ordem de 25 a 30% para a publicidade em televisão, descontos estes que não eram disponibilizados para empresas menores. Este fato levou muitos à conclusão de que se tratava de uma manifestação do monopólio na

---

11 Ver, por exemplo, Adelman, Morris A. The A and P Case: A study in applied economic theory. In: *Quarterly Journal of Economics* 63, p. 238-257, May 1949, e McGee, John S. Predatory price cutting: the standard oil (N.J.) case. *The Journal of Law and Economics*, p. 137-169, October 1958.
12 Peterman, John L. The Clorox case and the television rate structures. *The Journal of Law and Economics* 11, p. 321-422, October 1968.

indústria televisiva e de um exemplo de discriminação de preços. No entanto, um cuidadoso estudo realizado por Peterman revelou que, na verdade, a estrutura de descontos destinava-se a compensar pelo fato de que aqueles que compravam espaço publicitário da mesma forma como a Procter and Gamble, obtinham, em média, um horário pior (um horário com uma menor audiência). De fato, se os valores pagos não fossem relacionados ao tempo, mas ao tamanho da audiência, desapareceriam as vantagens que a Procter and Gamble foi acusada de obter.

Esta é uma situação comum, penso eu. Existe um aspecto incomum – neste caso, grandes descontos. Chega-se imediatamente à conclusão: monopólio. O que as pessoas não costumam fazer é verificar se não existe a possibilidade de que a prática em questão seja um elemento necessário para instituir uma situação de concorrência. Se o fizessem, suspeito que desapareceria grande parte do que se entende como monopólio, e se constataria que as condições de concorrência são mais comuns do que geralmente se acredita hoje. De forma similar, a integração vertical (digamos, um fabricante adquirindo pontos de venda) é frequentemente considerada como fechamento de mercado, um meio de deixar outros fabricantes de fora, e não como um método possivelmente mais eficiente de distribuição. Da mesma forma, as fusões tendem a ser vistas como métodos de obtenção de monopólio, ou são relacionadas ao ciclo de negócios, e a possibilidade de que possam acarretar economias, embora não seja ignorada, tende a receber menos atenção.

Ofereci exemplos da forma como a associação do estudo da organização industrial com a política antitruste tem criado uma disposição para a busca de explicações monopolistas para todas as práticas de negócios cuja justificativa não é óbvia para a inteligência mais mediana. Mas, certamente, você perguntará: os economistas não se confinaram a um papel de seguidores dos juízes e advogados antitruste do Departamento de Justiça e da Comissão Federal do Comércio?* A resposta é que não se confinaram a isso – mas resta dúvida se o que fizeram foi mais útil. Durante os últimos 20 anos, uma das

---

* **N.r.:** *Department of Justice* e *Federal Trade Commission*, no original.

principais preocupações dos economistas que trabalham com o que se denomina organização industrial tem sido o estudo da concentração em determinadas indústrias e seus efeitos. Os efeitos que procuravam eram monopolistas, e o modo como esperavam que se manifestassem era em lucros maiores. Ao que me parece (e confesso que este não é um campo com o qual tenho grande familiaridade), os resultados obtidos agradaram somente para levar ao engano. Havia uma relação entre concentração e lucratividade, fraca, é verdade, mas, dizem-nos, estatisticamente significante. Em termos teóricos, é um tanto intrigante. Se a elasticidade da oferta para a indústria fosse elevada, ou a elasticidade da demanda por seus produtos fosse alta, não se poderia esperar qualquer relação entre concentração e lucratividade. E se um pequeno número de produtores supostamente trouxesse maiores lucros, como resultado de colusão, há muitos outros fatores, além do reduzido número, que afetam a probabilidade de uma colusão bem-sucedida. Portanto, é um tanto estranho que houvesse qualquer tipo de relação perceptível. Outros aspectos dos resultados também intrigaram, tal como a relação piorar à medida que a indústria era definida de forma mais precisa. Mas talvez devêssemos deixar de nos preocuparmos com a importância desses estudos de concentração. Digo isso por causa de um artigo intitulado "The antitrust task force deconcentration recommendation", que surgiu recentemente. (Critica uma proposta que tomou a sério as conclusões desses estudos e tentou fazer algo a respeito.)[13] O autor, Yale Brozen, afirma que os resultados obtidos por esses estudos de concentração refletem as condições de desequilíbrio nos períodos em que foram feitos os estudos. Se os cálculos forem refeitos para períodos posteriores, as altas taxas de lucro tendem a diminuir; as taxas baixas, a subir. Se os resultados apresentados por Brozen se sustentarem após as críticas a que inevitavelmente (e com razão) serão expostos, restarão, acredito, poucas dúvidas de que esse artigo constitui o fim de uma era. O estudo da concentração e seus efeitos estarão em ruínas. Se este vier realmente a ser o caso, o presente pode ser um bom momento para juntar os cacos e começar

---

13 Brozen, Yale. The antitrust task force deconcentration recommendation. *The Journal of Law and Economics* 13, p. 279-292, October 1970.

de novo.[14] Parece-me claro que é preciso repensar nossa teoria. Mas tão importante quanto, na fase atual, é a coleta sistemática de novos dados sobre a organização da indústria, para que possamos ter maior consciência daquilo que temos de explicar.

Gostaria, agora, de retornar à realização de atividades econômicas por organizações diferentes das firmas e, em particular, por órgãos governamentais. Surpreende um pouco o fato de que este não é um tema com o qual os economistas tenham se preocupado muito. Quando examinaram o tópico, fizeram-no como parte de uma discussão sobre o que o governo *deveria* fazer, quer por meio de tributação, regulação, ou ação para melhorar o funcionamento do sistema econômico; dessas três políticas, a que menos atenção recebeu foi a ação do governo. Em qualquer caso, a discussão apresentava duas fraquezas. Primeiro, nenhuma investigação séria foi feita sobre a forma como funcionariam, na prática, as políticas preconizadas. Para justificar a ação do governo, era suficiente demonstrar que o "mercado" – ou, talvez, mais precisamente, a iniciativa privada – não conseguira atingir o ponto ótimo. Pouco se investigou se os resultados das propostas para ação governamental também poderiam ficar aquém do ótimo e, em consequência, as conclusões têm pouco valor na avaliação de políticas públicas.

A discussão, no entanto, apresenta uma fraqueza adicional ainda mais relevante para o meu tema principal. Parece que se pressupôs implicitamente que as mesmas considerações que levaram os economistas do bem-estar a perceberem a necessidade de ação governamental também motivariam aqueles de cujo apoio ativo era exigido para efetuar as mudanças políticas necessárias para implementar essas recomendações de política. Sabemos mais sobre este assunto do que antes, em grande parte por causa da nova "teoria econômica da política". Estamos começando a entender a natureza das forças que provocam alterações no Direito – e não há nenhuma relação necessária entre a intensidade das forças que favorecem tais mudanças e os

---

14 Foi-me sugerido que a falta de uma relação significativa entre a concentração e a lucratividade não implica que possa haver uma relação significativa entre a concentração e outros aspectos da organização industrial. Isto pode bem ser verdade. Tenho dúvidas, no entanto, se seremos capazes de entender os motivos para tais relações até que ataquemos o problema diretamente.

benefícios obtidos por meio delas, como percebem os economistas. Tal entendimento sugere que os economistas interessados em promover determinadas políticas econômicas deveriam investigar o arcabouço de nosso sistema político para descobrir que modificações são necessárias para que suas políticas econômicas possam ser aprovadas, e deve ser levado em conta o custo dessas mudanças políticas. Isto pressupõe que a relação entre a natureza das instituições políticas e a adoção de uma determinada política econômica – no nosso caso, uma indústria operada pelo governo – tenha sido identificada. Não sabemos muito sobre essas relações, mas desvelá-las parece-me uma tarefa a ser empreendida pelos que estudam a organização industrial.

É fácil observar que o grau de participação do governo na indústria tem variado ao longo do tempo, tem variado entre indústrias e tem variado por áreas geográficas. Não tenho dúvida de que, como resultado da pesquisa sobre esse aspecto da organização industrial, serão revelados os fatores que contribuíram para tais diferenças. A minha esperança é que o NBER participe desta empreitada.

Sugeri que é desejável um estudo sistemático em larga escala da organização da indústria nos Estados Unidos. Sugeri, também, que esse estudo produziria melhores resultados se realizado em um clima onde o espírito científico não for contaminado por um desejo (ou sentimento de obrigação) de encontrar soluções rápidas para questões de política difíceis. Onde mais se poderiam encontrar tais condições de pureza científica a não ser no NBER? Minha proposta de mais pesquisa se baseia na convicção de que é pouco provável que vejamos avanços significativos em nossa teoria da organização da indústria até que saibamos mais sobre o que é que temos de explicar. Um teórico inspirado pode muito bem prescindir desse trabalho empírico, mas a minha sensação pessoal é de que é mais provável que a inspiração venha por meio do estímulo fornecido pelos quebra-cabeças, padrões e anomalias revelados pela coleta sistemática de dados, particularmente quando a principal necessidade é mudar os nossos hábitos de pensamento.

Observei que o NBER tem feito muito pouco no campo da organização industrial. Mas o assunto não foi completamente ignorado e, como indicou Stigler (sem dúvida, corretamente), há muito a ser aprendido sobre a organização industrial em estudos feitos pelo NBER sobre finanças, tributação e avanços tecnológicos.[15] Há, contudo, trabalhos patrocinados pelo NBER que tratam diretamente da organização industrial, e devo dizer algo sobre eles. São obras de grande erudição, lidando com temas de grande importância, disso não há dúvida; mas, com o estado atual da disciplina, não é de surpreender que essas obras tenham ignorado ou apenas levemente tangenciado certas questões, ou que, em alguns aspectos, o tratamento tenha sido incompleto.

As principais obras sobre a organização industrial publicadas pelo NBER seriam: Solomon Fabricant, *The trend of government activity in the United States since 1900* (1952); Ralph L. Nelson, *Merger movements in american industry* (1959); e Michael Gort, *Diversification and integration in american industry* (1962).

Comentarei primeiramente o trabalho de Fabricant, uma vez que lida com a atividade do governo, um aspecto da organização industrial que me parece ter sido um tanto negligenciado. Este livro não se limita às questões de finanças públicas ou regulação, o que é importante, mas revela um interesse, por parte do NBER, no papel do governo como um organizador da atividade econômica. Em grande parte, porém, a discussão se ocupa da análise da composição do emprego governamental e das despesas do governo, relacionando-os aos valores totais para a economia como um todo, com a descoberta de tendências nos agregados e com questões semelhantes. Por si só, o estudo não esclarece muito sobre os fatores que fazem com que o governo realize empreendimentos econômicos, mas fornece uma boa quantidade de dados que seriam úteis em uma investigação que tivesse esta meta. Espero que, em algum estudo futuro, o NBER colha informações detalhadas sobre as ações do governo, de tal forma que, como resultado da análise, identifiquemos os fatores que determinam a escolha da ação do governo em lugar de outros métodos de organização econômica. A este respeito, espero que o NBER faça um estudo de contratação pelo governo, uma vez que a questão em pauta não é apenas governo *versus* empresa privada, mas também ação do governo *versus* terceirização para produtos e serviços que o próprio

---

15 Ver Stigler, George J. Foreword. In: Gort, Michael. *Diversification and Integration in American Industry*. New York: National Bureau of Economic Research, 1962. p. xxi.

Cap. 3 • Organização Industrial: Uma Proposta de Pesquisa 73

governo demanda. Consideremos agora os livros de Nelson e Gort, que tratam de um tipo mais tradicional dos problemas de organização industrial. O impressionante trabalho de Nelson preocupa-se, sobretudo, com o desenvolvimento de séries temporais referentes a fusões nos Estados Unidos; com a relação entre os movimentos de fusão e os ciclos de negócios; e com a testagem, na medida em que seus dados o permitem, das principais explicações propostas para justificar as variações nas atividades de fusão. Nelson não fornece muitos detalhes sobre o tipo de organização criada pelas fusões (o tipo de atividades reunidas dentro da mesma organização), nem lida com o que ocorre após a fusão ser consumada. Como consequência, não somos capazes de julgar qual foi o papel dos vários movimentos de fusão na formação da estrutura industrial dos Estados Unidos, ou até que ponto foram uma resposta a mudanças fundamentais que exigiram tais modificações na organização para promover eficiência. Tudo isto, devo acrescentar, é reconhecido por Nelson, que conclui: "A tarefa importante e interessante de produzir respostas ainda está para ser cumprida."[16]

Das três obras que citei, a de Gort é a que mais se aproxima do que tenho em mente quando falo da pesquisa sobre as organizações das indústrias de que necessitamos hoje. Gort de fato lida com a questão da variedade de atividades organizadas no âmbito da firma, e pode haver alguns problemas relevantes na organização industrial que ele não aborda. No entanto, Gort abandonou os métodos mais diretos de pesquisadores anteriores, tais como Willard Thorp. Faz do tema central de seu livro um estudo da diversificação. Mede tendências de diversificação e busca descobrir as características econômicas de firmas diversificadas e das indústrias em que firmas diversificadas participam. Graus de diversificação não são, contudo, fáceis de definir ou medir, e os resultados que Gort apresenta são difíceis de interpretar sem um conhecimento da estrutura industrial subjacente. Uma abordagem para a organização da indústria por meio de um estudo da diversificação não é desprovida de interesse, mas constitui um curioso primeiro passo. É como se começássemos uma investigação sobre os

---

16 Ver Nelson, Ralph L. *Merger movements in american industry*. New York: National Bureau of Economic Research, 1959. p. 126.

hábitos alimentares medindo o grau de diversificação dos alimentos consumidos por cada indivíduo, em vez de descobrir quais são de fato os padrões gerais de consumo de alimentos.

Sob o meu ponto de vista, o que se quer em organização industrial é uma abordagem direta para o problema. Tal abordagem se concentraria nas atividades que as firmas realizam, e exigiria empenho para descobrir as características dos agrupamentos de atividades dentro das firmas. Que atividades tendem a ser associadas, e quais não? A resposta pode muito bem variar para diferentes tipos de firma; por exemplo, para firmas de diferentes tamanhos, ou para aquelas com uma estrutura corporativa diferente ou para firmas em diferentes indústrias. Não é possível prever o que terá grande importância antes de se efetuar tal investigação, o que, naturalmente, vem a ser o motivo por que é necessária. Além de estudar o que acontece dentro das firmas, também devem ser feitos estudos das negociações contratuais entre as firmas (contratos de longo prazo, *leasing*, acordos de licenciamento de vários tipos, incluindo franquias, e assim por diante), dado que arranjos de mercado são a alternativa para a organização dentro da firma. O estudo das fusões deverá ser ampliado até que se torne parte integrante do assunto principal. Além de um estudo dos efeitos sobre a reorganização das funções entre as firmas por meio de fusões, também devemos levar em conta os "desfazimentos"* (o desmembramento de firmas); a transferência de departamentos ou divisões entre as firmas; o início de novas atividades e o abandono das atividades antigas, e também – algo que tende a ser esquecido – o surgimento de novas firmas.

Estudos como os que acabo de delinear examinariam toda a organização da indústria nos Estados Unidos, e nos prepaririam para começar a longa e difícil tarefa de descobrir quais são as forças que a modelam. A minha esperança é que o NBER desempenhe um papel importante em suscitar este renascimento no estudo da organização industrial.

---

* **N.r.:** *"Dismergers"*, no original.

Quatro

A controvérsia do custo marginal[1]

I. O estado do debate

Gostaria de discutir, neste artigo, a questão de como os preços deveriam ser determinados em condições de custos médios decrescentes. Em particular, gostaria de discutir uma resposta a esta questão que já é familiar para a maioria dos economistas, e que pode ser resumida como se segue:

(A) O valor pago por unidade do produto (o preço) deve ser igual ao custo marginal.

(B) Uma vez que, quando os custos médios diminuem, os custos marginais são inferiores aos custos médios, o valor total pago pelo produto ficará aquém dos custos totais.

(C) O valor em que os custos totais excedem as receitas totais (a perda, como às vezes denominado) deveria ser um encargo para o governo, e deveria ser financiado pela tributação.

Esta opinião tem tido o apoio de H. Hotelling,[2] A. P. Lerner,[3] J. E. Meade e J. M. Fleming.[4] Tem despertado grande interesse e já se está

---

1 Reimpresso de *Economica*, n. 13, August 1946.

2 Hotelling, H. The general welfare in relation to problems of taxation and of railway and utility rates. *Econometrica* 6, n. 3, p. 242-269, July 1938.

3 Lerner, A. P. *The economics of control*. New York: Macmillan, 1944. Lerner defendera esta posição anteriormente em artigos em *Review of Economic Studies* e em *Economic Journal*.

4 Meade, J. E.; Fleming, J. M. Price and output policy of state enterprise. *Economic Journal* 54, p. 321-339, December 1944. Ver também Meade, J. E. *An introduction to economic analysis and policy*. Oxford: Clarendon Press, 1936. p. 182-186; edição americana por C. J. Hitch. New York: Oxford University Press, 1938. p. 195-199.

refletindo em alguns livros-textos sobre a economia dos serviços de utilidade pública.[5] Mas, apesar da importância das suas implicações práticas, de seu caráter paradoxal, e do fato de que há muitos economistas que a consideram falaciosa, até agora recebeu poucas críticas impressas.[6] Pode ter sido a grande quantidade de literatura em favor desta solução e da quantidade relativamente pequena de críticas impressas negativas que levaram J. M. Fleming a alegar que "não está, penso eu, aberta a sérias críticas", e a lamentar o fato de que não foi mais amplamente compreendida e aceita "fora das estreitas fileiras dos economistas". No entanto, uma solução diferente, que acredito ser a essencialmente correta, já tinha sido sugerida por C. L. Paine em 1937,[7] e por E. W. Clemens em 1941.[8] Em 1945, eu mesmo escrevi uma curta nota criticando a solução

---

5   Ver Thompson, C. Woody; Smith, Wendell R. *Public utility economics*. New York: McGraw-Hill, 1941. p. 271-273; Barnes, Irston R. *The economics of public utility regulation*. New York: F. S. Crofts & Co., 1942. p. 586-588. Ver também Emery Troxel, "I: Incremental Cost Determination of Utility Prices", "II: Limitations of the Incremental Cost Patterns of Pricing", "III: Incremental Cost Control under Public Ownership", *Journal of Land and Public Utility Economics*. November 1942, February 1943 e August 1943; e Bonbright, James C. Major controversies as to the criteria of reasonable public utility rates. *Papers and Proceedings, American Economic Association*. December 1940. Bonbright salienta que o "extremo conservadorismo social da maioria dos especialistas em utilidades públicas e ferrovias impedirá" que esta solução "fosse amplamente aceita, ou mesmo que recebesse a devida atenção, na literatura sobre a teoria das tarifas". Acreditava, todavia, que viria a se tornar um tópico controverso nos anos que se seguiriam (após 1940) como resultado do artigo de Hotelling, o qual Bonbright considerava como "uma das mais ilustres contribuições para a teoria da fixação de preço das tarifas em toda a literatura econômica".

6   É verdade que Ragnar Frisch criticou o artigo de Hotelling pouco após sua publicação. Mas, apesar de ter-se revelado grande interesse na nota de Frisch e na posterior discussão com Hotelling, parece, pelo menos para o leitor não matemático, que o ataque de Frisch não visava aos fundamentos da argumentação de Hotelling, mas, sim, ao que lhe pareciam ser defeitos na sua formulação. Ver Frisch, Ragnar. The dupuit taxation theorem. p. 145-150; A further note on the dupuit taxation theorem. p. 156-157; e Hotelling, H. The relation of prices to marginal costs in an optimum system. p. 151-155; e A final note. p. 158-160, todos em *Econometrica* 7, n. 2, April 1939.

7   Ver Paine, C. L. Some aspects of discrimination by public utilities. *Economica*, n. 4, n. 16, p. 425-439, November 1937.

8   Ver Clemens, E. W. Price discrimination in decreasing cost industries. *American Economic Review* 31, n. 4, p. 794-802, December 1941.

Cap. 4 • A Controvérsia do Custo Marginal

tal como proposta por Meade e Fleming,[9] e uma nota adicional por T. Wilson[10] salientava o fato de os economistas ainda não terem chegado a um acordo. Agora, proponho-me a examinar em mais detalhes a solução de Hotelling-Lerner, como passo a denominá-la, e a apontar os defeitos fundamentais que acredito que contenha.

II. Isolamento do problema

Qualquer situação econômica real é complexa, e um problema econômico único não existe isoladamente. Por conseguinte, é possível resultarem confusões porque os economistas que lidam com uma situação real estão tentando resolver vários problemas ao mesmo tempo. Creio que isto ocorre com a questão que discuto neste artigo. O problema central se refere a uma divergência entre custos médios e custos marginais. Em qualquer caso concreto, no entanto, normalmente surgem dois outros problemas. Em primeiro lugar, alguns custos são comuns a alguns consumidores, e qualquer análise sobre a opinião de que os custos totais devem ser arcados por consumidores dá margem à pergunta se existe algum método racional por meio do qual estes custos comuns podem ser repartidos entre os consumidores. Em segundo lugar, muitos dos chamados custos fixos são, na verdade, desembolsos efetuados no passado com fatores cujo retorno no presente é equivalente a uma quase-renda, e uma análise de qual deveria ser o retorno de tais fatores (a fim de descobrir quais são os custos totais) acarreta problemas adicionais de grande complexidade.[11] Estes são, penso eu, os outros dois problemas que normalmente existem concomitantemente com uma divergência entre custo médio e custo marginal. Mas são questões separadas ou, ao menos, separáveis. Assim, o exemplo usado por Hotelling, o problema da precificação no caso de

---

9   Coase, R. H. Price and output policy of state enterprise: a comment. *Economic Journal* 55, p. 112-113, April 1945.

10 Wilson, T. Price and output policy of state enterprise. *Economic Journal* 55, p. 454-461, December 1945.

11 Ver Havlik, F. A. The present state of the debate. In: *Collectivist Economic Planning*. Ed. F. A. Havlik. London: G. Routledge & Sons, 1935. p. 226-231.

uma ponte,[12] é, na verdade, um caso extremamente complexo que não tem a simplicidade que aparenta na superfície.

Proponho isolar a causa em questão por meio do exame de um exemplo em que, embora haja uma divergência entre o custo marginal e o custo médio, todos os custos são atribuíveis a consumidores individuais; em que todos os custos são presentemente incorridos; e em que, para evitar uma complicação maior que poderia perturbar alguns leitores quanto ao significado de custo marginal, todos os fatores estão em oferta perfeitamente elástica. Suponhamos que os consumidores estejam situados em torno de um mercado central em que um determinado produto esteja disponível a preços constantes. Suponhamos que estradas partam do mercado central, mas que cada estrada passe apenas por um consumidor do produto. Suponhamos também que um transportador possa transportar uma unidade adicional do produto em cada viagem, sem custo adicional (pelo menos até um ponto além do limite de consumo de qualquer consumidor individual).[13] Suponhamos, ainda, que o produto seja vendido no ponto de consumo. É claro que o custo de fornecimento para cada consumidor individual seria o custo do transportador mais o custo no mercado central do número de unidades consumidas por esse consumidor particular do produto. O custo marginal seria igual ao custo de uma unidade do produto no mercado central. O custo médio seria superior ao custo marginal e cairia à medida que o custo da transportadora fosse repartido por um número crescente de unidades.[14] A solução de Hotelling-Lerner prova-

---

12 Este exemplo foi originalmente usado por Dupuit em um artigo em *Annales des Ponts et Chaussées* (1844), reproduzido em *De l'utilité et de sa mesure*. Turin: La Riforma Sociale, 1933.

13 A indivisibilidade deve estar presente em todos os casos de custos médios decrescentes. Apesar de eu pressupor que não é possível empregar menos de um transportador, pode-se pressupor que seus serviços estejam em oferta perfeitamente elástica, em que o pagamento vai variar proporcionalmente com o tempo em que é utilizado, e que o emprego de mais transportadores não aumentará o preço.

14 O pressuposto de que os custos totais consistem de dois tipos distintos, um dos quais entra no custo marginal, enquanto o outro não, não é essencial. Poderíamos ter partido do pressuposto de que o custo do transporte aumenta à medida que unidades adicionais forem transportadas, mas que os custos marginais do transporte ficam abaixo da média. Auxiliará, no entanto, na explanação, se mantivermos o pressuposto original.

velmente seria de que o valor que os consumidores deveriam pagar por unidade do produto seria igual apenas ao custo marginal. O efeito seria que os consumidores pagariam o custo do produto no mercado central e que o governo, ou melhor, o contribuinte, arcasse com os custos de transporte. É a validade desta solução que gostaria de examinar. Mas, primeiro, é necessário recorrer a um exame de aspectos fundamentais.

III. O que é precificação ótima?

Considero um sistema de precificação como aquele em que consumidores individuais têm em seu poder diferentes quantias em dinheiro, as quais utilizam para obter bens e serviços ao gastar esse dinheiro de acordo com um sistema de preços. Não é esse, é claro, o único método de alocação de bens e serviços, ou, mais adequadamente, o uso dos fatores de produção entre os consumidores. Seria possível que o governo decidisse o que produzir e alocasse bens e serviços diretamente aos consumidores. Mas esta opção teria desvantagens em comparação com a utilização de um sistema de precificação. Nenhum governo poderia distinguir detalhadamente entre os diferentes gostos dos consumidores individuais (o que é, naturalmente, o motivo pelo qual um sistema de "pontos" é adotado para vários itens durante o racionamento em tempos de guerra);[15] sem um sistema de precificação, estaria faltando um guia muito útil para quais são realmente as preferências dos consumidores; além disso, embora um sistema de precificação imponha custos adicionais associados à utilização do mercado aos consumidores e firmas, estes podem, de fato, ser inferiores aos custos de organização com que, caso contrário, teria de arcar o governo.[16] Estas são as razões que levariam um governo esclarecido a adotar um sistema de preços – e veremos, mais adiante, que são muito relevantes para o problema que estamos examinando.

Ao se optar pelo uso de um sistema de precificação, haverá dois problemas principais a serem resolvidos. O primeiro é quanto dinhei-

---

15 Cf. também Lerner. *Economics of control*, p. 53.
16 Ver *A natureza da firma*, p. 33-55.

ro cada consumidor individual precisa ter — o problema da distribuição ótima de renda e riqueza. O segundo é qual deve ser o sistema de preços de acordo com quais bens e serviços devem ser disponibilizados aos consumidores – o problema do sistema ótimo de preços. É pelo segundo desses problemas que me interesso neste artigo. O primeiro é, em parte, embora não inteiramente, uma questão de ética. Mas é importante perceber que esses *dois* problemas existem, e que ambos têm de ser resolvidos para que um sistema de precificação produza resultados satisfatórios. Como, nesta seção, estou lidando apenas com o segundo desses problemas, vou pressupor que a distribuição de renda e riqueza pode ser considerada como sendo ótima.

Para o consumidor individual, o sistema de preços representa as condições em que ele pode obter diversos bens e serviços. De acordo com quais princípios devem ser determinados os preços? O primeiro parece ser que, para cada consumidor individual, o mesmo fator deve ter o mesmo preço, seja qual for o fim para que é empregado, pois, caso contrário, os consumidores não seriam capazes de escolher racionalmente, com base no preço, o uso que preferem dar a um determinado fator. O segundo parece ser que o preço de um fator deve ser o mesmo para todos os consumidores, pois, caso contrário, um consumidor estaria obtendo mais do que outro consumidor pela mesma quantidade de dinheiro. Se a distribuição ótima de renda e riqueza tiver sido atingida, o efeito da cobrança de preços diferentes pelo mesmo fator para diferentes pessoas seria o de desordenar essa distribuição. É uma aplicação mais sutil desta segunda regra que determina que o preço fixado deve ser tal que permita que os fatores sejam alocados para os que oferecerem o melhor preço. Ou seja, o preço deve ser aquele que iguale a oferta e a demanda, e deve ser o mesmo para todos os consumidores e para todos os usos.[17] Isto implica que a quantia paga por um produto deve ser igual ao valor dos fatores utilizados na sua produção em outro uso ou para outro usuário. Mas o valor dos fatores utilizados na produção de um produto em outro uso ou para outro usuário é o custo do produto. Chegamos, assim, à conclusão familiar, mas importante, de que o montante pago por um produto deve ser igual ao seu

---

17 Cf. também Lerner. *Economics of control*, p. 45-50.

custo. Será este princípio que nos permitirá discutir os problemas da precificação individual, sem rastrear, em todo o sistema econômico, todas as transformações acarretadas pela alteração de um único preço.

IV. O argumento em favor da precificação multiparte*

Como esta argumentação geral de se basearem os preços nos custos se aplica ao caso que estamos examinando – o caso dos custos médios decrescentes? Os autores cujos pontos de vista estou analisando parecem supor que as alternativas de que se dispõe são cobrar um preço igual ao custo marginal (caso em que ocorre uma perda) ou cobrar um preço igual ao custo médio (caso em que não há perda). Há, no entanto, uma terceira possibilidade – a precificação multiparte. Nesta seção, defendo a precificação multiparte quando houver condições de custos médios decrescentes.

Está claro que, se não se permite que o consumidor obtenha, ao custo marginal, unidades adicionais de produtos produzidos em condições de custos médios decrescentes, não lhe está sendo permitido escolher de forma racional entre gastar seu dinheiro no consumo de unidades adicionais do produto ou gastar seu dinheiro de alguma outra forma, uma vez que a quantia que lhe seria necessário gastar para obter unidades adicionais do produto não refletiria o valor dos fatores em outro uso ou para outro usuário. Mas, pelo mesmo motivo, pode-se argumentar que o consumidor deve pagar o custo total do produto. O consumidor não só terá de decidir se consumirá outras unidades de um produto; também terá de decidir se vale a pena consumir o produto, em vez de gastar seu dinheiro com outra coisa. É possível descobrir isso pedindo-se ao consumidor que pague uma quantia igual ao total dos custos de lhe fornecer

---

* **N.r.:** *"Multipart pricing"*, no original. O termo refere-se, naturalmente, a um tipo de precificação não linear. É mais comum na literatura econômica em português o termo "tarifa em duas partes", sendo que uma tarifa *"multipart"* equivaleria então a "tarifa em mais de duas partes" ou "tarifa em múltiplas partes". Na presente obra, de forma a se aproximar ao máximo do original, o termo *multipart pricing* foi traduzido como "precificação multiparte".

o produto, ou seja, uma quantia igual ao valor total dos fatores utilizados para lhe fornecer o produto. Se aplicarmos esse argumento a nosso exemplo, o consumidor deverá não só pagar os custos de obtenção de unidades adicionais do produto no mercado central, mas também pagar o custo do transporte. Como se pode fazer isto? A resposta óbvia é que deve ser cobrada do consumidor uma quantia para cobrir os custos de transporte, ao passo que, para unidades adicionais, deve ser cobrado do consumidor o custo das mercadorias no mercado central. Chegamos, assim, à conclusão de que a forma de precificação adequada é um sistema de precificação multiparte (no caso particular considerado, um sistema de precificação em duas partes,* um tipo de precificação muito conhecido pelos que estudam os serviços públicos e, muitas vezes, preconizado justamente pelas razões que expus neste artigo.[18]

Agora, penso eu, é extremamente significativo que nenhum dos defensores da solução de Hotelling-Lerner tivesse examinado as possibilidades da precificação multiparte como solução para o problema que estão examinando. Escrevem como se o único método de precificação possível fosse cobrar um só preço unitário, e o único problema que tivessem de resolver é qual deveria ser este preço. Pode ser que seu motivo para não considerar a precificação multiparte seja estarem convictos de terem, de fato, encontrado um sistema de precificação ótimo. Temos, portanto, de comparar os resultados da adoção da solução de Hotelling-Lerner com os do uso da precificação multiparte.

---

* **N.r.:** *Vide* referência a "tarifa em duas partes" na nota anterior.

18 Ver Havlik, H. F. *Service charges in gas and electric rates*. New York: Columbia University Press, 1938, e referências nele. Ver também Barnes. *Public utility regulation*, p. 588. O próprio Havlik parece apoiar a opinião de que os custos que são atribuíveis aos consumidores individuais devem ser cobrados desses consumidores. No entanto, utiliza uma variante da solução de Hotelling-Lerner quando lida com o caso em que o que denomina custos marginais do cliente, "os custos adicionais de aceitar um cliente e manter a conexão, sem realmente fornecer-lhe eletricidade", são inferiores aos custos médios de clientes. Neste caso, "as receitas advindas do cliente seriam inferiores aos custos totais de clientes", e seria "justificável" para o governo "dar um subsídio" (p. 92-93). Havlik não discute como o subsídio deveria ser obtido. Neste artigo, no entanto, estou preocupado apenas com o caso em que todos os custos são atribuíveis a consumidores individuais, e a variante de Havlik para a solução de Hotelling-Lerner, que se preocupa com os custos em comum, não se aplica a este caso.

V. Comparação da precificação multiparte com a solução de Hotelling-Lerner

A solução de Hotelling-Lerner, se adotada, no caso do meu exemplo, significaria que o custo dos bens no mercado central seria pago pelos consumidores, mas que o custo do transporte seria absorvido pelos tributos. As minhas objeções a esta solução, em comparação com a adoção de um sistema de precificação bidimensional, se dividem em três aspectos: primeiro, que leva a uma má distribuição dos fatores de produção pelos diferentes usos; segundo, que leva a uma redistribuição de renda; e, terceiro, que a tributação adicional tenderá a produzir outros efeitos adversos.

Em primeiro lugar, a solução de Hotelling-Lerner parece eliminar os recursos por meio dos quais o consumidor efetua uma escolha racional entre o uso como transportadores e o uso para outros fins dos fatores que entram no custo de transporte. Neste uso, o fator seria gratuito; em outro uso (desde que incluído no custo marginal), teria de ser pago. Da mesma forma, esta solução significaria que os consumidores poderiam escolher entre diferentes locais, sem levar em conta que os custos de transporte variam entre um local e outro.

A resposta que os proponentes da solução de Hotelling-Lerner dariam a esta objeção parece ser que o governo deve estimar se cada consumidor individual, no meu exemplo, compraria o produto, e também que local preferiria, se tivesse de pagar o custo total.[19] Assim, somente se o consumidor estiver disposto a pagar o custo total do fornecimento do produto para um determinado local, seriam tomadas providências para fornecê-lo nesse local de acordo com a proposta de Hotelling-Lerner. Hotelling salienta que decidir se a demanda é suficiente para justificar os custos de construção de uma ponte "seria uma questão de estimar o tráfego de veículos e pedestres de um ponto de origem até um ponto de destino em determinadas regiões, com a comparação de distâncias por rotas alternativas em cada caso, e uma avaliação da eco-

---

19 Ver Lerner. *Economics of control*, p. 186-199, e Meade. *Economic analysis and policy*, p. 324-325. E pareceria que a formulação matemática de Hotelling viria a dar praticamente no mesmo; ver Hotelling. *General welfare*. p. 262, 268.

nomia feita em cada tipo de movimento."[20] Se fosse possível fazer tais estimativas, a baixo custo e com considerável precisão, e sem conhecimento do que aconteceu no passado, quando os consumidores eram obrigados a pagar o custo total, tais estimativas seriam susceptíveis de conduzir, na minha opinião, não a uma modificação do sistema de precificação, mas a sua abolição. O sistema de precificação, como já mencionei anteriormente, é um método específico de alocar a utilização dos fatores de produção entre os consumidores, e os argumentos favoráveis a sua adoção conferem maior força à visão de que seriam muito imprecisas as estimativas de demanda individual por parte de um governo. É preciso ressaltar, aqui, que nem Lerner nem Meade, de fato, fazem qualquer reivindicação importante a respeito da exatidão dessas estimativas. Na verdade, Lerner, em uma seção anterior de seu livro, defende um sistema de precificação justamente sob a alegação de que é impossível para um governo fazer tais estimativas.[21]

Nem Hotelling, nem Lerner, nem Meade, em minha opinião, atribuem peso suficiente ao estímulo para corrigir prognósticos, que emerge de ter um teste subsequente no mercado que demonstra se os consumidores estão dispostos a pagar o custo total do produto. Tampouco reconhecem a importância do auxílio prestado pelos resultados desse teste de mercado ao permitirem que sejam feitos prognósticos mais precisos no futuro. Hotelling afirma: "Os defensores da teoria atual de que os custos indiretos de uma indústria devem ser cobertos pela venda de seus produtos ou serviços sustentam que isto é necessário a fim de estabelecer se a criação da indústria foi uma política social sensata. Nada poderia ser mais absurdo." Esta, defende, "é uma questão histórica interessante."[22] E acrescenta mais adiante: "Quando surge a questão da construção de novas ferrovias ou novas grandes indústrias de qualquer tipo ou da demolição das antigas, enfrentaremos não um problema histórico, mas um problema matemático e econômico."[23] Em lugar algum do artigo de Hotelling encontramos o reconhecimento do fato de que será mais difícil decidir sobre a cons-

---

20 Hotelling. General welfare, p. 247-248.
21 Lerner. Economics of control, p. 61-64.
22 Hotelling. General welfare, p. 268.
23 Ibidem, p. 269.

Cap. 4 • A Controvérsia do Custo Marginal

trução de novas ferrovias ou novas indústrias se não se souber se, no passado, a criação das ferrovias ou indústrias foi uma política social sensata. E, certamente, não é um absurdo levar em conta o fato de que decisões melhores serão tomadas se, depois das decisões, houver algum teste para saber se elas constituíram uma política social sensata ao invés de não se fazer investigação alguma.

Eu mesmo não acredito que um governo possa fazer estimativas precisas da demanda individual em um regime em que todos os preços se baseiam em custos marginais. Mas vale a pena examinar o que provavelmente seria feito se um governo tentasse efetivar a política de Hotelling-Lerner. Tomemos o exemplo que estou utilizando. Alguns consumidores teriam de ser designados como capazes de comprar o produto. O governo, então, se responsabilizaria por pagar o custo de transporte incorrido por conta desses consumidores. Seria uma tarefa difícil para o governo decidir quais limites estabelecer. Se adotasse uma óptica estrita das qualificações a serem exigidas daqueles autorizados a consumir o produto, os consumidores que realmente preferissem usar o fator utilizado no transporte do produto dessa forma seriam impedidos de fazê-lo. Se, por outro lado, fosse liberal na sua óptica, muitos achariam que já não eram impedidos de consumir o produto ou que viviam a uma distância maior do mercado central devido ao custo do fator utilizado no transporte, ou seja, pelo seu valor em usos alternativos ou para um usuário alternativo. Seria, evidentemente, possível para o governo adotar, ao mesmo tempo, uma política liberal para uma classe de consumidores e uma política estrita para outros. Não é fácil adivinhar que política seria provavelmente seguida pelo governo. Mas, na Grã-Bretanha, suspeito que o governo tenderia a errar em favor do liberalismo, e que haveria, portanto, um emprego excessivo do fator usado no transporte do produto.[24]

Mas, mesmo se o governo fosse capaz de estimar com precisão as demandas individuais, a solução de Hotelling-Lerner estaria sujeita a outra objeção. Seria tarefa do governo estimar quais consumidores

---

24 Todos os aspectos essenciais deste argumento foram explanados em outro contexto por Edwin Cannan, em seu livro *The history of local rates in England*. 2. ed. London: P. S. King & Son, 1912. Ver capítulo 8, "The Economy of Local Rates", e especialmente seus comentários na p. 187.

estariam dispostos a pagar o custo de transporte (e, vamos supor, por um momento, que o governo estimasse corretamente). Mas, de fato, não pede a esses consumidores que paguem esta quantia. O dinheiro, então, fica disponível para que estes consumidores o gastem em alguma outra mercadoria. Por conseguinte, os consumidores que adquirem produtos gerados em condições de custos médios decrescentes obterão produtos, em troca de qualquer dado montante de desembolso, que representem um valor maior de fatores do que aqueles que não o fazem. Há uma redistribuição de renda em favor dos consumidores de bens produzidos em condições de custos médios decrescentes.[25]

Não haveria, penso eu, qualquer contestação quanto ao que ocorre nestas circunstâncias ser equivalente a uma redistribuição de renda. Hotelling, porém, é o único dos autores, cujos pontos de vista estou examinando, que trata explicitamente deste ponto. Portanto, examinarei as razões pelas quais Hotelling pensa que esta objeção tem pouca substância. Primeiro, acredito que Hotelling considere esta objeção totalmente irrelevante porque a distribuição inicial de renda, pelo menos nos Estados Unidos, não é, de fato, ótima. Hotelling não afirma isso diretamente, mas sua abordagem geral da questão o deixa claro.[26] Quando alega que o imposto de renda, os impostos sobre as heranças e os impostos sobre a propriedade territorial é que devem arcar com o prejuízo resultante da aplicação da regra do custo marginal, ele o faz, penso eu, em parte porque acredita que os ricos e os proprietários de terras já possuem uma parte demasiado grande da riqueza e da renda total. Mas por que deveriam os consumidores de bens produzidos sob condições de custos médios decrescentes ser os únicos a se beneficiarem dessa redistribuição? A razão pela qual Hotelling não vê grande problema no uso de uma política de precificação como um meio de redistribuição de renda decorre em parte, penso eu, de ele não considerar ser de grande importância a distinção entre os consumidores dos produtos produzidos em condições de custos médios decrescentes

---

25 Isso pressupõe que os tributos com os quais a perda é compensada não caem totalmente sobre os consumidores dos bens produzidos em condições de custos médios decrescentes. Naturalmente, isto ocorre porque se propõe que os tributos a serem utilizados devem ser sobre renda e outros tributos similares.

26 Ver, por exemplo, suas observações em *General welfare*, p. 259.

Cap. 4 • A Controvérsia do Custo Marginal

e os consumidores dos produtos produzidos sob condições de custos médios constantes ou crescentes. Argumenta que um governo, exercendo a política que ele sugere, realizaria uma grande variedade de obras públicas. "Uma grosseira aleatoriedade na distribuição seria suficiente para garantir tal distribuição dos benefícios que a maioria das pessoas em qualquer parte do país estaria em melhor situação por causa do programa como um todo."[27] Isto é o mesmo que dizer que, num regime de precificação pelo custo marginal, todos os consumidores vão comprar bens produzidos sob condições de custos médios decrescentes; que o que é perdido por qualquer consumidor em particular na redistribuição envolvida em um programa será compensado como resultado da redistribuição segundo um outro programa; e que, como consequência, a redistribuição significativa seria dos ricos e proprietários de terras para todos os outros. Realmente, seria pedante opor-se à realização de um objetivo desejável meramente porque é atingido de modo inusitado. Mas este argumento se sustenta ou se derruba com base no pressuposto de que não haverá uma redistribuição significativa entre os consumidores de diferentes tipos de produtos. Não há razão alguma para supor que será assim. O ganho que os consumidores individuais obteriam com a política de Hotelling-Lerner dependeria da medida em que estariam dispostos a pagar o custo total dos produtos produzidos sob condições de custos médios decrescentes (dada a sua renda inicial); e da divergência absoluta entre custos marginais e médios no caso desses bens; e da medida em que a renda adicional obtida como resultado da política de Hotelling-Lerner fosse gasta em bens produzidos em condições de custos médios decrescentes; e da divergência absoluta entre custos marginais e médios nesses casos. Seria possível avaliar a natureza da redistribuição somente após uma detalhada investigação factual. Não parece, no entanto, haver qualquer razão para supor que seria uma redistribuição insignificante.

As empresas de serviços públicos fornecem alguns dos exemplos mais marcantes de produtos fornecidos em condições de custos médios decrescentes. Suponhamos que sejam as únicas indústrias em que se encontram essas condições. Provavelmente, aqueles consumidores

---

27 *Ibidem.*

que vivem em regiões de baixa densidade populacional não estariam dispostos a pagar o custo total da prestação de serviços de utilidade pública, os quais, no seu caso, seriam muito elevados, e, consequentemente, nada ganhariam como resultado da política de Hotelling-Lerner, porque não receberiam os serviços. Os consumidores que vivem nas cidades considerariam limitados os seus ganhos porque, sendo ali o equipamento utilizado de forma relativamente intensa, é plausível que a divergência entre o custo marginal e o médio fosse muito menor do que em outros lugares; por outro lado, uma vez que, provavelmente, já usam todos os serviços de utilidade pública, é presumível que a renda adicional fosse gasta com outros serviços, mas não com os de utilidade pública. Seriam as pessoas que vivem em cidades pequenas que dispõem de alguns, mas nem todos, os serviços de utilidade pública, onde a divergência entre o custo marginal e o médio fosse grande, que tenderiam, penso eu, a ganhar mais com a política de Hotelling-Lerner. Não vejo qualquer razão para supor que não haveria uma certa redistribuição, possivelmente muito considerável, como resultado desta política se fosse amplamente aplicada. Hotelling admite essa possibilidade, mas afirma que uma posterior redistribuição seria capaz de produzir uma situação em que todos estariam em melhor situação do que antes.[28] Ele não descreve como seria feita esta redistribuição. Mas seria, obviamente, um arranjo inferior à adoção de um sistema de precificação multiparte que torna desnecessário haver quaisquer redistribuições de renda subsequentes. No entanto, não consigo compreender como poderiam ser usados os procedimentos usuais de tributação para redistribuir, para todos os outros consumidores, a renda advinda dos consumidores dos bens produzidos em condições de custos médios decrescentes. Seria possível tentar fazê-lo por meio de um tributo sobre o consumo de bens produzidos em condições de custos médios decrescentes. Mas ou isso seria equivalente à introdução da precificação multiparte (se um tributo *lump-sum** fosse

---

28 *Ibidem*, p. 257-258.

* **N.r.:** Tributos *lump-sum* são aqueles cobrados por meio de um montante fixo, ou seja, não estão afeitos a variações de alíquota nem base de cálculo. Segundo a literatura econômica, esses tributos não gerariam distorções de mercado ou ineficiências, uma vez que não teriam o condão de alterar as escolhas dos consumidores.

cobrado dos consumidores) ou, se for cobrado um imposto por unidade de consumo, acarretaria uma divergência entre o valor pago por unidades adicionais e o custo marginal, o resultado que a solução de Hotelling-Lerner tem por meta evitar.

Volto-me agora para a terceira objeção à solução de Hotelling--Lerner. Postulam que as perdas sofridas deverão ser compensadas por um aumento dos tributos. Os tributos que têm em mente Hotelling e os demais que apoiam esta solução são o imposto de renda, o imposto sobre as heranças e o imposto sobre a propriedade territorial. Imaginemos, por enquanto, que a forma de tributo usado para compensar a perda seja o imposto sobre a renda. Em geral, todavia, os impostos sobre a renda são constituídos de tal forma que são tributadas as unidades marginais de renda e, portanto, um imposto sobre a renda terá o mesmo efeito nefasto sobre as escolhas dos consumidores que teria um imposto sobre as mercadorias, e produzirá resultados de natureza semelhante àqueles produzidos pela cobrança, por unidades adicionais de produção, de uma importância maior que o custo marginal. Após o surgimento do primeiro artigo de Hotelling, Lerner parece ter chamado sua atenção para este ponto. Hotelling afirma, no debate que travou com Frisch após seu artigo original, que "um imposto sobre a renda do tipo usual é uma espécie de imposto de consumo sobre o esforço e o tempo de espera, bem como sobre outras formas menos defensáveis de se obter uma renda. Um imposto sobre a renda é, até certo ponto, condenável, pois afeta a escolha entre o esforço e o lazer, bem como a escolha entre o consumo imediato e o consumo adiado. Assim, alguns dos mesmos tipos de perda são acarretados tanto por um imposto sobre a renda como por um imposto sobre o consumo propriamente dito. A gravidade deste efeito pode ser uma questão para investigação factual, mas há motivos para supor um imposto sobre a renda mais elevado que os impostos sobre o consumo de produtos específicos neste contexto...".[29] Hotelling não fornece quaisquer

---

29 Hotelling. *Relation of prices*. p. 154-155. Acrescentaria que os tributos sobre a renda também afetam a escolha entre fazer um trabalho por si mesmo e empregar alguém para fazê-lo; em consequência, um tributo sobre a renda anula algumas das vantagens da especialização. Ver Paish, F. W. Economic incentive in wartime. *Economica*, n. 8, n. 31, p. 244, August 1941.

razões pelas quais acredita que o imposto sobre a renda tenda a ser menos prejudicial neste quesito do que os impostos sobre o consumo. Pode ser o caso, mas é, obviamente, desejável saber quais são as circunstâncias em que os impostos sobre a renda são menos nocivos e quando tais circunstâncias serão provavelmente constatadas antes de aplicar a solução de Hotelling-Lerner – se, quer dizer, essa política conduziria a aumentos nos impostos sobre a renda.[30] Hotelling tenta contornar esta dificuldade sugerindo que "as receitas públicas, incluindo as necessárias para explorar indústrias com vendas pelo custo marginal, devem ser (...) oriundas primordialmente do arrendamento de terras e de outros bens escassos, dos impostos sobre as heranças e ganhos inesperados, e de impostos concebidos para reduzir o consumo prejudicial à sociedade."[31] Esta não é uma solução muito satisfatória. Em primeiro lugar, parte do princípio de que esses impostos serão suficientes para levantar a quantia necessária. Em segundo lugar, pressupõe que os transtornos na distribuição de renda e riqueza, devidos à tributação adicional sobre aqueles que obtêm os seus rendimentos dessas formas, seriam melhores do que a perda que ocorreria se a tributação adicional fosse distribuída mais uniformemente por todas as pessoas no país. Alternativamente, a sugestão de Hotelling envolve a suposição de que ainda não foi alcançada a distribuição ideal de renda e riqueza, e que aqueles que obtêm seus rendimentos dessas formas não foram suficientemente tributados no passado. Mas, é claro, se assim for, essa tributação adicional é conveniente mesmo sem considerar questões da política de preços, e há pouca necessidade de associá-la ao problema da precificação em condições de custos médios decrescentes. Além disso, restaria a questão de como resolver o problema da precificação quando se atingisse a distribuição ótima de renda e riqueza. É limitada a validade da sugestão de Hotelling para evitar a perda que resultaria do aumento dos impostos sobre a renda.

---

30 Este problema parece ter sido negligenciado na teoria das finanças públicas. A discussão usual sobre a carga dos tributos indiretos pressupõe que a alternativa é um pagamento *lump sum*. Ver, por exemplo, Joseph, M. F. W. The excess burden of indirect taxation. *Review of Economic Studies* 6, p. 226-231, June 1939. Cf. também Hicks, J. R. *Value and capital*. Oxford: Clarendon Press, 1939. p. 41.

31 Hotelling. *Relation of prices*, p. 155.

Nesta seção, comparei os resultados do uso de um sistema de precificação multiparte com os que decorreriam da política de Hotelling-Lerner. Demonstrei que a solução de Hotelling-Lerner acarretaria uma má distribuição dos fatores de produção, uma má distribuição da renda e, provavelmente, uma perda semelhante àquela que o esquema foi projetado para evitar, mas decorrente do efeito do aumento dos impostos sobre a renda. Estes resultados seriam evitados com o uso de um sistema de precificação multiparte.

VI. Precificação pelo custo médio comparada à solução de Hotelling-Lerner

Hotelling, Lerner, Meade e Fleming não parecem ter percebido que muitos dos problemas que tentavam resolver poderiam ser solucionados pela precificação multiparte, e que este sistema de precificação, de fato, produziria resultados que não seriam vulneráveis às objeções que poderiam ser levantadas contra a solução de Hotelling--Lerner. Mas, sendo justo com eles, é preciso salientar que seu ataque voltava-se para a cobrança de um preço único, o qual se baseava no custo médio, e não para a precificação multiparte. Seria válido o argumento neste caso? Se a precificação multiparte não é possível, não seria preferível adotar a solução de Hotelling-Lerner, em vez de adotar a precificação com base no custo médio? Neste caso, o argumento em favor da solução de Hotelling-Lerner fica consideravelmente reforçado – e em dois aspectos. Primeiro, é claro que, se não se permite que os consumidores comprem unidades adicionais ao custo marginal, há uma má distribuição dos fatores de produção. Já foi discutida, em seções anteriores, a natureza dos ganhos que daí resultariam, por meio da adoção da solução de Hotelling-Lerner.[32] O segundo aspecto que

---

32 Pode-se pensar que, se o preço de todas as mercadorias fora fixado com base no custo médio, a escolha dos consumidores não seria afetada, uma vez que todos os preços seriam elevados acima do nível do custo marginal. Mas isso seria verdade somente se o aumento do preço fosse proporcional ao custo marginal, e é muito improvável que isso seja verdadeiro. Ver a discussão entre Frisch e Hotelling em *Econometrica* (April 1939).

reforça o argumento em favor da solução de Hotelling-Lerner refere-se à eficácia da precificação pelo custo médio em fornecer um teste de mercado a respeito da disposição dos consumidores de pagar os custos totais. Na seção anterior, indiquei que a precificação multiparte propiciaria tal teste. Como isso se aplica ao caso da precificação pelo custo médio? O fato de que os consumidores estão dispostos a comprar a um preço que cobre os custos médios com certeza demonstra que preferem obter aquele valor dos fatores daquela forma, e não de qualquer outra forma disponível para eles.[33] A dificuldade é, como aponta Hotelling, que o inverso não é verdadeiro. Há muito os economistas sabem que, em casos em que a curva de demanda se encontra, em todos os pontos, abaixo da curva do custo médio, pode ser possível, por meio da discriminação de preços, aumentar a receita média o suficiente para elevá-la até o custo médio. Se, portanto, a precificação é feita com base no custo médio, haverá certos casos em que o consumidor estaria disposto a pagar os custos totais, mas em que, devido às limitações do método específico de precificação, isto não seria possível. A produção poderia ser realizada em tais casos se fosse seguida a política de Hotelling-Lerner.

São estas as vantagens da solução de Hotelling-Lerner, em comparação com a precificação pelo custo médio. Mas ainda permanecem as desvantagens analisadas na seção anterior. É preciso comparar vantagens e desvantagens. A primeira vantagem da solução de Hotelling-Lerner, em comparação com precificação pelo custo médio, é que permite uma melhor escolha na margem do consumo. Mas essa vantagem seria pequena e poderia ser compensada pela perda que ocorreria se a solução de Hotelling-Lerner incluísse um aumento dos impostos sobre a renda. A segunda vantagem é que um governo poderia assumir a produção, nos casos em que os consumidores estivessem dispostos a pagar o custo total, a qual não poderia ser assumida com a precificação pelo custo médio. Mas é preciso lembrar que, nesta política, é o governo que estima as demandas individuais e, portanto, esta política está sujeita às limitações que

---

33 Cf. Wicksteed, Philip H. *The common sense of political economy and selected papers and reviews on economic theory*. London: G. Routledge & Sons, 1933. v. 2, p. 675-76.

discutimos na seção anterior. Nem todos os casos em que a produção não seria empreendida com a precificação pelo custo médio deveriam ser empreendidos. Um governo que cometeu muitos erros em suas estimativas das demandas individuais poderia facilmente neutralizar qualquer efeito positivo que essa política pudesse produzir. A precificação pelo custo médio pode impedir a realização de algumas coisas que talvez devessem ser feitas, mas é também um meio de evitar certos erros na produção, alguns dos quais seriam, inevitavelmente, cometidos se fosse seguida a política de Hotelling--Lerner. Como indiquei anteriormente, eu mesmo não acredito que seja razoável supor que o governo seria capaz de fazer estimativas precisas das demandas individuais se todos os preços tomassem como base o custo marginal. Finalmente, há a redistribuição de renda e da riqueza em que implicaria a solução de Hotelling-Lerner, e que, como salientei na seção anterior, parece ser difícil corrigir na ausência de uma precificação multiparte sem reintroduzir o tipo de tributo capaz de evitar a escolha racional na margem que a solução de Hotelling-Lerner pretende alcançar. Será visto, a partir do discutido nesta seção, que a questão da precificação pelo custo médio em relação à solução de Hotelling-Lerner não apresenta uma justificativa clara. Assim sendo, deve ser rejeitada a reivindicação feita em favor da solução de Hotelling-Lerner de que é incontestavelmente superior à precificação pelo custo médio.

VII. Os problemas que restam

Neste artigo, examinei o problema da precificação em condições de custos médios decrescentes. No entanto, limitei-me a um caso particular, em que todos os custos são atribuíveis a consumidores individuais e em que todos os custos são incorridos no presente. Tendo em conta estes pressupostos, demonstrei que a solução de Hotelling--Lerner é inferior a um sistema de precificação multiparte, e que, em comparação com a precificação pelo custo médio, o saldo da vantagem a favor da solução Hotelling-Lerner não seria aparente. Os próximos passos parecem ser examinar o problema da precificação quando há custos em comum. Se há custos que não podem ser atribuídos a consumidores individuais, seria, então, a solução de Hotelling-Lerner totalmente eficaz, como sugeriu H. F. Havlik?[34] Deveriam tais custos em comum ser cobertos por meio dos impostos? Ou seria o caminho certo a descoberta de alguma base de acordo com a qual estes custos pudessem ser repartidos entre os consumidores? Finalmente, há a questão dos gastos já efetuados com fatores. Devem estes custos ser cobertos pelos impostos? Ou deveriam ser pagos pelos consumidores? Se for aceita a análise neste artigo, estas parecem ser as próximas perguntas a serem feitas.

34 Ver nota 20.

Cinco

O problema do custo social[1]

I. O problema a ser examinado[2]

Este artigo se preocupa com os atos de firmas de negócios (*business firms*) que têm efeitos nocivos sobre terceiros. O exemplo clássico é o da fábrica cuja fumaça tem efeitos prejudiciais sobre aqueles que ocupam propriedades vizinhas. A análise econômica de tal situação é usualmente feita em termos de uma divergência entre o produto privado e o produto social da fábrica, na qual os economistas, em grande parte, têm adotado a proposta de Pigou em *The Economics of Welfare*. Esse tipo de análise parece ter levado a maioria dos economistas a concluir que seria desejável tornar o proprietário da fábrica responsável pelos prejuízos causados aos prejudicados pela fumaça; ou cobrar dele um tributo que variaria de acordo com a quantidade de fumaça produzida e seria equivalente, em termos financeiros, aos prejuízos que causasse; ou, ainda remover a fábrica de áreas residenciais (e, presumivelmente, de outras áreas em que a emissão de fumaça tivesse efeitos nocivos sobre terceiros). Minha opinião é de que os cursos de

---

1 Reimpresso de *The Journal of Law and Economics* 3, p. 1-44, October 1960. ©1960 por The University of Chicago Press. Todos os direitos reservados.

2 Este artigo, embora se preocupe com um problema técnico da análise econômica, tem origem no estudo da Política Econômica da Transmissão (*Political Economy of Broadcasting*). O argumento para o presente artigo estava implícito em outro anterior que tratava do problema da alocação de frequências de rádio e televisão (The Federal Communications Commission. *The Journal of Law and Economics* 2, October 1959), mas alguns comentários que recebi pareciam sugerir que seria desejável lidar com a questão de modo mais explícito e sem fazer referência ao problema original para cuja solução foi desenvolvida a análise.

ação sugeridos são inadequados porque conduzem a resultados que não necessariamente, ou mesmo nem geralmente, são desejáveis.

II. A natureza recíproca do problema

A abordagem tradicional tende a obscurecer a natureza da escolha a ser feita. A questão é normalmente pensada como uma situação em que A causa um prejuízo a B, e o que precisa ser decidido é: como coibir A? Mas isto está errado. Estamos lidando com um problema de natureza recíproca. Evitar o prejuízo a B seria infligir um prejuízo a A. Desta forma, a verdadeira questão a ser decidida é: deveríamos permitir que A prejudique B ou deveríamos permitir que B prejudique A? O problema é evitar o prejuízo mais grave. Citei como exemplo, em artigo anterior,[3] o caso de um confeiteiro cujas máquinas produziam ruído e vibrações que perturbavam o trabalho de um médico. Poupar o médico de prejuízos seria infligir um prejuízo ao confeiteiro. O problema apresentado neste caso é, essencialmente, se valeria a pena, como resultado da restrição dos métodos de produção que poderiam ser usados pelo confeiteiro, assegurar mais atividades médicas à custa de uma redução na oferta de produtos de confeitaria. Outro exemplo é o problema do rebanho desgarrado que destrói plantações em terras vizinhas. Se for inevitável que alguns bois se desgarrem, um aumento na oferta de carne só será obtido à custa de uma diminuição na oferta de produtos agrícolas. É clara a natureza da escolha: carne ou produtos agrícolas. Não está claro, porém, que resposta deve ser dada, a menos que saibamos o valor do que é obtido, bem como o valor do que é sacrificado para obtê-lo. Para dar outro exemplo, George J. Stigler cita a contaminação de um riacho.[4] Se partirmos do princípio de que o efeito nocivo da poluição é a mortandade dos peixes, a questão a ser decidida é: o valor do peixe que se perde é maior ou menor do que o valor do produto que a contaminação do córrego viabiliza? É quase desnecessário dizer que este problema deve ser examinado na totalidade e na margem.

---

3 Coase. *Federal Communications Commission*, p. 26-27.
4 Stigler, George J. *The Theory of Price*. ed. rev. New York: Macmillan Co., 1952. p. 105.

III. O sistema de precificação com responsabilização pelos prejuízos

Proponho iniciar minha análise examinando um caso no qual a maioria dos economistas presumivelmente concordaria que o problema seria resolvido de uma maneira plenamente satisfatória: quando a atividade que causa o prejuízo tem de pagar por todo o dano causado e o sistema de determinação de preços funciona sem problemas (estritamente, isto significa que o funcionamento de um sistema de preços ocorre sem custos).

Um bom exemplo do problema em discussão é o caso do rebanho desgarrado que destrói plantações em terrenos contíguos. Suponhamos que um agricultor e um pecuarista desempenhem atividades em propriedades vizinhas. Suponhamos, ainda, que, sem cercas entre as propriedades, um aumento no rebanho do pecuarista eleve o total dos prejuízos causados nas plantações do agricultor. O que ocorre com o prejuízo marginal à medida que cresce o rebanho já é outra questão. Estes prejuízos dependerão de os bois tenderem a seguir um ao outro, em fila, ou a perambular lado a lado, ou de tenderem a ser mais ou menos agitados com o aumento do rebanho, além de outros fatores similares. Para o meu objetivo imediato, é irrelevante saber qual premissa é utilizada sobre os prejuízos marginais com o aumento do rebanho.

Para simplificar o argumento, proponho usar um exemplo aritmético. Suponho que o custo anual para cercar a propriedade do agricultor é de $ 9, e que o preço da safra é de $ 1 por tonelada. Além disso, suponho que a relação entre o número de bois no rebanho e a perda da safra anual é a seguinte:

Dimensões do rebanho (Nº de bois)	Perda na safra anual (Toneladas)	Perda na safra pelo acréscimo de cada rês (Toneladas)
1	1	1
2	3	2
3	6	3
4	10	4

Dado que o pecuarista pode ser responsabilizado pelos prejuízos causados, o custo anual adicional que lhe é imposto, caso aumente seu rebanho de, digamos, dois para três bois, é de $ 3, de modo que o pecuarista, ao decidir sobre o tamanho do rebanho, levará isso em conta, juntamente com seus outros custos. Ou seja, o pecuarista não vai aumentar o tamanho de seu rebanho, a não ser que o valor da carne adicional produzida (supondo que o pecuarista abata seu próprio gado) seja maior do que os custos adicionais que o número de bois acarreta, incluindo, neste cálculo, o valor dos produtos agrícolas adicionais destruídos. Evidentemente, se o emprego de cães, vaqueiros, aviões, rádios portáteis e outros meios reduzir o valor dos estragos, estes meios serão adotados quando seu custo for inferior ao valor da safra que visam a preservar. Dado que o custo anual da colocação de cercas é de $ 9, o pecuarista que desejasse ter quatro bois ou mais no rebanho pagaria pela instalação e manutenção das cercas, pressupondo que não fossem menos onerosos os demais meios para atingir o mesmo fim. Quando a cerca está instalada, o custo marginal devido à responsabilização pelos estragos torna-se zero, com exceção da hipótese em que o aumento no tamanho do rebanho gere a necessidade de uma cerca mais forte e, portanto, mais cara, porque mais bois poderão encostar-se na cerca ao mesmo tempo. É evidente, porém, que pode ser mais barato para o pecuarista não construir cercas e pagar pelos produtos agrícolas danificados, como em meu exemplo aritmético, no caso de o pecuarista manter três ou menos bois.

Poder-se-ia pensar que o fato de o pecuarista pagar por todas as plantações danificadas levaria o agricultor a aumentar sua plantação se um pecuarista viesse a ocupar a propriedade vizinha. Mas não é o caso. Se a safra fosse vendida antecipadamente em condições de concorrência perfeita, o custo marginal seria igual ao preço da quantidade de área plantada, e qualquer expansão teria reduzido o lucro do agricultor. Na nova situação, a existência de danos à plantação significaria que o agricultor venderia menos no mercado aberto; no entanto, a sua receita permaneceria a mesma para uma determinada produção, pois o pecuarista pagaria o preço de mercado para a colheita danificada. Naturalmente, se a pecuária em geral acarretasse a destruição de colheitas, o surgimento de uma indústria pecuária poderia elevar o preço dos produtos agrícolas envolvidos, e os agricultores então aumentariam suas plantações. Mas quero restringir minha atenção ao agricultor individual.

Afirmei que a ocupação de uma propriedade vizinha por um pecuarista não provocaria um aumento na produção ou talvez, mais exatamente, no tamanho da área plantada pelo agricultor. Na verdade, se a pecuária tiver algum efeito, será o de diminuir a área plantada. A razão para isto é que, para qualquer extensão de terreno, se o valor da plantação danificada for tão elevado que a receita proveniente da venda da safra não danificada for inferior ao custo total de cultivar aquela extensão de terreno, será rentável para o agricultor e o pecuarista entrarem em um acordo por meio do qual essa extensão de terreno não seja cultivada. Isso pode ser esclarecido por meio de um exemplo aritmético. Suponha, inicialmente, que o valor da colheita obtido pelo cultivo de uma determinada extensão de terreno seja de $ 12, que os custos incorridos no cultivo dessa extensão de terreno sejam de $ 10, sendo, portanto, o ganho líquido pelo cultivo da terra igual a $ 2. Para simplificar, suponha que o agricultor seja o proprietário da terra. Agora, considere que o pecuarista dê início a suas atividades na propriedade vizinha e que o valor das plantações danificadas seja de $ 1. Neste caso, o agricultor recebe $ 11 pela venda no mercado e recebe $1 do pecuarista pelo dano sofrido, sendo que o ganho líquido permanece igual a $ 2. Agora, suponha que o pecuarista considere lucrativo aumentar o tamanho de seu rebanho, embora o montante dos danos aumente para $ 3; o que significa que o valor da produção adicional de carne é maior do que os custos adicionais por ela gerados, incluindo-se o pagamento adicional de $ 2 pelos danos causados. Mas o pagamento total pelos danos é agora igual a $ 3. O ganho líquido do agricultor pelo cultivo da terra permanece $ 2. Seria mais proveitoso para o pecuarista se o agricultor concordasse em não cultivar sua terra por qualquer pagamento inferior a $ 3. O agricultor concordaria em não cultivar a terra em troca de qualquer pagamento superior a $ 2. Fica claro que há espaço para um acordo mutuamente satisfatório que levaria ao abandono do cultivo da terra.[5] Mas o mesmo argumento

---

5 Neste texto, desenvolvi a argumentação a partir do pressuposto de que a alternativa para o cultivo do produto agrícola fosse o abandono total da atividade. Mas não precisa ser assim. Pode haver produtos agrícolas menos suscetíveis a danos

se aplica não apenas a todo o terreno cultivado pelo agricultor, como também a qualquer parte dele. Suponha, por exemplo, que o gado tem um percurso bem definido, digamos, em direção a um riacho ou a uma área sombreada. Nestas circunstâncias, podem ser significativos os danos à safra ao longo desse percurso; e, se assim for, pode ser que o agricultor e o pecuarista considerem vantajoso entrar em um acordo no qual o agricultor aquiesça em não cultivar esta faixa de terra.

Mas essa situação aventa outra hipótese. Suponha que exista um percurso bem definido. Suponha, ainda, que o valor da colheita que seria obtida pelo cultivo dessa faixa de terra seja de $ 10, mas que o custo do cultivo seja de $ 11. Na ausência do pecuarista, a terra não seria cultivada. No entanto, dada a presença do pecuarista, poderia muito bem acontecer que, se a terra for cultivada, a totalidade da plantação seja destruída pelo gado. Neste caso, o pecuarista seria obrigado a pagar $ 10 ao agricultor. É verdade que o agricultor perderia $ 1. Mas o pecuarista perderia $ 10. Evidentemente, esta é uma situação que não duraria para sempre, já que nenhuma das partes desejaria que isso acontecesse. O objetivo do agricultor seria induzir o pecuarista a fazer um pagamento em troca de um acordo para não cultivar sua terra. O agricultor não conseguiria obter um pagamento maior que o custo de cercar este pedaço de terra, nem tão elevado que induzisse o pecuarista a abandonar o uso da propriedade vizinha. De fato, o pagamento a ser efetuado dependeria da perspicácia negociadora do agricultor e do pecuarista. No entanto, como o pagamento não seria tão elevado

---

pelo gado, mas menos lucrativos quando comparados ao que se produz na ausência de estragos. Assim, se o cultivo de uma nova plantação rendesse ao agricultor um retorno de $ 1 em vez de $ 2, e o tamanho de rebanho que causaria danos de $ 3 com a plantação anterior causasse danos de $ 1 com a nova plantação, seria lucrativo para o pecuarista pagar qualquer quantia inferior a $ 2 para induzir o agricultor a cultivar outra coisa (uma vez que assim reduziria a responsabilidade pelos danos de $ 3 para $ 1), e seria lucrativo para o agricultor agir assim se a quantia recebida fosse superior a $ 1 (a redução em seu retorno por cultivar outro produto agrícola). Na verdade, haveria espaço para barganhas mutuamente satisfatórias em todos os casos em que uma modificação no produto cultivado reduzisse o valor dos danos mais do que reduziria o valor da colheita (excluindo-se os danos) – em outras palavras, em todos os casos em que uma troca no produto cultivado levasse a um aumento no valor da produção.

a ponto de obrigar o pecuarista a abandonar este local, e tampouco variaria de acordo com o tamanho do rebanho, tal acordo não afetaria a alocação de recursos, mas alteraria somente a distribuição de renda e de riqueza entre o pecuarista e o agricultor.

Está claro, acredito, que, se a legislação determinar que o pecuarista é responsável pelos prejuízos causados e o sistema de preços funcionar sem problemas, a redução no valor da produção em outros lugares será levada em conta ao ser calculado o custo adicional envolvido no aumento do tamanho do rebanho. Este custo será comparado ao valor da produção adicional de carne e, havendo concorrência perfeita na pecuária, a alocação dos recursos nesta indústria será ótima. O que precisa ser enfatizado é que a queda no valor de produção em outro local que seria considerada nos custos do pecuarista pode muito bem ser inferior aos danos que o gado venha a causar às plantações no decorrer natural das atividades. Essa situação ocorre porque é possível, como resultado de transações de mercado, interromper o cultivo da terra. Isso é desejável em todos os casos em que os danos que o gado causaria, e pelos quais o pecuarista estaria disposto a pagar, excedessem o montante que o agricultor estaria disposto a pagar pelo uso da terra. Em condições de concorrência perfeita, o montante que o agricultor pagaria pelo uso da terra é igual à diferença entre o valor total da produção quando são empregados fatores de produção nesta terra e o valor do produto adicional obtido da próxima melhor utilidade (que seria igual àquele que o agricultor teria que pagar pelos fatores de produção). Se os danos excederem o montante que o agricultor pagaria pelo uso da terra, o valor do produto adicional dos fatores empregados em outro local excederia o valor total do uso atual, após serem considerados os danos. Conclui-se que seria desejável abandonar o cultivo das terras e liberar os fatores utilizados para a produção em outros locais. Um modo de proceder que só regulasse o pagamento pelos danos causados pelo gado à colheita, mas que não permitisse a possibilidade de suspensão do cultivo, teria como resultado um emprego muito pequeno dos fatores de produção na pecuária e sua utilização excessiva no cultivo dos produtos agrícolas. Entretanto, com a possibilidade de transações de mercado, não persistiria uma situação em que os danos às colheitas ultrapassassem o arrendamento da terra. Quer o pecuarista pague ao agricultor para não cultivar as terras, ou quer ele próprio arrende a terra, pagando ao proprietário da terra uma quantia um pouco maior do que o agricultor pagaria (se o próprio agricultor estivesse arrendando o terreno), o resultado final seria o mesmo e maximizaria o valor da produção. Mesmo quando o agricultor é induzido a cultivar plantações cujo cultivo não seja rentável para venda no mercado, este é um fenômeno estritamente de curto prazo e pode-se esperar que conduza a um acordo em que o cultivo cessasse. O pecuarista permanecerá naquele local, e o custo marginal da produção de carne será o mesmo de antes; sem, portanto, nenhum efeito a longo prazo sobre a alocação de recursos.

IV. O sistema de determinação de preços sem responsabilidade pelos prejuízos

Volto-me, agora, para o caso em que, embora se parta do pressuposto de que o sistema de precificação funcione adequadamente (isto é, sem custos), a legislação determina que a empresa não pode ser responsabilizada por qualquer dos prejuízos que venha a causar. Esta empresa não tem de indenizar aqueles prejudicados por seus atos. Pretendo demonstrar que a alocação de recursos será a mesma neste caso, tal como ocorreu quando a empresa que produziu os danos podia ser responsabilizada pelos prejuízos causados. Uma vez que já demonstrei, no caso anterior, que a alocação de recursos era ótima, não será necessário repetir esta parte do argumento.

Retorno ao caso do agricultor e do pecuarista. O agricultor sofreria prejuízos maiores à sua plantação à medida que aumentasse seu rebanho. Parta do pressuposto de que o rebanho do pecuarista seja constituído por três bois (e que este é o tamanho do rebanho que seria mantido se não fossem levados em conta os estragos às plantações). Então, o agricultor estaria disposto a pagar até $ 3 se o pecuarista reduzisse seu rebanho a dois bois; até $ 5, se o rebanho fosse reduzido a um animal; e até $ 6, se fosse abandonada a criação de gado. Assim, o pecuarista receberia $ 3 do agricultor se criasse dois bois em vez de três. Esta perda de $ 3 é, portanto, parte dos custos incorridos ao criar um terceiro animal. Quer os $ 3 sejam uma quantia que o pecuarista deve pagar se acrescentar um terceiro animal a seu rebanho (e seria este o

Cap. 5 • O Problema do Custo Social

caso se o pecuarista fosse responsável perante o agricultor por estragos causados à plantação), quer sejam uma quantia de dinheiro que receberia se não criasse um terceiro animal (e seria este o caso se o pecuarista não fosse responsável perante o agricultor pelos estragos causados à plantação), o resultado final não seria afetado. Em ambos os casos, $ 3 são parte do custo do acréscimo de um animal, e devem ser somados aos demais custos. Se o aumento no valor da produção na pecuária devido ao aumento do tamanho do rebanho de dois a três bois for maior do que os custos adicionais inerentes a essa operação (incluindo os $ 3 pelos estragos às plantações), o tamanho do rebanho aumentará. Caso contrário, não aumentará. O tamanho do rebanho será o mesmo, quer o pecuarista seja responsável pelos estragos causados à colheita ou não.

Pode-se argumentar que foi arbitrário o ponto de partida escolhido – um rebanho de três bois. E isto é verdade. Mas o agricultor não estaria disposto a pagar para evitar a destruição de plantações que o pecuarista não fosse capaz de causar. Por exemplo, a quantia máxima que o agricultor poderia ser induzido a pagar anualmente não poderia ultrapassar $ 9, o custo anual para cercar sua propriedade. E o agricultor só estaria disposto a pagar esse montante se não reduzisse seu rendimento a um nível que poderia levá-lo a abandonar o cultivo dessa extensão de terreno em particular. Além disso, o agricultor só estaria disposto a pagar esse montante se acreditasse que, na ausência de qualquer pagamento feito por ele, o tamanho do rebanho mantido pelo pecuarista seria de quatro ou mais bois. Vamos supor que seja este o caso. Então, o agricultor estaria disposto a pagar até $ 3 se o pecuarista reduzisse seu rebanho a três bois; até $ 6, se o rebanho fosse reduzido a dois bois; até $ 8 se fosse criado apenas um boi; e até $ 9 se fosse abandonada a criação de gado. Nota-se que a mudança da suposição inicial não alterou o montante que reverteria para o pecuarista caso reduzisse o tamanho de seu rebanho em qualquer número específico. Continua sendo verdade que o pecuarista poderia receber $ 3 adicionais do agricultor caso concordasse em reduzir seu rebanho de três para dois bois, e que os $ 3 representam o valor da plantação que seria destruída pela adição de um terceiro boi ao rebanho. Embora uma opinião diferente por parte do agricultor (justificada ou não) sobre o tamanho do rebanho que o pecuarista manteria na ausência de pagamentos de sua parte possa afetar o valor total que ele pode ser induzido a pagar, não é verdade que essa opinião teria qualquer efeito sobre o tamanho do rebanho que o pecuarista manterá de fato. O tamanho do rebanho será idêntico àquele mantido na condição em que o pecuarista teria de pagar pelos estragos causados por seus bois, uma vez que a abdicação do recebimento de um determinado valor é equivalente a um pagamento da mesma quantia.

Pode-se pensar que compensaria, para o pecuarista, aumentar seu rebanho acima do tamanho que gostaria de manter, uma vez que foi concluído um acordo a fim de induzir o agricultor a fazer um pagamento total maior. E isso pode ser verdade. A natureza desta situação é similar aos atos do agricultor (quando o pecuarista podia ser responsabilizado pelos prejuízos causados) ao cultivar terras em que, como resultado de um acordo com o pecuarista, o plantio seria posteriormente abandonado (inclusive terras que não seriam cultivadas de modo algum se não houvesse criação de gado). Mas essas manobras são preliminares a um acordo e não afetam o equilíbrio no longo prazo, que é o mesmo, quer o pecuarista possa ser responsabilizado ou não por estragos causados por seu gado às plantações.

É necessário saber se a empresa que causa os danos pode ou não ser responsabilizada pelos prejuízos que causa, pois, sem o estabelecimento desta delimitação inicial dos direitos, não pode haver transações de mercado para transferi-los e recombiná-los. No entanto, o resultado final (que maximiza o valor de produção) independe do sistema jurídico desde que se assuma que o sistema de determinação de preços funcione sem custos.

V. O problema ilustrado de uma nova maneira

Os efeitos nocivos das atividades de uma empresa podem assumir uma grande variedade de formas. Um antigo caso inglês envolvia um edifício que, por obstruir correntes de ar, impedia o funcionamento de um moinho de vento.[6] Um caso recente, na Flórida, dizia

---

6 Ver Bowles, M. *Gale on easements*. 13. ed. London: Sweet & Maxwell, 1959. p. 237-239.

respeito a um edifício que projetava uma sombra sobre as cabanas, a piscina e as áreas de banhos de sol de um hotel vizinho.[7] O problema do gado desgarrado e dos estragos às plantações, que foi objeto de um exame detalhado nas duas seções anteriores, embora possa ter parecido um caso bastante especial, é, na verdade, apenas um exemplo de um problema que se coloca de diferentes maneiras. Para esclarecer a natureza de meu argumento e demonstrar a sua aplicabilidade geral, proponho ilustrá-lo de uma nova maneira, citando quatro casos reais.

Reconsideremos, primeiramente, o caso de *Sturges v. Bridgman*,[8] que usei como ilustração do problema geral em meu artigo sobre a "*Federal Communications Commission*". Neste caso, um confeiteiro (na rua Wigmore) utilizava dois almofarizes e pilões para realizar seu trabalho (um funcionava na mesma localização por mais de 60 anos e, o outro, por mais de 26 anos). Um dia, um médico veio a ocupar instalações vizinhas (na rua Wimpole). As máquinas do confeiteiro não causavam qualquer malefício ao médico até que, oito anos depois de ter se instalado, este construiu um consultório na extremidade de seu jardim, encostado à cozinha do confeiteiro. Foi então que o médico descobriu que o ruído e as vibrações causadas pelas máquinas do confeiteiro dificultavam o uso de seu novo consultório. "Em particular ... o ruído o impedia de auscultar seus pacientes para diagnosticar doenças do tórax. Também descobriu que era impossível realizar efetivamente qualquer tarefa que exigisse reflexão e atenção." Desta forma, o médico ajuizou uma ação judicial para forçar o confeiteiro a cessar o uso de suas máquinas. O julgador não teve dificuldade em conceder ao médico a ordem judicial que este buscava. "Casos individuais de adversidade podem ocorrer na execução rigorosa do princípio no qual baseamos nosso julgamento, mas a negação do princípio acarretaria adversidades individuais ainda maiores e, concomitantemente, produziria um efeito prejudicial sobre o desenvolvimento de terrenos para fins residenciais."

O tribunal decidiu que o médico tinha direito de impedir que o confeiteiro usasse suas máquinas. Mas, é claro, teria sido possível mo-

---

7   Ver Fountainebleau Hotel Corp. *v.* Forty-Five Twenty-Five, Inc., 114 So. 2d 237-59 (1959).
8   Sturges *v.* Bridgman, 1 Ch. D. 852 (1879).

dificar a solução vislumbrada pela decisão judicial por meio de uma negociação entre as partes. O médico poderia estar disposto a renunciar ao seu direito e permitir que as máquinas continuassem funcionando se o confeiteiro lhe pagasse uma quantia superior à perda de receitas acarretada pelo fato de o médico ter de se mudar para um local mais caro ou menos conveniente, ou por ter de reduzir as suas atividades neste local ou (o que foi sugerido como uma possibilidade) por ter de construir uma outra parede para amortecer o ruído e a vibração. O confeiteiro estaria disposto a fazer isso se o montante que teria de pagar ao médico fosse menor que a queda na renda que sofreria se tivesse de mudar seu modo de funcionamento neste local, de encerrar os seus negócios, ou de transferir sua confeitaria para outro local. A solução do problema depende essencialmente do fato de o uso continuado das máquinas acrescentar mais à renda do confeiteiro do que subtrair da renda do médico.[9] Imaginemos, agora, o que ocorreria se o confeiteiro tivesse ganhado a ação. O confeiteiro teria, então, o direito de continuar a usar suas máquinas geradoras de ruído e vibração sem nada ter de pagar ao médico. A situação estaria invertida: o médico teria de pagar ao confeiteiro para induzi-lo a parar de usar as máquinas. Se a renda do médico tivesse se reduzido mais devido à continuidade do uso dessas máquinas do que esse uso acresceria à renda do confeiteiro, haveria, é claro, espaço para uma negociação em que o médico pagaria ao confeiteiro para que cessasse o uso de suas máquinas.

Ou seja, as circunstâncias em que não valeria a pena para o confeiteiro continuar usando as máquinas e indenizar o médico pelos prejuízos que este uso acarretaria (se o médico tivesse o direito de impedir que o confeiteiro usasse suas máquinas) seriam aquelas em que interessaria ao médico efetuar um pagamento ao confeiteiro de forma a persuadi-lo a interromper o uso das máquinas (se o confeiteiro tivesse o direito de operar as máquinas). Neste caso, as condições básicas são idênticas às do exemplo em que o gado destruiu as plantações. Com transações de mercado sem custos, a decisão dos tribunais em matéria de responsabilização por prejuízos não teria efeito sobre a

---

9   Observe-se que o que se considera é a mudança na renda após serem permitidas alterações em métodos de produção, localização, características do produto etc.

Cap. 5 • O Problema do Custo Social

alocação de recursos. A opinião dos juízes, naturalmente, era de que influenciavam o funcionamento do sistema econômico – e numa direção desejável. Qualquer outra decisão teria "um efeito prejudicial sobre o desenvolvimento da terra para fins residenciais", argumento este ilustrado por meio da análise do exemplo de uma fundição que funcionava em um pântano improdutivo, cuja área foi posteriormente desenvolvida para fins residenciais. A opinião dos juízes de que determinavam o modo como a terra deveria ser usada seria verdadeira somente se os custos da realização das transações de mercado necessárias excedessem o ganho que poderia ser alcançado por um qualquer arranjo de direitos. E seria desejável a fim de preservar as áreas (a rua Wimpole ou o pântano) para uso residencial ou profissional (dando aos usuários não industriais, por ordem judicial, o direito de suspender o ruído, as vibrações, a fumaça etc.) somente se o valor das instalações residenciais adicionais obtidas fosse superior ao valor das perdas relativas aos bolos ou ao ferro. Mas os juízes parecem não se ter dado conta disso.

Outro exemplo do mesmo problema é fornecido pelo caso *Cooke v. Forbes.*[10] Um dos processos na tecelagem de esteiras de fibra de coco consistia em mergulhar as fibras em líquidos branqueadores, e depois pendurar para secar. Os gases emitidos por uma fábrica de sulfato de amônia tinham o efeito de modificar a cor brilhante das esteiras para uma cor opaca e escura. O motivo é que o líquido branqueador continha cloreto de estanho, o qual, quando afetado pelo hidrogênio sulfuroso, adquire uma coloração mais escura. Foi requerida uma ordem judicial para obrigar o fabricante a cessar a emissão de gases. Os advogados do réu alegaram que, se o autor "não usasse ... um determinado líquido de branqueamento, a fibra não seria afetada; que seu método de produção é atípico, não estando de acordo com as práticas da indústria, e sendo até mesmo prejudicial aos seus próprios tecidos." O juiz comentou: "... parece-me bastante claro que um indivíduo tem o direito de realizar, em sua propriedade, um processo de fabricação no qual utiliza cloreto de estanho, ou qualquer tipo de corante metálico, e que seu vizinho não tem a liberdade de emitir gases que interfiram

---

10 Cooke *v.* Forbes, 5 L.R.-Eq. 166 (1867-1868).

com sua fabricação. Se for possível determinar que tais gases foram emitidos pelo vizinho, então, entendo, com nitidez, que este indivíduo terá o direito de vir aqui e solicitar reparações judiciais." Mas, em vista do fato de que os danos foram acidentais e intermitentes, que cuidadosas precauções foram tomadas, e que não havia risco excepcional, foi indeferida a ordem judicial, tendo o autor a opção de intentar uma ação de indenização, caso desejasse. Não sei quais foram os desdobramentos subsequentes. Mas resta claro que, em essência, a situação é idêntica à encontrada em *Sturges v. Bridgman*, exceto que o fabricante de esteira de fibra de coco não conseguiu obter uma ordem judicial, mas teria de tentar obter uma indenização do fabricante de sulfato de amônia. A análise econômica da situação é exatamente igual àquela relativa ao gado que destruiu as plantações. Para evitar os danos, o fabricante do sulfato de amônia poderia intensificar suas formas de precaução ou se mudar para outro local. Presumivelmente, qualquer uma das opções aumentaria seus custos. Como alternativa, poderia pagar pelos danos. Isso ele faria se o pagamento por danos fosse inferior aos custos adicionais necessários para evitar os danos. Neste caso, os pagamentos por danos passariam a ser parte dos custos de produção do sulfato de amônia. Evidentemente, se, como foi sugerido no processo judicial com fundamento na lei, o montante dos prejuízos pudesse ser eliminado pela troca do agente branqueador (o que, provavelmente, aumentaria os custos do fabricante de esteiras), e se o custo adicional fosse menor que os danos que de outra forma ocorreriam, deveria ser possível para os dois fabricantes chegarem a um acordo mutuamente satisfatório por meio do qual fosse utilizado o novo agente branqueador. Se o tribunal tivesse decidido contra o fabricante de esteiras, tendo por consequência o fato de que este teria de sofrer os danos sem indenização, a alocação de recursos não teria sido afetada. Compensaria ao fabricante de esteiras trocar seu agente branqueador se o custo adicional acarretado fosse inferior à redução nos danos. E, uma vez que o fabricante de esteiras estaria disposto a pagar ao fabricante de sulfato de amônia uma quantia que chegasse a igualar sua perda de renda (o aumento dos custos ou dos prejuízos sofridos) se ele cessasse suas atividades, esta perda de renda permaneceria como um custo de produção para o fabricante de sulfato de amônia. Do ponto de vista analítico, este caso é, de fato, igual ao exemplo do gado.

Cap. 5 • O Problema do Custo Social

Bryant v. Lefever[11] trouxe à baila o problema da poluição pela fumaça de forma inusitada. O autor e os réus ocupavam casas contíguas, que tinham mais ou menos a mesma altura.

> "Antes de 1876, o autor podia acender a lareira em qualquer cômodo de sua casa sem que a chaminé jogasse fumaça para dentro da casa; as duas casas permaneceram nas mesmas condições por cerca de 30 ou 40 anos. Em 1876, os réus derrubaram sua casa e começaram a reconstruí-la. Erigiram uma parede ao lado das chaminés do autor com altura muito superior à original e empilharam madeira sobre o telhado de sua casa, de tal forma que as chaminés do autor enfumaçavam sempre que este acendesse uma lareira".

Evidentemente, o motivo pelo qual as chaminés enfumaçavam decorria da construção da parede e o empilhamento da madeira, que impediam a livre circulação do ar. Em um julgamento perante um júri, o autor recebeu uma indenização de £ 40. O processo seguiu, então, para a Corte de Apelações, onde a decisão foi revertida. Bramwell, L. J. argumentou:

> "... foi dito, e o júri entendeu, que os réus fizeram algo que causou uma perturbação,* mas que este não foi causado diretamente pelos réus. Eles nada fizeram para causar a perturbação. Sua casa e sua madeira são total-

---

11 Bryant *v.* Lefever, 4 C.P.D. 172 (1878-1879).

* **N.r.:** *Nuisance* no original. De forma genérica, *nuisance* é toda atividade que deriva de um uso não razoável, desleal ou injustificável da propriedade por seu titular, causando algum prejuízo ou obstáculo ao exercício do direito de outrem ou da coletividade e produzindo tal aborrecimento, desconforto e inconveniência que a lei o considera como causador de dano (*Black's Law Dictionary*. 5. ed. Boston, West, 1979). A figura jurídica de *nuisance*, proveniente da *Common Law*, não tem uma correspondência específica no direito brasileiro. No direito brasileiro é possível observar o descrito tanto em situações jurídicas que ensejem proteções possessórias por esbulho ou turbação da propriedade como também no âmbito do direito de vizinhança a partir da formulação geral da proibição de interferências prejudiciais. Ademais, a categoria mais abrangente de responsabilidade civil também pode ser, em determinadas circunstâncias, compatível com a figura jurídica da *nuisance*. Sendo assim, e dada a dificuldade de precisão terminológica enfrentada, preferiu-se adotar nesta tradução – feitas as ressalvas acima – majoritariamente, os termos perturbação e incômodos e, com menor frequência, danos e atos nocivos, como tradução de *nuisance*.

mente inofensivas. É o autor que causa a perturbação ao queimar carvão em um lugar no qual a chaminé está tão próxima da parede dos réus que a fumaça não escapa, mas entra na casa. Que o autor pare de acender sua lareira, que mova sua chaminé, que a torne mais alta, e não haverá nenhuma perturbação. Quem, então, causa o incômodo? Restaria muito claro que seria o autor, se tivesse construído a sua casa ou chaminé após os réus terem posto a madeira sobre a sua, e é de fato a mesma coisa, embora ele o tenha feito antes de a madeira estar lá. Mas (o que na verdade é a mesma resposta), se os réus causam a perturbação, eles têm o direito de fazê-lo. Se o autor não tem direito à passagem de ar, exceto sob condição do direito dos réus de construir ou colocar a madeira sobre sua casa, então o seu direito está condicionado ao direito deles e, apesar de um incômodo decorrer do exercício do direito deles, os réus não podem ser responsabilizados."

E L. J. Cotton afirmou:

"Aqui se verifica que a construção da parede dos réus interferiu de forma perceptível e material no conforto da existência humana na casa do autor, e se afirma que este é uma perturbação pela qual os réus devem ser responsabilizados. Normalmente é assim, mas os réus o fizeram não por enviar para a propriedade do autor qualquer fumaça ou vapores nocivos, mas por interromper a saída de fumaça da casa do autor de uma forma que (...) o autor não tem direito. O autor cria a fumaça, a qual interfere com o seu conforto. A não ser que ele tenha ... o direito de livrar-se disso de uma determinada maneira com a qual os réus interferiram, ele não pode processar os réus, porque a fumaça produzida por ele mesmo, para a qual ele não apresentou qualquer meio eficaz de escape, lhe causa incômodo. É como se um indivíduo tentasse livrar-se de dejetos líquidos provenientes de seu próprio terreno por um escoadouro para o terreno de seu vizinho. Até que um direito tenha sido adquirido pelo usuário, o vizinho pode interromper o escoamento, sem incorrer em responsabilidade por fazê-lo. Sem dúvida, um grande inconveniente seria causado ao proprietário do terreno onde se originam os dejetos líquidos. Mas o ato de seu vizinho seria um ato lícito, e ele não seria responsável pelas consequências atribuíveis ao fato de que o indivíduo houvesse acumulado dejetos sem providenciar qualquer meio eficaz de se livrar deles".

Não me proponho a mostrar que qualquer alteração posterior da situação, como resultado de negociações entre as partes (condicionadas pelo custo de empilhar a madeira em outro lugar, o custo de aumentar a altura da chaminé etc.), teria exatamente o mesmo resultado, qualquer que fosse a decisão dos tribunais, uma vez que este ponto já

Cap. 5 • O Problema do Custo Social

foi adequadamente debatido na discussão do exemplo do gado e nos dois casos anteriores. O que vou discutir é o argumento dos juízes da Corte de Apelações de que os danos pela fumaça não foram causados pelo indivíduo que ergueu a parede, mas pelo indivíduo que acendeu a lareira. A novidade da situação é que a perturbação da fumaça incomodava o indivíduo que acendeu a lareira, e não a uma terceira pessoa. A questão não é banal, uma vez que constitui o cerne do problema em discussão. Quem causou a perturbação pela fumaça? A resposta parece bastante clara. O incômodo pela fumaça foi causado *tanto* por aquele que construiu a parede *quanto* por aquele que acendeu a lareira. Dada a lareira, não teria havido nenhuma perturbação pela fumaça sem parede; dada a parede, não teria havido nenhuma perturbação pela fumaça incômoda sem a lareira. Eliminemos a parede ou a lareira e desapareceria a perturbação pela fumaça. De acordo com o princípio marginal, é evidente que *ambos* são responsáveis e *ambos* deveriam ser obrigados a incluir a perda de conforto, devido à fumaça, como um custo para decidirem se devem persistir na atividade que dá origem à fumaça. Dada a possibilidade de transações de mercado, isto é o que de fato aconteceria. Embora aquele que construiu a parede não fosse legalmente responsável pelo incômodo, uma vez que, presumivelmente, aquele cujas chaminés enfumaçavam estaria disposto a pagar um montante igual ao valor monetário que lhe representaria a eliminação da fumaça, esta quantia, portanto, passaria a ser, para o construtor da parede, o custo relativo de continuar a possuir uma parede alta com a madeira empilhada sobre o telhado.

A argumentação dos juízes de que foi o indivíduo que acendeu as lareiras que causou, por si só, o incômodo da fumaça só é verdadeiro se partirmos do pressuposto de que a parede é um fator dado. Foi o que fizeram os juízes ao decidir que o indivíduo que ergueu a parede mais alta tinha o direito de fazê-lo. O caso seria ainda mais interessante se a fumaça das chaminés tivesse prejudicado a madeira. Nesta hipótese, seria o construtor da parede que sofreria o dano. O caso seria, então, estreitamente paralelo a *Sturges v. Bridgman*, e não haveria dúvida de que o indivíduo que acendeu a lareira teria sido responsabilizado pelos prejuízos causados à madeira, apesar do fato de que nenhum dano tivesse ocorrido até que a parede alta fosse construída pelo indivíduo que possuía a madeira.

Os juízes têm de decidir a respeito da responsabilidade jurídica, mas isso não deve confundir os economistas quanto à natureza do problema econômico em questão. No caso do gado e das plantações, é verdade que, sem o gado, não haveria danos às colheitas. É igualmente verdade que, sem plantações, não haveria danos às colheitas. O trabalho do médico não teria sido perturbado se o confeiteiro não tivesse posto suas máquinas para funcionar, mas as máquinas não teriam perturbado ninguém se o médico não tivesse instalado seu consultório naquele lugar específico. As esteiras foram enegrecidas pelas emissões de gás do fabricante de sulfato de amônia, mas nenhum dano teria ocorrido se o fabricante de esteiras não tivesse decidido pendurar suas esteiras em um determinado lugar e usar um agente de branqueamento em particular. Se vamos discutir o problema em termos do nexo de causalidade, ambas as partes são responsáveis pelos danos. Se quisermos alcançar uma alocação ótima dos recursos, é desejável que ambas as partes levem em conta o efeito nocivo (o incômodo) ao decidirem que atos realizam. Uma das belezas de um sistema de determinação de preços em bom funcionamento é que, como já foi explicado, a queda no valor da produção devido ao efeito prejudicial seria um custo para ambas as partes.

Bass v. Gregory[12] servirá como excelente ilustração final do problema. Os autores eram os proprietários e o inquilino de um *pub* denominado *Jolly Anglers*. O réu era proprietário de algumas casas pequenas e de um quintal contíguo ao *Jolly Anglers*. Sob o *pub*, havia um porão escavado na rocha. A partir do porão, havia sido escavado um buraco ou túnel até um antigo poço situado no quintal do réu. Desta forma, o poço passou a ser o duto de ventilação do porão. O porão "fora utilizado para uma finalidade específica no processo de fabricação de cerveja, o qual, sem ventilação, não poderia ser executado". O motivo para a ação foi que o réu arrancou uma grade da boca do poço, "de modo a interromper ou impedir a livre passagem de ar do porão por meio do poço...". O que motivou o réu a tomar tal atitude não está claro nos autos do processo. Talvez "o ar... impregnado pelas operações de fabricação de cerveja", que "subia pelo poço e saía para o ar livre", lhe fosse desagradável. De qualquer forma, o proprietário

---

12 Bass *v.* Gregory, 25 Q.B.D. 481 (1890).

do terreno preferiu tampar o poço. O tribunal necessitou, primeiro, determinar se os proprietários do *pub* poderiam ter o direito a uma corrente de ar. Se tivessem esse direito, este processo deveria ser diferenciado de *Bryant v. Lefever* (já examinado). Isso, no entanto, não apresentava dificuldade. Neste caso, a corrente de ar se limitava a "um canal estritamente definido". No caso de *Bryant v. Lefever*, o que estava em questão era a "corrente de ar geral, comum a toda a humanidade". O juiz, portanto, decidiu que os donos do *pub* poderiam ter direito a uma corrente de ar, enquanto o dono da casa particular em *Bryant v. Lefever* não podia tê-lo. Um economista poderia ser tentado a acrescentar: "e, no entanto, o ar se move da mesma maneira". Nesta fase de discussão, porém, tudo o que se havia decidido foi que poderia haver um direito, não que os proprietários do *pub* detivessem esse direito. Mas as provas apresentadas demonstravam que o túnel do porão para o poço já existia havia mais de 40 anos, e que o uso do poço como túnel de ventilação deveria ter sido de conhecimento dos proprietários do quintal, uma vez que o ar, quando subia, trazia consigo o cheiro do processo de fabricação de cerveja. O juiz considerou, portanto, que o *pub* tinha tal direito com fundamento na "doutrina da concessão perdida" (*doctrine of lost Grant*). Esta doutrina afirma que, "se for comprovado que um direito existia e vinha sendo exercido há vários anos, deve-se presumir que teve origem legal."[13] Desta forma, o dono das casas e do quintal foi obrigado a desobstruir o poço e suportar o cheiro.

---

13 Seria plausível indagar por que não se poderia também presumir uma perda de concessão no caso do confeiteiro que utilizava seu cilindro havia mais de 60 anos. A resposta é que, até o médico construir seu consultório na extremidade do jardim, não havia perturbações. Portanto, o incômodo não fora contínuo durante muitos anos. É verdade que o confeiteiro, em seu depoimento, mencionou "uma senhora inválida que ocupara a casa em uma determinada ocasião, cerca de 30 anos antes", a qual "lhe pedira, se possível, que não empregasse os cilindros antes das oito horas da manhã", e que havia indícios de que o muro do jardim fora submetido a vibrações. Mas o tribunal não teve dificuldades em refutar esta linha de raciocínio: "... esta vibração, mesmo se existisse, era tão pequena, e a reclamação, se é que pode ser denominada reclamação, da senhora inválida (...) foi de teor tão desprezível, que (...) os atos do réu não teriam ensejado qualquer processo judicial fundado na lei ou de equidade" (11 Ch.D. 863). Quer dizer, o confeiteiro não cometera uma perturbação até o médico construir seu consultório.

Muitas vezes, parecerá estranha para o economista a fundamentação utilizada pelo juiz para determinar direitos legais, eis que para ele são irrelevantes muitos dos elementos em que a decisão se baseia. Devido a isso, situações que são idênticas, do ponto de vista econômico, serão tratadas de forma bastante diferente pelos tribunais. A questão econômica, em todos os casos de efeitos nocivos, é a de como maximizar o valor da produção. No caso *Bass v. Gregory*, puxava-se ar fresco pelo poço para facilitar a produção de cerveja, mas era expelido ar impuro pelo mesmo poço, o que tornava menos agradável a vida nas casas vizinhas. O problema econômico era decidir qual escolher: uma cerveja a menor custo e menos conforto nas casas adjacentes; ou um custo maior para a cerveja e maior conforto. Para decidir esta questão, a "doutrina da concessão perdida" é quase tão relevante quanto a cor dos olhos do juiz. Mas é preciso lembrar que a questão imediata enfrentada pelos tribunais *não* é o que deve ser feito por quem, *mas* quem tem o direito de fazer o quê. É sempre possível modificar a delimitação legal inicial dos direitos por meio de transações de mercado. E, é claro, se tais transações de mercado são sem custos, essa reorganização dos direitos sempre ocorrerá se levar a um aumento no valor da produção.

VI. Levando em conta o custo das transações de mercado

Até este ponto, o argumento se baseou no pressuposto (explícito nas seções III e IV e tácito na seção V) de que não há custos envolvidos na realização de transações de mercado. Este é, naturalmente, um pressuposto muito pouco realista. A fim de efetuar uma transação no mercado, é necessário descobrir com quem se deseja fazer a transação, informar às pessoas que se quer fazer a transação e em que termos, conduzir negociações que levam a um acordo, redigir o contrato, realizar a inspeção necessária para assegurar que os termos do contrato estão sendo cumpridos, e assim por diante. Com frequência, estas operações são extremamente dispendiosas, ou, de qualquer modo, custosas o suficiente para inviabilizar muitas operações que seriam realizadas em um mundo no qual o sistema de determinação de preços funcionasse sem custos.

Cap. 5 • O Problema do Custo Social

Nas seções anteriores, quando tratei do problema do rearranjo dos direitos por meio do mercado, argumentei que essa realocação seria realizada sempre que produzisse um aumento no valor da produção. Mas este argumento pressupunha as transações de mercado como sendo sem custos. Uma vez que se levam em conta os custos de realização de transações de mercado, é claro que essa realocação dos direitos só ocorrerá se o aumento do valor da produção como consequência do rearranjo for maior do que os custos incorridos para implementá-lo. Quando tal aumento for menor do que os custos, a concessão de uma ordem judicial (ou o conhecimento de que seria concedida), ou a obrigação de pagar pelos danos, podem ter como resultado o encerramento de uma atividade (ou podem impedir que seja iniciada) que seria empreendida se as transações de mercado ocorressem sem custo. Nessas condições, a delimitação inicial de direitos tem sim efeitos sobre a eficiência com que o sistema econômico opera. Um determinado arranjo de direitos pode propiciar um valor de produção maior do que qualquer outro. Mas, a menos que este seja o arranjo de direitos estabelecido pelo sistema jurídico, os custos para atingir os mesmos resultados através da alteração e combinação de direitos por meio do mercado podem ser tão elevados que este arranjo ótimo dos direitos, bem como o maior valor de produção que ele traria, pode nunca ser alcançado. Na próxima seção, será discutido o papel desempenhado pelas considerações econômicas no processo de delimitação de direitos. Nessa seção, assumirei como dados a delimitação inicial de direitos e os custos de realização de transações de mercado.

Está claro que seria possível elevar o valor da produção por meio de uma forma alternativa de organização econômica que obtivesse o mesmo resultado com menos custos do que seriam incorridos pela utilização do mercado. Como expliquei há muitos anos, a firma representa esta alternativa à organização da produção por meio das transações de mercado.[14] Dentro da firma, são eliminadas as negociações individuais entre os vários fatores de produção cooperativos, e uma transação de mercado é substituída por uma decisão administrativa. A reorganização da produção ocorre, portanto, sem a necessidade de

---

14 Ver "A natureza da firma", p. 33-55.

negociação entre os proprietários dos fatores de produção. Um proprietário de terras que tem controle de uma grande área pode utilizá-la de várias maneiras, tendo em conta o efeito que terão as inter-relações das diversas atividades sobre o lucro líquido provindo da terra, tornando, assim, desnecessárias as negociações entre os que realizam as diversas atividades. Os proprietários de um edifício de grandes dimensões ou de várias propriedades adjacentes em uma determinada área podem agir de modo muito semelhante. Com efeito, com base em nossa terminologia anterior, a firma adquiriria os direitos de todas as partes, e o rearranjo das atividades não resultaria de uma reorganização dos direitos por contrato, mas seria resultado de uma decisão administrativa sobre o modo como os direitos devem ser utilizados.

Não decorre daí, é evidente, que os custos administrativos da organização de uma transação por meio de uma firma sejam inevitavelmente inferiores aos custos das transações de mercado que são suplantados. No entanto, nas situações em que a elaboração dos contratos é particularmente difícil e a tentativa de descrever o que as partes concordaram ou não (por exemplo, a quantidade e o tipo de cheiro ou barulho que podem gerar ou não gerar) exigiria a elaboração de um documento extenso e altamente detalhado, e quando, como é provável, seria mais conveniente um contrato de longo prazo,[15] não surpreenderia se o surgimento de uma firma, ou a ampliação de suas atividades existentes fosse a solução adotada em muitas ocasiões para lidar com o problema dos efeitos nocivos. Esta solução será adotada sempre que os custos administrativos da firma forem inferiores aos custos das transações de mercado que suplanta, e os ganhos que resultariam da reorganização das atividades fossem superiores aos custos da firma para organizá-los. Não preciso analisar em detalhes o caráter dessa solução, pois, em meu artigo anterior, já expliquei o que está em jogo.

Mas a firma não é a única resposta possível para este problema. Também podem ser elevados os custos administrativos de organizar as transações dentro da firma, especialmente quando muitas atividades diversas se encontram sob o controle de uma única organização.

---

15 Com relação aos motivos explicados em meu artigo anterior, ver "A natureza da firma", p. 39.

Cap. 5 • O Problema do Custo Social

No caso padrão de uma perturbação causada pela fumaça, que pode afetar um grande número de pessoas engajadas em uma ampla variedade de atividades, os custos administrativos podem ser tão elevados que impossibilitem qualquer tentativa de lidar com o problema dentro dos limites de uma única firma. Uma solução alternativa é a regulação governamental direta. Em vez de instituir um sistema de direitos que podem ser modificados por transações de mercado, o governo pode impor regras que estabelecem o que as pessoas devem ou não fazer e que têm de ser obedecidas. Assim, o governo (por lei ou, talvez, mais provavelmente, por meio de uma entidade de direito administrativo) pode, para lidar com o problema da perturbação pela fumaça, determinar que certos métodos de produção devem ou não ser utilizados (por exemplo, que devem ser instalados dispositivos que eliminam a fumaça ou que não se deve queimar carvão ou petróleo) ou pode restringir determinados tipos de atividades comerciais a alguns bairros (políticas de zoneamento).

O governo é, em certo sentido, uma superfirma (mas de um tipo muito especial), pois é capaz de influenciar a utilização dos fatores de produção mediante decisões administrativas. Mas a firma comum está sujeita a controles em suas operações tanto em razão da concorrência de outras firmas capazes de administrar as mesmas atividades a um custo menor quanto da existência da alternativa de transações de mercado em lugar da organização dentro da firma se os custos administrativos vierem a se tornar grandes demais. O governo pode, se desejar, evitar completamente o mercado, algo que uma firma jamais pode fazer. A firma tem de realizar acordos com os proprietários dos fatores de produção que utiliza. Da mesma forma que o governo pode requisitar ou apreender bens, também pode decretar que os fatores de produção devam ser utilizados apenas de determinada forma. Esses métodos autoritários evitam muitos problemas (para os responsáveis pela organização). Além disso, o governo dispõe da polícia e de outros meios coercitivos de aplicar a lei para garantir que suas regras sejam cumpridas.

É claro que o governo tem poderes que lhe permitem realizar determinados atos a custos inferiores aos de uma organização privada (ou, pelo menos, uma organização sem poderes governamentais especiais). No entanto, a máquina administrativa do governo não é isenta de custos. Ela pode em determinadas circunstâncias ser de fato extremamente onerosa. Além disso, não há razão para supor que regulações restritivas e de zoneamento, criadas por uma administração falível e sujeitas a pressões políticas, que funciona sem qualquer controle competitivo, serão sempre, necessariamente, capazes de aumentar a eficiência com que funciona o sistema econômico. Além disso, essas normas gerais, que deverão ser aplicadas a uma ampla variedade de casos, serão impostas em algumas situações para as quais são visivelmente inadequadas. A partir destas considerações, conclui-se que a regulação governamental direta não produzirá, necessariamente, melhores resultados do que deixar que o mercado ou a firma resolvam o problema. Do mesmo modo, porém, não há razão pela qual a regulação administrativa governamental, em determinadas ocasiões, não possa conduzir a uma melhora da eficiência econômica. Esta situação parece particularmente provável quando, tal como no caso da perturbação pela fumaça, estiver em jogo um grande número de pessoas, de tal forma que os custos da resolução do problema por meio do mercado ou da firma forem elevados.

Há, é claro, mais uma alternativa, que é não fazer nada a respeito do problema. E, dado que os custos gerados pela resolução do problema por meio de regulações estabelecidas pela máquina administrativa governamental serão, muitas vezes, elevados (especialmente se forem interpretados de modo a incluir todas as consequências que decorrem de o governo se envolver neste tipo de atividade), sem dúvida será frequente que os ganhos a serem obtidos pela regulamentação das atividades que dão origem aos efeitos nocivos serão inferiores aos custos da regulação governamental.

A discussão do problema dos efeitos nocivos efetuada nesta seção (quando se levam em conta os custos das transações de mercado) é extremamente inadequada. Mas, pelo menos, evidencia que o problema está na escolha da organização social adequada para lidar com os efeitos nocivos. Todas as soluções têm custos, e não há razão alguma para supor que seja necessária a regulamentação governamental simplesmente porque o problema não é solucionado de modo adequado pelo mercado ou pela firma. Opiniões satisfatórias sobre a política aplicada só podem decorrer de um cuidadoso estudo de como, na prática, o mercado, as firmas e os governos lidam com o problema dos efeitos nocivos. Os economistas precisam estudar o trabalho do intermediário que aproxima as partes, a eficácia de obrigações restritivas, os problemas da empresa de desenvolvimento imobiliário de grande escala, o modo como funciona o zoneamento pelo governo e suas demais atividades regulatórias. Minha convicção é de que os economistas e aqueles que tomam decisões políticas, em geral, tendem a superestimar as vantagens que advêm da regulação governamental. Mas esta crença, mesmo que justificada, não vai além de sugerir que essa regulação deve ser reduzida. Não nos diz onde devem ser traçados os limites. Esta definição, a meu ver, tem de resultar de uma investigação detalhada dos resultados reais obtidos por diversas maneiras de lidar com o problema. Mas seria lamentável se esta investigação fosse realizada com o auxílio de uma análise econômica falha. O objetivo deste artigo é apontar qual deveria ser a abordagem econômica adequada para o problema.

VII. A delimitação jurídica dos direitos e o problema econômico

A discussão da seção V não serviu apenas para ilustrar o argumento, mas também forneceu um breve exame da abordagem jurídica para o problema dos efeitos nocivos. Os casos analisados eram todos ingleses, mas seria fácil selecionar casos americanos similares e então a natureza do raciocínio teria sido idêntica. É claro que, se as transações de mercado fossem sem custo, importaria apenas (sem considerar questões de equidade) que os direitos das várias partes sejam bem definidos e os resultados de ações judiciais fáceis de prever. Mas, como vimos, a situação é muito diferente quando as transações de mercado são tão dispendiosas que dificultam uma modificação do regime de direitos estabelecido pelo ordenamento jurídico. Nesses casos, os tribunais influenciam a atividade econômica de modo direto. Por conseguinte, pareceria ser benéfico que os tribunais tivessem uma boa compreensão das consequências econômicas de suas decisões, bem como que, na medida do possível, sem criar demasiada incerteza sobre a situação jurídica em si, levassem em conta essas consequências ao tomar suas decisões. Mesmo quando é possível alterar a delimitação legal dos direitos por meio de transações de mercado, é obviamente proveitoso reduzir a necessidade de tais transações e, portanto, reduzir o emprego de recursos para a sua realização.

Seria de grande interesse uma análise profunda dos pressupostos considerados pelos tribunais ao julgarem tais casos, mas não fui capaz de realizá-la. No entanto, basta um estudo rápido e superficial para revelar que os tribunais frequentemente reconheceram as implicações econômicas de suas decisões e estão conscientes (ao contrário de muitos economistas) da natureza recíproca do problema. Além disso, de tempos em tempos, levam em conta essas implicações econômicas, juntamente com outros fatores, ao tomarem suas decisões. Autores norte-americanos que abordam este assunto referem-se à questão de forma mais explícita que os britânicos. Assim, para citar Prosser, em *Torts*, um indivíduo pode

"fazer uso de sua própria propriedade ou (...) conduzir os seus negócios à custa de algum prejuízo para seus vizinhos. Pode pôr em funcionamento uma fábrica cujos ruído e fumaça causem algum desconforto a outros, desde que se mantenha dentro de limites razoáveis. Apenas quando o seu comportamento deixa de ser razoável, *em função da sua utilidade e do dano que resulta* [grifo meu], que se torna um incômodo (...) Como foi dito em um antigo caso relacionado à fabricação de velas em uma cidade, '*Le utility del chose excusera le noisomeness del stink*'.

O mundo precisa ter fábricas, fundições, refinarias de petróleo, máquinas barulhentas e explosões, mesmo à custa de alguns inconvenientes para com os vizinhos, e o autor pode ser obrigado a aceitar algum desconforto não desproporcitado em nome do bem comum".[16]

Os autores britânicos típicos não indicam de forma tão explícita que uma comparação entre a utilidade e o prejuízo produzido seja um elemento importante para decidir se um efeito nocivo deve ser conside-

---

16 Ver Prosser, William L. *Handbook of the Law of Torts*. 2. ed. St. Paul, Minn.: West Publishing Co., 1955. p. 398-99, 412. A citação do antigo processo relativo à fabricação de velas foi retirado de Sir James Fitzjames Stephen, *A general view of the Criminal Law of England*. 2. ed. London: Macmillan & Co., 1890. p. 106. Sir James Stephen não fornece referências. Talvez tivesse em mente *Rex. v. Ronkett*, incluído em Warren A. Seavey, Keeton and Thurston, *Cases and materials on the Law of Torts*. St. Paul, Minn.: West Publishing Co., 1950. p. 604. Uma visão semelhante à expressa por Prosser pode ser encontrada em Fowler V. Harper and Fleming James Jr., *The Law of Torts*. 2. ed. Boston: Little Brown, 1956. p. 67-74; Restatement, Torts §§ 826, 827, e 828.

rado um dano. Mas há opiniões semelhantes, embora expressas de modo menos contundente.[17] Sem dúvida, a doutrina de que os efeitos nocivos precisam ser vultosos antes que os tribunais entrem em ação é, em parte, um reflexo do fato de que quase sempre haverá algum ganho para compensar as perdas. Nos relatórios de casos individuais, fica evidente que os juízes consideraram o que seria perdido e o que seria ganho ao decidir a respeito da concessão de uma ordem judicial ou de uma indenização por perdas e danos. Assim, ao se recusar a evitar a destruição da paisagem decorrente da construção de um novo prédio, o juiz declarou:

> "Não conheço qualquer regra geral no sistema de *common law* que (...) afirme que construir de forma a ocultar a vista do outro seja uma perturbação. Fosse esse o caso, não haveria grandes cidades; e eu teria de conceder ordens judiciais a todos os novos edifícios na cidade".[18]

Em *Webb v. Bird*,[19] foi decidido que não era uma perturbação construir uma escola tão perto de um moinho de vento que obstruísse as correntes de ar e prejudicasse o funcionamento do moinho. Um caso anterior parece ter sido decidido em direção oposta. Gale comenta:

> "Em mapas antigos de Londres, via-se uma fila de moinhos de vento nas colinas ao norte da cidade. Provavelmente, no tempo do Rei James, seria considerada uma situação alarmante que alguém construísse perto deles a ponto de interferir no fluxo do vento de suas pás, pois poderia afetar o abastecimento de alimentos para a cidade".[20]

Em um dos casos discutidos na seção V, *Sturges v. Bridgman*, parece claro que os juízes refletiram sobre as consequências econômicas

---

17 Ver Winfield, Sir Percy H. *Winfield on Torts*. 6. ed. por T. E. Lewis, London: Sweet & Maxwell, 1954; Salmond, John W. *Salmond on the Law of Torts*. 12. ed. por R. F. V. Houston, London: Sweet & Maxwell, 1957. p. 181-90; Street, Harry. *The Law of Torts*. 2. ed. London: Butterworth, 1959. p. 221-29.

18 Attorney General *v.* Doughty, 2 Ves. Se. 453, 28 Eng. Rep. 290 (Ch. 1752). Compare-se, em relação a este assunto, a opinião de um juiz americano, citado em Prosser, *Law of Torts*. p. 413, n. 54: "Sem fumaça, Pittsburgh teria permanecido um bonito vilarejo", Musmanno, J., em Versailles Borough *v.* McKessport Coal & Coke Co., 83 Pitts. Leg. J. 379, 385, 1935.

19 Webb *v.* Bird, 10 C.B. (N.S.) 268, 142 Eng. Rep. 445 (1861); 13 C.B. (N.S.) 841, 143 Eng. Rep. 332 (1863).

20 Ver *Gale on easements*. p. 238, n. 6.

de decisões alternativas possíveis. Quanto ao argumento de que, se o princípio que pareciam estar seguindo

"fosse levado às suas consequências lógicas, resultaria no mais grave inconveniente prático, pois um indivíduo poderia dirigir-se – digamos, às profundezas dos curtumes de Bermondsey, ou a qualquer outra localidade dedicada a qualquer ofício ou manufatura em particular, de caráter ruidoso ou repulsivo, e, pela construção de uma residência particular sobre um pedaço de terra ociosa, dar total fim ao comércio ou manufatura..."

Os juízes responderam que

"se algo constitui uma perturbação ou não é uma questão a ser determinada não apenas por um exame abstrato da matéria em si, mas em referência às suas circunstâncias; o que seria uma perturbação em *Belgrave Square* não o seria necessariamente em *Bermondsey*; e onde uma localidade é dedicada a um determinado ofício ou manufatura exercidos pelos comerciantes ou manufatores de maneira definida e habitual, não estabelecendo uma perturbação da ordem pública, juízes e jurados estarão justificados em decidir, e pode-se ter confiança de que decidirão, que o comércio ou manufatura de tal forma realizados naquela localidade não são um dano privado ou ato passível de uma ação judicial".[21]

Que as características do bairro são relevantes para decidir se algo é ou não uma perturbação resta, portanto, definitivamente estabelecido.

"Quem não gosta do barulho do trânsito não deve estabelecer sua residência no coração de uma grande cidade. Aquele que ama a paz e a tranquilidade não precisa viver em uma localidade dedicada à atividade de fabricar caldeiras ou navios a vapor".[22]

O que resultou daí foi descrito como "planejamento e zoneamento pelo Poder Judiciário".[23] Decerto que, por vezes, há dificuldades consideráveis na aplicação desses critérios.[24]

---

21 11 Ch. D. 865 (1879).
22 Salmond. *Law of Torts*. p. 182.
23 Haar, Charles M. *Land-use planning, a casebook on the use, misuse, and re-use of urban land*. Boston: Little Brown, 1959. p. 95.
24 Ver, por exemplo, Rushmer *v.* Polsue and Alfieri, Ltd. [1906] 1 Ch. 234, que trata do processo de uma casa em local silencioso em um distrito ruidoso.

Um exemplo interessante do problema está em *Adams v. Ursell*,[25] no qual uma loja de peixe frito em um bairro predominantemente da classe trabalhadora estabeleceu-se próximo de casas de "caráter muito mais fino". A Inglaterra sem *fish-and-chips* (peixe frito à *doré* com batatas fritas) é uma contradição em termos e, obviamente, o caso teve grande importância. O juiz comentou:

> "Alegou-se que uma ordem judicial poderia causar grandes dificuldades ao réu e às pobres pessoas que compram o alimento em sua loja. A resposta para isso é que não resulta daí que o réu não pode exercer a sua atividade noutro local mais adequado em algum lugar do bairro. E de modo algum resulta daí que porque uma loja que vende peixe frito possa ser um incômodo em um lugar, necessariamente será um incômodo em outro".

Na verdade, a ordem judicial que impediu Ursell de manter seu negócio não abrangia nem sequer a rua toda. Desta forma, presume-se que Ursell poderia mudar-se para outras instalações próximas de casas de "caráter muito pior", cujos habitantes, sem dúvida, considerariam que a disponibilidade de *fish-and-chips* suplantava o odor penetrante e o "nevoeiro ou névoa" tão graficamente descritos pelo autor da ação. Se não houvesse "local mais adequado em algum outro lugar do bairro", o caso teria sido mais difícil, e a decisão poderia ter sido diferente. O que comeriam "as pobres pessoas"? Nenhum juiz inglês teria dito: "Que comam brioches".

Os tribunais não se referem sempre de forma muito clara ao problema econômico acarretado pelos processos apresentados a eles, mas parece provável que, na interpretação de palavras e frases como "razoável" ou "uso comum ou normal", haja algum reconhecimento, talvez em grande parte inconsciente, e decerto não muito explícito, dos aspectos econômicos da questão em causa. Bom exemplo disto pode ser a sentença da Corte de Apelações em *Andreae v. Selfridge and Company Ltd.*[26] Neste caso, um hotel (na rua Wigmore) situava-se sobre parte de uma ilha. A parte restante da ilha foi adquirida pela Selfridges, que mandou demolir os prédios existentes para construir um

---

25 Adams *v.* Ursell, [1913] I Ch. 269.
26 Andreae *v.* Selfridge and Company Ltd., [1938] 1 Ch. I.

outro em seu lugar. O hotel sofreu uma perda de clientela em consequência do ruído e da poeira causados pela demolição. O proprietário do hotel entrou com uma ação de reparação de danos contra a Selfridges. Em primeira instância, foi outorgada ao hotel uma indenização de £ 4.500. Seguiu-se, então, uma apelação.

O juiz de primeira instância que havia decidido a favor ao dono do hotel afirmou:

> "Não posso considerar o que os réus fizeram no local da primeira operação como algo realizado no uso comum e normal da ocupação de terrenos ou casas. Não é comum, nem habitual, neste país, que as pessoas escavem um local a uma profundidade de 60 pés e, em seguida, ergam, neste local, uma estrutura de aço e prendam as armações de aço umas às outras com rebites. (...) Tampouco é, acredito, um uso comum ou corriqueiro da terra, neste país, agir como o fizeram os réus quando lidaram com o local de sua segunda operação – a saber, a demolição de todas as casas que tiveram de demolir, cinco ou seis delas, creio, se não mais, e, com a finalidade de demoli-las, utilizar martelos pneumáticos".

Sir Wilfred Green, M. R., falando pela Corte de Apelações, observou, primeiramente

> "que, quando se trata de operações temporárias, tal como demolição e reconstrução, todos precisam tolerar certo desconforto, porque as operações desse tipo não podem ser levadas a cabo sem certa quantidade de ruído e certa quantidade de poeira. Portanto, a regra, no que diz respeito à interferência, deve ser interpretada sujeitando-se a esta qualificação".

Fez, então, referência ao julgamento anterior:

> "Com grande respeito ao douto juiz, considero que ele não abordou esta questão do ponto de vista correto. Parece-me que não é possível dizer (...) que o tipo de trabalho de demolição, escavação e construção que a empresa ré efetuou no decorrer dessas operações seria de natureza tão anormal e inusitada que impedisse a aplicabilidade da qualificação a que me referi. Parece-me que, quando a regra fala do uso comum ou corriqueiro da terra, isso não significa que os métodos de utilização de terrenos e de construção sobre eles estejam, de alguma forma, estabelecidos para sempre. Conforme passa o tempo, novas invenções ou novos métodos permitem um uso mais lucrativo da terra, seja por escavar terra abaixo ou seja por construir em direção aos céus. Se, de outros pontos de vista, esta é uma

possibilidade benéfica para a humanidade ou não, isso não vem ao caso; mas é parte do uso normal da terra, de fazer uso em sua terra, em matéria de construção, do tipo específico e da profundidade particular de fundações e da altura particular da edificação que venha a ser razoável, nessas circunstâncias, e tendo em conta a tecnologia do seu tempo... Hóspedes de hotéis se perturbam com muita facilidade. Aqueles que frequentavam este hotel, que estavam acostumados a uma paisagem tranquila na parte de trás, ao retornarem, encontraram a demolição e a construção em andamento, podem muito bem ter assumido a opinião de que os méritos específicos deste hotel já não existiam. Isso seria um infortúnio para a autora; mas, admitindo que não houvesse nada de errado nas obras da empresa ré, considerando que a empresa ré estava efetuando sua demolição e sua construção, embora estes pudessem produzir ruídos, com todo o conhecimento profissional razoável, e tomando todas as precauções razoáveis para não causar incômodo aos seus vizinhos, então, a autora poderá perder todos os seus clientes no hotel da mesma forma, pois eles perderam o conforto de um lugar aberto e tranquilo nos fundos e não teria nenhum motivo de queixa... [Mas aqueles] que dizem que sua interferência com o conforto de seus vizinhos é justificada, porque suas operações são normais e habituais e conduzidas com a devida atenção e habilidade têm um dever específico (...) a utilização desses cuidados e habilidade razoáveis e adequados. Não é uma atitude correta dizer: 'Continuaremos a fazer o que quisermos até que alguém reclame!' ... Seu dever é tomar as devidas precauções e assegurar-se de que o incômodo seja reduzido ao mínimo. Não é uma resposta válida que digam: 'Mas isso significaria que teríamos de realizar o trabalho de modo mais lento do que gostaríamos, ou isso implicaria causar-nos algumas despesas extras'. Todas essas questões são matéria de senso comum e de gradação, e está muito claro que não seria razoável esperar que as pessoas realizassem seus trabalhos de modo tão lento ou tão caro, com a finalidade de evitar a inconveniência passageira, que o custo e as providências se tornassem proibitivos... Neste caso, a atitude da empresa ré parece ter sido seguir em frente até que alguém reclamasse, e, além disso, que o seu desejo de apressar o trabalho e de conduzi-lo de acordo com suas próprias ideias e sua própria conveniência deveria prevalecer se houvesse um real conflito entre ela e o conforto de seus vizinhos. Isto (…) não significa cumprir as obrigações de usar o devido cuidado e conhecimento profissional... O efeito chega a isso (...) a autora foi submetida a uma perturbação indenizável; ... e tem direito, não a uma quantia nominal, mas a uma quantia substancial, com base nesses princípios (...) mas, para chegar à quantia (...) descontei qualquer perda de clientela (...) que pode ser devida à perda de conforto em geral, devido ao que estava acontecendo nos fundos..."

O resultado foi que a indenização foi reduzida de £ 4.500 a £ 1.000.

A discussão desta seção preocupou-se, até este ponto, com as decisões judiciais decorrentes da *common law* no contexto de perturbações à esfera jurídica da propriedade alheia A delimitação dos direitos nesta área também é determinada por disposições legais. A maioria dos economistas parece assumir que o objetivo das ações do governo nesta matéria é ampliar o escopo da legislação relativa a essas perturbações ao designar como nocivas atividades que não seriam assim reconhecidas pela *common law*. E não pode haver dúvida de que algumas leis, por exemplo, os *Public Health Act* (Atos da Saúde Pública), tiveram esse efeito. Mas nem todas as leis promulgadas pelo governo são deste tipo. O efeito da maior parte da legislação nesta área é proteger as empresas contra as reivindicações daqueles que foram prejudicados por seus atos. Há uma longa lista de perturbações e incômodos legalizados.

A situação foi resumida em *Halsbury's Laws of England*, como segue:

> "Quando o Poder Legislativo determina que algo deve, em todos os casos, ser realizado, ou autoriza obras em um lugar determinado para fins específicos ou concede poderes com a intenção de que sejam exercidos, embora deixando alguma margem de discricionariedade quanto ao modo de exercício, nenhuma ação se abrigará na *common law* contra incômodos ou danos que sejam resultado inevitável da efetivação dos poderes concedidos por lei. Tal ocorre quer o ato causador do dano tenha sido autorizado para fins de interesse público ou para lucro privado. Atos praticados ao abrigo de poderes concedidos por pessoas às quais o Parlamento delegou autoridade para a concessão de tais poderes, por exemplo, sob as ordens provisórias da Comissão de Comércio (*Board of Trade*), são considerados como tendo sido praticados sob autoridade legal. Na ausência de negligência, parece que um órgão que exerce poderes legais não será responsabilizado em uma ação judicial apenas porque poderia, ao agir de uma forma diferente, ter minimizado os danos".

São oferecidos, em seguida, exemplos da ausência de responsabilidade por atos autorizados:

> "Julgou-se que uma ação judicial não era contrária a um órgão que exerce seus poderes legais sem negligência em relação ao alagamento de terras pela água que extravasa de cursos de água, das tubulações de água, de escoadouros, ou de um canal; ao escape de gases de esgotos; ao vazamento

de esgotos; ao afundamento de uma estrada sobre um esgoto; à vibração ou ruído causados por uma estrada de ferro; aos incêndios causados por atos autorizados; à poluição de um córrego quando foram satisfeitos os requisitos legais para usar o método mais conhecido de purificação antes da descarga dos efluentes; à interferência com o sistema telefônico ou telegráfico por trilhos de bonde elétrico; à inserção de estacas no subsolo para atender a bondes elétricos; ao aborrecimento causado por coisas que sejam razoavelmente necessárias para a escavação de obras autorizadas; aos danos acidentais causados pela colocação de uma grade em uma estrada; ao escape dos ácidos do alcatrão; ou à interferência com o acesso de um ocupante do terreno por um abrigo contra o mau tempo ou por grades de segurança na borda de uma calçada".[27]

A situação jurídica nos Estados Unidos pareceria ser, essencialmente, igual à da Inglaterra, exceto que, naquele país, o poder do Legislativo para autorizar o que, de outra forma, seriam danos causados por perturbações segundo a *common law*, pelo menos na falta de pagamento de uma indenização à pessoa lesada, é um pouco mais limitado, uma vez que está sujeito a restrições constitucionais.[28] No entanto, o poder existe e podem-se encontrar casos mais ou menos idênticos aos ingleses. A questão tem surgido de forma aguda em conexão com aeroportos e a operação de aeronaves. Um bom exemplo é o caso da *Delta Air Corporation v. Kersey, Kersey v. City of Atlanta*.[29] Kersey adquiriu um terreno e nele construiu uma casa. Alguns anos mais tarde, a cidade de Atlanta construiu um aeroporto em terras diretamente contíguas às de Kersey. Foi explicado que sua propriedade era "um local calmo, tranquilo e adequado para uma casa antes de o aeroporto ser construído, mas a poeira, os ruídos e os voos baixos dos aviões contingentes ao funcionamento do aeroporto tornaram sua propriedade inadequada como um lar", uma situação que foi descrita, nos autos do processo, com uma riqueza angustiante de detalhes. O juiz se referiu primeiro a um processo anterior, *Thrasher v. City of*

---

27 John Anthony Hardinge Giffard, 3rd Earl of Halsbury, ed., "Public Authorities and Public Officers", *Halsbury's Laws of England*. 3. ed. London: Butterworth, 1960. v. 30, p. 690-691.

28 Ver Prosser. *Law of Torts*. p. 421; Harper; James. *Law of Torts*. p. 86-87.

29 Delta Air Corporation *v.* Kersey, Kersey *v.* City of Atlanta, Supreme Court of Georgia, 193 Ga. 862, 20 S.E. 2d 245 (1942).

Atlanta,[30] em que se indicou que a cidade de Atlanta tinha sido expressamente autorizada a operar um aeroporto.

> "Por meio desta concessão, a aviação foi reconhecida como uma atividade legal e também como uma atividade dotada de interesse público (...) todos os indivíduos que usam [o] aeroporto na forma prevista na lei fazem-no ao abrigo e com a imunidade da concessão outorgada pelo município. Um aeroporto, por si só, não constitui um incômodo, embora possa vir a sê-lo devido ao modo como foi construído ou por seu modo de operação".

Uma vez que a aviação constituía uma atividade legal dotada de interesse público e a construção do aeroporto fora autorizada por lei, o juiz referiu-se, em seguida, a *Georgia Railroad and Banking Co. v. Maddox*,[31] em que se afirmou:

> "Onde um pátio de manobras ferroviário estiver localizado e sua construção for autorizada, ao abrigo de poderes legais, se for construído e operado de forma adequada, não pode ser julgado como um incômodo ou perturbação. Portanto, danos e inconvenientes para as pessoas que residam próximo a tal pátio, provindos do ruído de locomotivas, do barulho dos vagões, das vibrações produzidas pelos mesmos, bem como da fumaça, da cinza, da fuligem e outros que resultam da utilização normal e necessária e, portanto, adequada, do uso e da operação de tal pátio, não constituem perturbações ou incômodos, mas são acessórios necessários da concessão outorgada".

Em vista disso, o juiz decidiu que o barulho e a poeira denunciados pelo Sr. Kersey "podem ser considerados acessórios para o funcionamento adequado de um aeroporto e, como tal, não se pode dizer que constituam um incômodo." A queixa contra voos baixos, todavia, foi avaliada de modo diferente:

> "... seria possível afirmar que voos... a altura tão baixa [25 a 50 pés acima da casa do Sr. Kersey] que se tornam iminentemente perigosos para ... a vida e a saúde ... sejam acessórios necessários de um aeroporto? Não acreditamos que esta pergunta possa ser respondida de modo afirmativo. Não parece

---

30 Thrasher *v.* City of Atlanta, 178 Ga. 514, 173 S.E. 817 (1934).
31 Georgia Railroad and Banking Co. *v.* Maddox, 116 Ga. 64, 42 S.E. 315 (1902).

haver razão por que a cidade não possa obter terras com uma área [suficientemente grande]... que não obriguem à realização de voos tão baixos... Por razões de conveniência pública, os proprietários de terrenos adjacentes devem suportar os inconvenientes causados pelo barulho e pelo pó que resultam do funcionamento normal e adequado de um aeroporto, mas os seus direitos privados têm a prerrogativa da preferência aos olhos da lei quando a inconveniência não for um requisito de um aeroporto construído e operado de modo correto".

Logicamente, presume-se que a cidade de Atlanta teria capacidade de impedir os voos baixos e manter o funcionamento do aeroporto. O juiz, portanto, acrescentou:

"Pelo que se demonstrou, é possível remediar as condições que causam os voos baixos, mas, se, no julgamento, se verificar que é indispensável ao interesse público que o aeroporto deva continuar a funcionar no seu estado atual, pode-se dizer que a ordem judicial deve ser negada ao autor".

No decurso de outro processo de aviação, *Smith v. New England Aircraft Co.*,[32] o tribunal fez um levantamento da legislação nos Estados Unidos a respeito da legalização das perturbações, e, a grosso modo, ficou evidente que esta é muito similar àquela encontrada na Inglaterra:

"É a função adequada do Poder Legislativo, no exercício do poder de polícia, avaliar os problemas e riscos que advêm do uso de novas invenções e tentar ajustar os direitos privados e harmonizar interesses conflitantes por meio de legislação abrangente que busque o bem-estar público. (...) Há... casos similares em que a invasão do espaço aéreo sobre terrenos subjacentes pelo ruído, a fumaça, a vibração, a poeira e os odores desagradáveis, tendo sido autorizados pelo Poder Legislativo, e não sendo na verdade uma condenação da propriedade, embora, em certa medida, depreciando seu valor de mercado, devem ser suportados pelo proprietário sem qualquer compensação ou indenização. A sanção do Legislativo torna legal algo que, de outra forma, poderia ser uma perturbação. Exemplos disto são os danos a terrenos adjacentes decorrentes da fumaça, da vibração e do ruído na operação de uma ferrovia...; o barulho do apito das fábricas...; a cessação de perturbações...; a construção de motores a vapor e caldeiras...; odores desagradáveis relacionados com esgotos, refino de petróleo e de armazenamento de nafta..."

---

32 Smith *v.* New England Aircraft Co. 270 Mass. 511, 170 N.E. 385, 390 (1930).

A maioria dos economistas parece não ter consciência de tudo isso. Quando o barulho dos aviões a jato sobre suas cabeças (autorizados e talvez também geridos pelo poder público) lhes impede de dormir à noite, quando são impedidos de pensar (ou de descansar) durante o dia por causa do ruído e das vibrações decorrentes da passagem de trens (autorizados e talvez também geridos pelo poder público), quando têm dificuldade de respirar por causa do odor da estação de tratamento de esgoto local (autorizada e talvez também gerida pelo poder público) e são impedidos de fugir, porque suas garagens estão bloqueadas por uma obstrução na estrada (sem dúvida, planejada pelo poder público), seus nervos exaltados e seu equilíbrio mental perturbado começam a discursar a respeito das desvantagens da iniciativa privada e da necessidade de regulação governamental.

Enquanto a maioria dos economistas parece conviver com uma concepção equivocada sobre a natureza da situação com que estão lidando, também ocorre que as atividades que eles gostariam que fossem interrompidas ou restringidas podem ser socialmente justificáveis. É tudo uma questão de sopesar os ganhos que adviriam da eliminação desses efeitos nocivos com os ganhos que se obteriam por permitir que continuassem. Evidentemente, é provável que uma ampliação da atividade econômica governamental leve, frequentemente, que esta proteção contra ações judiciais por danos causados por perturbações seja estendida além do desejável. Por um lado, é provável que o governo olhe de modo mais benevolente as iniciativas que ele próprio promove. Por outro lado, é possível descrever o cometimento de uma perturbação por empresas públicas de forma muito mais agradável do que quando a mesma é cometida pela iniciativa privada. Nas palavras do Lorde Juiz Sir Alfred Denning:

> "... a importância da revolução social de hoje é que, enquanto, no passado, a balança pendia muito a favor dos direitos de propriedade e da liberdade de contratar, o Parlamento interveio repetidamente a fim de conceder ao bem comum o seu lugar adequado".[33]

---

33 Ver Denning, Sir Alfred. *Freedom under the Law*. London: Stevens, 1949. p. 71.

Há pouca dúvida de que o Estado do Bem-Estar Social provavelmente conduzirá a uma extensão daquela imunidade de responsabilização por danos que os economistas têm por hábito condenar (embora tendam a pressupor que essa imunidade seja um sinal de escassa intervenção governamental no sistema econômico). Na Grã-Bretanha, por exemplo, os poderes das autoridades locais são considerados como sendo ou absolutos ou condicionais. Na primeira categoria, a autoridade local não tem poder discricionário no exercício da autoridade que lhe é conferida. "Pode-se dizer que o poder absoluto cobre todas as consequências necessárias de seu exercício direto, mesmo que essas consequências resultem em perturbações e incômodos." Por outro lado, um poder condicional só pode ser exercido de modo que as consequências não constituam uma perturbação.

> "É a intenção da legislatura que determina se um poder é absoluto ou condicional. (...) [Como] existe a possibilidade de que a política social da legislatura possa mudar de tempos em tempos, um poder que, em uma época, fosse entendido como sendo condicional, em outra época poderia ser interpretado como absoluto, a fim de promover a política do Estado do Bem-Estar Social. Este é um ponto que deve ser levado em conta quando se consideram alguns dos casos mais antigos sob este aspecto da legislação relativa a perturbações e incômodos".[34]

Seria desejável resumir o fardo desta longa seção. O problema que enfrentamos ao lidar com atos que tenham efeitos nocivos não é simplesmente coibir os responsáveis. O que precisa ser decidido é se o ganho obtido em impedir o dano é maior do que a perda que seria sofrida em outra parte como resultado da interrupção do ato que produziu o dano. Em um mundo em que existem custos de reorganização dos direitos estabelecidos pelo sistema jurídico, os tribunais, em casos relativos a perturbações, estão, de fato, tomando decisões sobre o problema econômico e determinando o modo como devem ser empregados os recursos. Argumentou-se que os tribunais estão conscientes disso e que, muitas vezes, embora de forma nem sempre muito explícita, efetuam uma comparação entre o que viria a ser ganho e o que seria perdido por se impedirem atos cujos efeitos são nocivos. Mas a

---

34 Cairns, Mary B. *The Law of Tort in local government*. London: Shaw, 1954. p. 28-32.

delimitação de direitos é também o resultado de disposições legais. Aqui, também, encontramos indícios de uma apreciação da natureza recíproca do problema. Enquanto os textos normativos jurídicos positivados pelo Estado aumentam a lista de perturbações, providências também são tomadas para legalizar atos que seriam nocivos ou danosos nos termos da *common law*. O tipo de situação que os economistas tendem a considerar como algo que exige medidas corretivas governamentais é, de fato, muitas vezes, resultado da atuação do governo. Esta atuação não é, necessariamente, imprudente. Mas há um perigo real de que uma extensa intervenção governamental no sistema econômico possa ampliar demais a proteção oferecida aos responsáveis pelos efeitos nocivos.

VIII. A abordagem de Pigou em
The Economics of Welfare

A fonte para a análise econômica moderna do problema discutido neste artigo é *The Economics of Welfare*, de Pigou e, em particular, a seção da Parte II, que trata das divergências entre ganhos líquidos sociais e privados que ocorrem devido a

> "um indivíduo A, na circunstância da prestação de um serviço, pelo qual é feito um pagamento, para um segundo indivíduo B, incidentalmente também prestar serviços ou desserviços a outros indivíduos (não prestadores de serviços semelhantes), de tal sorte que não podem ser exigidos, das partes beneficiadas, pagamento ou indenização em nome das partes lesadas".[35]

Pigou afirma que sua meta, na Parte II de *The Economics of Welfare*, é

---

35 Pigou, A. C. *The economics of welfare*. 4. ed. London: Macmillan & Co., 1932. p. 183. Minhas referências serão sempre à quarta edição, mas a argumentação e os exemplos examinados neste artigo praticamente não sofreram alterações entre a primeira edição, em 1920, até a quarta, em 1932. Grande parte desta análise (embora não toda) apareceu anteriormente em *Wealth and welfare*. London: Macmillan & Co., 1912.

"verificar até que ponto o livre jogo do interesse próprio, atuando de acordo com o sistema jurídico existente, tende a distribuir os recursos do país da forma mais favorável para a produção de um grande dividendo nacional, e até que ponto é viável que a intervenção do Estado aperfeiçoe as tendências 'naturais'".[36]

A julgar pela primeira parte dessa afirmação, o objetivo de Pigou é descobrir se é possível introduzir melhorias no regime em vigor, o qual determina a utilização de recursos. Uma vez que a conclusão de Pigou é de que poderiam ser feitas melhorias, seria de se esperar que, em seguida, apresentasse as mudanças necessárias para realizá-las. Em vez disso, Pigou acrescenta uma frase em que contrasta tendências "naturais" e intervenção do Estado, o que parece, em certo sentido, equiparar os arranjos atuais e as tendências "naturais", e sugerir que o necessário para provocar essas melhorias é a intervenção do Estado (se viável). A partir do capítulo 1 da parte 11, fica evidente que esta é mais ou menos a posição do autor.[37] Pigou começa por se referir a "seguidores otimistas dos economistas clássicos",[38] os quais argumentaram que o valor da produção seria maximizado se o governo se abstivesse de qualquer interferência no sistema econômico e que os arranjos econômicos seriam aqueles que ocorrem "naturalmente". A seguir, Pigou declara que, se o interesse próprio, de fato, promove o bem-estar econômico, isto acontece porque as instituições humanas foram criadas para tanto. (Esta parte do argumento de Pigou, desenvolvida com a ajuda de uma citação de Cannan, parece-me correta em essência.) Pigou conclui:

"Mesmo nos Estados mais avançados, todavia, existem falhas e imperfeições... existem muitos obstáculos que impedem que os recursos de uma comunidade sejam distribuídos... da forma mais eficiente. O estudo destas constitui nosso problema atual... seu objetivo é, essencialmente, prático. Pretende-se esclarecer melhor algumas das maneiras pelas quais já

---

36 *Ibidem*.
37 *Ibidem*, p. 127-130.
38 Em *Wealth and welfare*, Pigou atribui o "otimismo" ao próprio Adam Smith, e não a seus seguidores. Refere-se lá à "teoria muito otimista de Adam Smith de que o dividendo nacional, em determinadas circunstâncias de demanda e oferta, tende 'naturalmente' a um máximo" (p. 104).

é, ou, eventualmente, pode vir a ser, factível para os governos controlar o jogo de forças econômicas de modo a promover o bem-estar econômico e, através disso, o bem-estar total de seus cidadãos como um todo".[39]

O pensamento subjacente de Pigou parece ser: alguns têm argumentado que não é necessária qualquer intervenção do Estado. O sistema, contudo, tem funcionado bem devido a essa intervenção. Ainda assim, existem imperfeições. Que medidas adicionais são necessárias por parte do Estado?

Se este é um resumo correto da posição de Pigou, sua inadequação pode ser demonstrada pela análise do primeiro exemplo que ele oferece de uma divergência entre os ganhos privado e social.

"Pode acontecer... que custos sejam impostos a pessoas que não estão diretamente envolvidas, devido, por exemplo, a danos não compensados causados à floresta circundante por fagulhas de locomotivas. Todos os efeitos semelhantes devem ser incluídos – alguns deles serão elementos positivos, outros, negativos – na computação do produto social líquido resultante do incremento marginal de qualquer volume de recursos empregado de qualquer modo ou em qualquer local".[40]

O exemplo utilizado por Pigou é relativo a uma situação real. Na Grã-Bretanha, de modo geral, uma ferrovia não tem de indenizar aqueles que sofrem danos causados por incêndios provocados pelas fagulhas de uma locomotiva. Em conjunto com o que afirma no capítulo 9 da parte II, entendo que as recomendações de Pigou seriam, em primeiro lugar, de que não deve haver intervenção do Estado para corrigir esta situação "natural", e, segundo, que as ferrovias deveriam ser obrigadas a indenizar aqueles cujas florestas são incendiadas. Se esta é uma interpretação correta da posição de Pigou, eu diria que a primeira recomendação baseia-se em um entendimento equivocado dos fatos, e que a segunda não é necessariamente desejável.

Vamos considerar o ponto de vista jurídico. Sob o título "*Sparks from Engines*" (fagulhas de locomotivas), encontramos o que se segue em *Halsbury's Laws of England*:

---

39 Pigou. *Economics of Welfare*. p. 129-130.
40 *Ibidem*, p. 134.

"Se aqueles que operam ferrovias utilizam locomotivas a vapor sem auto-rização legal expressa para fazê-lo, eles são responsáveis, independente-mente de qualquer negligência da sua parte, pelos incêndios causados por fagulhas produzidas pelas locomotivas. No entanto, aqueles que operam ferrovias,, recebem, via de regra, autorização legal para utilizar locomoti-vas a vapor em suas ferrovias e, portanto, se uma locomotiva for fabricada com as precauções que a ciência sugere contra incêndios e for utilizada sem negligência, não podem ser responsabilizados, de acordo com a *common law*, por qualquer dano que possa ser causado pelas fagulhas... Na fabricação de uma locomotiva, o operador é obrigado a usar todas as des-cobertas que a ciência colocou ao seu alcance para evitar causar danos, desde que sejam tais que seja razoável exigir da empresa que as adotem, tendo na devida conta a probabilidade de danos e de custos e da conveni-ência do remédio; mas não é negligência por parte do operador se este se recusa a usar um aparelho cuja eficiência possa ser questionada de boa-fé".

Para esta regra geral, há uma exceção legal decorrente do *Railway (Fires) Act* (Ato referente aos incêndios ferroviários), de 1905, emen-dado em 1923. Esta exceção se refere aos casos de terras agrícolas ou de produtos agrícolas.

"Nesse caso, o fato de que a locomotiva era utilizada ao abrigo de poderes conferidos pela lei não prejudica a responsabilidade da empresa em um processo de reparação de danos... Estas disposições, entretanto, só se apli-cam quando o pedido de indenização... não exceder £ 200 [£ 100 na Lei de 1905], e quando uma notificação por escrito da ocorrência do incêndio e da intenção de processar tenha sido enviada à empresa em um prazo de sete dias a contar da ocorrência do dano, e informações sobre os danos que indiquem a quantia reclamada em dinheiro, não superior a £ 200, sejam enviadas por escrito para a empresa no prazo de 21 dias".

As terras agrícolas não incluem pântanos ou edificações, e os produtos agrícolas não incluem aqueles que são recolhidos ou arma-zenados.[41] Não fiz um estudo aprofundado da exposição de motivos parlamentar desta exceção legal, mas parece que, a partir de debates na Câmara dos Comuns, em 1922 e 1923, esta exceção foi, provavel-mente, concebida para beneficiar pequenos proprietários.[42]

---

41 Ver Railways and canals. In: *Halsbury's Laws of England*. v. 31, p. 474-75, do qual foram retirados este resumo da posição legal e todas as citações.
42 Ver 152 Parl. Deb., H.C. 2622-63 (1922); 161 Parl. Deb., H.C. 2935-55 (1923).

Voltemos ao exemplo de Pigou sobre danos não indenizados causados à floresta circundante por fagulhas de locomotivas. É presumível que sua intenção fosse demonstrar como é viável que "a intervenção do Estado aperfeiçoe as tendências 'naturais'". Se considerarmos o exemplo de Pigou como uma referência à situação anterior a 1905, ou como sendo um exemplo arbitrário (no qual poderia muito bem ter escrito "edifícios circundantes" em lugar de "floresta circundante"), então é claro que a razão por que a compensação não foi paga deve ter sido a de que a ferrovia possuía autorização legal para operar locomotivas a vapor (o que a eximia da responsabilidade pelos incêndios causados pelas fagulhas). Esta situação jurídica foi estabelecida em 1860, em um processo que, curiosamente, tratava do incêndio da floresta circundante por uma ferrovia,[43] e a legislação sobre este assunto não foi alterada (salvo aquela única exceção) durante um século de legislação ferroviária, incluindo a nacionalização. Se analisarmos de forma literal o exemplo de Pigou de "danos não compensados causados à floresta circundante por fagulhas de locomotivas" e partirmos do pressuposto de que se refere ao período posterior a 1905, então fica claro que a razão pela qual a compensação não foi paga seria a de que os danos foram superiores a £ 100 (na primeira edição de *The economics of welfare*) ou superiores a £ 200 (em edições posteriores), ou que o proprietário da floresta não notificou a estrada de ferro, por escrito, no prazo de sete dias a contar do incêndio, ou não enviou informações sobre os danos, por escrito, no prazo de 21 dias. No mundo real, o exemplo de Pigou só poderia existir como resultado de uma escolha específica dos legisladores. Obviamente, não é fácil imaginar a construção de uma ferrovia em um estado de natureza. O mais próximo que se pode chegar a isto é, provavelmente, uma ferrovia que utiliza locomotivas a vapor "sem autorização legal expressa". No entanto, neste caso, a ferrovia seria obrigada a indenizar aqueles cujas florestas incendiasse. Ou seja, a indenização seria paga na ausência de intervenção governamental. As únicas circunstâncias em que a indenização não seria paga seriam aquelas em que houve intervenção governamental. É estranho que Pigou, que distintamente considerava

---

43   Vaughan *v.* Taff Vale Railway Co. 3 H. e N. 743 (Ex. 1858) e 5 H. e N. 679 (Ex. 1860).

Cap. 5 • O Problema do Custo Social   137

vantajoso que fosse paga uma indenização, escolhesse este exemplo
específico para demonstrar como é viável "que a intervenção do Estado melhore as tendências 'naturais'".

A visão de Pigou parece equivocada no que tange aos fatos da
situação. Mas, parece provável também que estivesse equivocado em
sua análise econômica. Não é, necessariamente, desejável que a ferrovia indenize aqueles que sofrem danos por incêndios causados por
locomotivas. Não preciso demonstrar aqui que, se a ferrovia pudesse
entrar em um acordo com todos que possuem terrenos contíguos à
linha férrea, e não houvesse custos envolvidos na realização de tais
acordos, não importaria se a estrada de ferro pudesse ser responsabilizada ou não pelos danos causados pelos incêndios. Este problema
foi examinado detidamente nas seções anteriores. O problema é saber
se seria desejável responsabilizar a ferrovia em uma situação em que
fosse demasiado oneroso efetuar tais acordos. Está claro que Pigou
acreditava ser desejável obrigar a ferrovia a pagar uma indenização, e
é fácil perceber o tipo de argumento que o levou a esta conclusão. Suponhamos que uma ferrovia esteja avaliando a possibilidade de acrescentar mais um trem ou aumentar a velocidade de um trem existente,
ou instalar dispositivos de prevenção de fagulha em suas locomotivas.
Se a ferrovia não puder ser responsabilizada pelos danos por incêndio,
então, quando tomasse tais decisões, não levaria em conta, como um
custo, o aumento dos danos decorrentes do acréscimo de um trem
ou de um trem mais rápido ou da não instalação de dispositivos de
prevenção de fagulhas. Esta é a origem da divergência entre os ganhos
líquidos privados e sociais. Tem como resultado que a ferrovia realiza
atos que diminuirão o valor total da produção – os quais não realizaria
se pudesse ser responsabilizada pelos danos. Isto pode ser demonstrado por meio de um exemplo aritmético.

Examinemos o caso de uma ferrovia não responsável por danos
infligidos por incêndios causados por fagulhas de suas locomotivas, as
quais tracionam dois trens por dia em uma determinada linha. Suponhamos que o funcionamento de um trem por dia capacitasse a ferrovia
a executar serviços no valor de $ 150 anuais, e o funcionamento de
dois trens por dia capacitasse a ferrovia a executar serviços no valor
de $ 250 por ano. Suponhamos, ainda, que o custo operacional de um
trem seja de $ 50 anuais e, de dois trens, $ 100 dólares por ano. Sob

condições de competição perfeita, o custo é igual à queda no valor da produção em outros locais devido ao emprego de fatores adicionais de produção pela ferrovia. É evidente que a ferrovia consideraria lucrativo colocar em funcionamento dois trens por dia. Suponhamos, porém, que o funcionamento de um trem por dia destruiria, pelo fogo, colheitas no valor de $ 60 (em média ao longo do ano), e dois trens por dia levariam à destruição de colheitas no valor de $ 120. Nestas circunstâncias, colocar em funcionamento um trem por dia aumentaria o valor da produção total, mas o funcionamento de um segundo trem reduziria o valor da produção total. O segundo trem permitiria que fossem realizados serviços de transporte ferroviário adicionais no valor de $ 100 por ano. Entretanto, a queda no valor da produção em outros lugares seria de $ 110 por ano: $ 50, como resultado do emprego de fatores adicionais de produção, e $ 60, como resultado da destruição das colheitas. Considerando que seria melhor que o segundo trem não fosse colocado em funcionamento, e considerando que não seria posto em funcionamento se a estrada de ferro pudesse ser responsabilizada pelos danos causados às plantações, parece irresistível a conclusão de que a ferrovia deve ser responsabilizada pelos danos. Sem dúvida, é esse o tipo de raciocínio que se encontra por trás da posição Pigouviana.

Está correta a conclusão de que seria melhor se o segundo trem não entrasse em funcionamento. Está errada a conclusão de que seria desejável que a ferrovia pudesse ser responsabilizada pelos danos que causa. Vamos mudar nosso pressuposto sobre a regra da responsabilidade. Suponhamos que a ferrovia possa ser responsabilizada por danos causados por incêndios provocados por fagulhas da locomotiva. Um agricultor com terras adjacentes à ferrovia está, portanto, em uma situação em que, se sua plantação for destruída por incêndios causados pela ferrovia, receberá, da ferrovia, o preço de mercado da sua colheita; porém, se sua plantação não for danificada, receberá o preço de mercado pela sua venda. Assim, torna-se indiferente para ele que sua plantação seja danificada pelo fogo ou não. A situação é muito diversa quando a ferrovia não é responsável. Se fosse este o caso, qualquer destruição das colheitas devida a incêndios causados pela ferrovia reduziria as receitas do agricultor. Portanto, o agricultor cessaria o cultivo de quaisquer terras nas quais o dano fosse possivelmente maior do que a receita líquida proveniente da terra (por motivos explicados em

Cap. 5 • O Problema do Custo Social

pormenores na seção III). Provavelmente, a mudança de um regime em que a ferrovia não é responsável pelos danos para outro em que é responsável por eles acarretaria um aumento na quantidade de cultivo realizado em terras adjacentes à ferrovia. Naturalmente, conduziria também a um aumento na quantidade de colheitas destruídas devido a incêndios causados pela ferrovia.

Voltemos a nosso exemplo aritmético. Suponhamos que, com a regra da responsabilidade civil modificada, haja uma duplicação na quantidade de colheitas destruídas devido a incêndios causados pela ferrovia. Com um trem por dia, seriam destruídas, a cada ano, colheitas no valor de $ 120 e, com dois trens por dia, essa destruição das colheitas atingiria um valor de $ 240. Vimos, anteriormente, que não seria rentável pôr em funcionamento o segundo trem se a ferrovia tivesse de pagar $ 60 por ano a título de indenização por danos. Com danos de $ 120 por ano, as perdas com o funcionamento do segundo trem aumentariam $ 60. Mas, agora, pensemos no primeiro trem. O valor dos serviços de transporte fornecidos pelo primeiro trem é de $ 150. O custo operacional do trem é de $ 50. O montante que a ferrovia teria de pagar a título de indenização por danos é de $ 120. Resulta daí que não seria rentável pôr em funcionamento trem algum. Com os valores em nosso exemplo, chegamos ao seguinte resultado: se a ferrovia não tiver responsabilidade civil por danos causados por incêndios, funcionariam dois trens por dia; se a ferrovia puder ser responsabilizada por danos causados por incêndios, abandonará por completo suas operações. Isto significaria que é melhor não haver ferrovia? Esta questão pode ser resolvida examinando-se o que aconteceria com o valor total da produção caso fosse decidido isentar a ferrovia de responsabilidade pelos danos causados por incêndios, assim viabilizando seu funcionamento (com dois trens por dia).

O funcionamento da ferrovia permitiria a prestação de serviços de transporte com um valor de $ 250. Também significaria um emprego de fatores de produção que reduziriam em $ 100 o valor da produção em outro lugar. Além disso, significaria uma destruição de colheitas com um valor de $ 120. A instalação da ferrovia também terá levado ao abandono do cultivo de algumas terras. Por sabermos que, se essas terras tivessem sido cultivadas, o valor das colheitas destruídas pelo fogo teria sido de $ 120 e, uma vez que é pouco provável que tivessem sido destruídas todas as colheitas nessas terras, parece razoável supor que o valor da produção das colheitas nessas terras tivesse sido superior a isso. Suponhamos que tivesse sido de $ 160. Mas o abandono do cultivo teria liberado fatores de produção para emprego em outros lugares. Sabemos apenas que o aumento do valor da produção em outros lugares será inferior a $ 160. Suponhamos que seja de $ 150. Então, o ganho obtido com o funcionamento da ferrovia seria de $ 250 (o valor dos serviços de transporte) menos $ 100 (o custo dos fatores de produção), menos $ 120 (o valor das colheitas destruídas por incêndios), menos $ 160 (a queda no valor da produção agrícola devido ao abandono do cultivo) mais $ 150 (o valor da produção em outros lugares com os fatores de produção liberados). De modo geral, explorar a ferrovia aumentará o valor total da produção em $ 20. Estes números deixam claro que é melhor que a ferrovia não seja responsabilizada pelos danos que causa, permitindo, assim, que funcione de modo lucrativo. Certamente, alterando-se os números, poderia ser demonstrado que existem outros casos em que seria desejável que a ferrovia fosse responsabilizada pelos danos que causa. Para meus objetivos, basta demonstrar que, do ponto de vista econômico, uma situação em que há "danos não compensados causados à floresta circundante por fagulhas de locomotivas" não é necessariamente indesejável. Se é desejável ou não, depende das circunstâncias específicas.

E por que a análise Pigouviana parece fornecer a resposta errada? A razão é que Pigou não parece ter notado que sua análise está lidando com uma questão inteiramente diferente. A análise, em si, está correta. Mas não é legítimo que Pigou tire as conclusões específicas que tira. O que está em debate não é a conveniência de pôr em funcionamento mais um trem, ou um trem mais rápido, ou instalar dispositivos de prevenção de fumaça; a verdadeira questão é determinar se é preferível um sistema em que a ferrovia tem de indenizar os que sofrem danos pelos incêndios que causa, ou um sistema em que a ferrovia não tem de indenizá-los. Quando um economista compara arranjos sociais alternativos, o procedimento correto é comparar o produto social total gerado por cada um desses arranjos diferentes. A comparação entre produtos privados e sociais é irrelevante. Um exemplo simples demonstra isso. Imaginemos uma cidade onde há semáforos. Um motorista se aproxima de um cruzamento e para porque a luz está vermelha. Não há carros se aproximando do cruzamento na outra rua. Se o motorista não respeitasse o sinal vermelho, não ocorreria nenhum acidente, e o produto total aumentaria porque o motorista chegaria mais cedo a seu destino. Por que não age assim? O motivo é que, se não respeitasse o sinal, seria multado. O produto privado de cruzar a interseção é menor que o produto social. Devemos concluir daí que o produto total seria maior se não houvesse multas por não obedecer a sinais de trânsito? A análise Pigouviana nos mostra que é possível conceber mundos melhores do que aquele em que vivemos. Mas o problema é criar arranjos práticos que corrijam defeitos em um ponto do sistema sem causar perdas mais graves em outros pontos dele.

Examinei em um grau considerável de detalhe um exemplo de divergência entre os ganhos privados e sociais, e não me proponho a fazer qualquer análise mais aprofundada do sistema analítico de Pigou. Mas a principal discussão do problema examinado neste artigo está no trecho do capítulo 9 da parte II, que trata da segunda classe de divergência de Pigou, e interessa verificar como o autor desenvolve sua argumentação. A descrição desta segunda classe de divergência, feita pelo próprio Pigou, foi citada no início desta seção. O autor estabelece uma distinção entre uma situação em que um indivíduo presta serviços para os quais não recebe pagamento e a situação em que um indivíduo presta desserviços e nenhuma indenização é paga às partes lesadas. Naturalmente, devotamos nossa principal atenção a este segundo caso. É, portanto, ainda mais surpreendente descobrir, conforme me indicou Francesco Forte, que o problema da emissão de fumaça por chaminés – o "exemplo do gado"[44] ou o "exemplo de sala de aula",[45] do segundo caso – é utilizado por Pigou como exemplo do primeiro caso (serviços prestados sem o recebimento de pagamento), nunca sendo citado, pelo menos explicitamente, em relação ao segundo caso.[46] Pigou afirma que os proprietários de fábricas que empregam recursos para evitar a emissão de fumaça por suas chaminés prestam

---

44 Robertson, Dennis. *Lectures on Economic Principles*. London: Staples Press, 1957. v. 1, p. 162.

45 Mishan, E. J. The Meaning of Efficiency in Eeconomics. *The Bankers' Magazine* 189 p. 482, June 1960.

46 Pigou. *Economics of Welfare*, p. 184.

serviços pelos quais não recebem pagamento. A implicação disso, à luz da discussão realizada por Pigou mais à frente no mesmo capítulo, é que deveria ser dada uma recompensa ao proprietário de uma fábrica que emitisse fumaça a fim de induzi-lo a instalar dispositivos de prevenção de fumaça. A maioria dos economistas modernos sugeriria que o proprietário da fábrica que emite fumaça deveria ser tributado. Parece lamentável que os economistas (exceto Forte) não tenham observado esse aspecto da abordagem de Pigou, uma vez que a constatação de que o problema poderia ser enfrentado de qualquer uma das duas maneiras provavelmente conduziria a um reconhecimento explícito de sua natureza recíproca.

Ao discutir o segundo caso (desserviços sem indenização dos prejudicados), Pigou declara que tais desserviços são prestados

> "quando o proprietário de um terreno em um setor residencial de uma cidade ali constrói uma fábrica e, assim, destrói grande parte do conforto dos terrenos vizinhos; ou, em menor escala, quando usa o seu terreno de tal forma a prejudicar a iluminação da casa em frente; ou, ainda, quando emprega recursos para edificar em um centro aglomerado, o que, pela limitação do espaço aéreo e das áreas de lazer do bairro, tende a prejudicar a saúde e a qualidade de vida das famílias que lá residem".[47]

Naturalmente, Pigou está bastante correto em descrever tais ações como "desserviços não cobrados". Está errado, todavia, quando as descreve como "antissociais".[48] Elas podem ou não ser "antissociais". É necessário comparar o prejuízo causado com o bem gerado. Nada poderia ser mais "antissocial" do que se opor a qualquer ação que causasse qualquer prejuízo a qualquer pessoa.

O exemplo utilizado por Pigou para abrir sua discussão sobre os "desserviços não cobrados" não é, como apontei, o caso da fumaça emitida pela chaminé, mas o caso dos coelhos invasores: "... desserviços incidentais não cobrados são prestados a terceiros quando as atividades de preservação de caça realizadas por um ocupante envolvam a

---

47 *Ibidem*, p. 185-186.
48 *Ibidem*, p. 186, n. 1. Para afirmações igualmente incondicionais ver a conferência de Pigou. Some aspects of the housing problems. In: Rowntree, B. S.; Pigou, A. C. *Lectures on housing*. Manchester: University Press, 1914.

Cap. 5 • O Problema do Custo Social

invasão do terreno do ocupante vizinho por coelhos...". Este exemplo é extraordinariamente interessante, não tanto em razão da análise econômica do caso, cuja essência não difere dos outros exemplos, mas por causa das peculiaridades da posição jurídica e por esclarecer o papel que a teoria econômica pode desempenhar naquela que é, aparentemente, uma questão meramente jurídica de delimitação de direitos. O problema da responsabilidade civil pelos atos dos coelhos é parte do tema geral da responsabilidade por fatos de animais.[49] Embora com relutância, limitarei minha discussão aos coelhos. Os primeiros casos relativos a coelhos versavam sobre as relações entre o senhor feudal e os vassalos, pois, a partir do século XIII, tornou-se frequente o senhor abastecer a terra comum de coelhos, para aproveitar tanto a carne como a pele desses animais. Mas, em 1597, no caso *Boulston*, foi ajuizada uma ação por um proprietário contra um vizinho, também proprietário, alegando que o réu havia cavado tocas para os coelhos, cujo número havia aumentado, causando a destruição do trigo do autor. A ação fracassou devido ao fato de que:

> "... tão logo os coelhos entrem na propriedade do vizinho, este pode matá--los, pois são *ferae naturae*, e aquele que cava tocas de coelho não tem direito de propriedade sobre eles, e não deve ser punido pelos prejuízos causados pelos coelhos sobre os quais não detém propriedade, e os quais o outro poderia, legalmente, matar".[50]

---

49 Ver Williams, Glanville L. *Liability for Animals* – an account of the development and present Law of Tortious liability for animals, distress damage feasant and the duty to fence, in Great Britain, Northern Ireland and the Common-Law dominions. Cambridge: Cambridge University Press, 1939. Part Four, "The Action of Nuisance, in Relation to Liability for Animals", p. 236-262, tem particular relevância para nosso debate. A questão da responsabilidade por coelhos é discutida nesta seção, p. 238-247. Não sei até que ponto, nos Estados Unidos, as normas de *common law* sobre responsabilidade civil por fato de animais diferenciou-se da Grã-Bretanha. Em alguns Estados do oeste americano, não tem sido seguido o Direito inglês de *common law* relativo à obrigação de erigir cercas, em parte, porque "a quantidade considerável de terras abertas, não cultivadas, conduziu a tornar-se material de políticas públicas a permissão de que o gado ficasse solto" (p. 227). Este é um bom exemplo de como um conjunto de circunstâncias diversas pode tornar economicamente vantajoso modificar a norma jurídica relativa à delimitação de direitos.

50 Coke (v. 3) 104 b. 77 Eng. Rep., p. 216, 217.

Apesar de o caso *Boulston* ser tratado como vinculante – J. Bray, em 1919, afirmou não ter conhecimento de que o caso *Boulston* jamais houvesse sido rejeitado ou questionado –,[51] sem dúvida, o exemplo dos coelhos de Pigou representava o posicionamento jurídico quando este redigiu *The Economics of Welfare*.[52] Não se estaria distante da verdade, neste caso, ao se afirmar que a situação descrita por Pigou ocorreu devido à ausência de intervenção governamental (pelo menos sob a forma de promulgação de leis) e foi resultado de tendências "naturais".

O caso *Boulston*, todavia, constitui-se em uma curiosidade do ponto de vista jurídico, e Williams não faz segredo de sua aversão referente a esta decisão:

> "A noção de responsabilidade decorrente de perturbações ou incômodos que é elaborada a partir da noção de propriedade é resultado, aparentemente, de uma confusão com a ação de invasão por gado, e contraria tanto aos princípios quanto às autoridades medievais no que diz respeito ao vazamento de água, fumaça e sujeira ... O pré-requisito para uma abordagem satisfatória da matéria é o abandono definitivo da doutrina perniciosa do caso Boulston... Desaparecendo o caso Boulston, o caminho estará livre para a reformulação racional de todo o assunto, em linhas que estarão em harmonia com os princípios vigentes nas demais partes da figura jurídica das perturbações ao exercício do direito de propriedade".[53]

É evidente que os juízes do caso *Boulston* estavam cientes de que a sua opinião sobre o assunto dependia de distinguirem este caso de outros envolvendo perturbações:

> "Esta causa não é semelhante aos casos apresentados, pela outra parte, da construção de um forno de calcinação, tinturaria ou semelhante; pois, nesses casos, a perturbação provém dos atos das partes que os realizam; mas não é assim aqui, pois os coelhos, de própria volição, penetraram no terreno do autor, pelo que poderia capturá-los ao entrarem em seu terreno e lucrar com eles".[54]

---

51 Ver Stearn *v.* Prentice Bros. Ltd. [1919] I K.B., 395, 397.
52 Não examinei casos recentes. A situação jurídica também tem sido modificada pela promulgação de leis.
53 Williams. *Liability for Animals*, p. 242, 258.
54 Boulston v. Hardy, Cro Eliz., 547, 548, 77 Eng. Rep. 216.

Cap. 5 • O Problema do Custo Social

Comenta Williams:

"Sobressai, mais uma vez, a ideia atávica de que são culpados os animais e não o proprietário do terreno. Não se trata, evidentemente, de um princípio satisfatório a ser introduzido na moderna legislação a respeito de perturbações ou incômodos. Se A constrói uma casa ou planta uma árvore de tal forma que chuva escorre ou pinga sobre a propriedade de B, trata-se de uma ação de A pela qual é responsável; mas, se A introduz coelhos em sua propriedade de tal maneira que fogem desta para o terreno de B, trata-se de um ato dos coelhos pelo qual A não é responsável – esta é a ilusória distinção que resulta do caso *Boulston*".[55]

Deve-se admitir que parece um tanto estranha a decisão do caso *Boulston*. Um indivíduo pode ser responsabilizado por danos causados pela fumaça ou por odores desagradáveis sem que seja necessário determinar se é proprietário da fumaça ou do odor. E a regra estabelecida pelo caso *Boulston* nem sempre tem sido seguida em casos que envolvem outros animais. Por exemplo, no caso *Bland v. Yates*,[56] decidiu-se que poderia ser concedida uma ordem judicial para impedir que alguém mantivesse uma quantidade *inusitada e excessiva* de estrume sobre o qual procriassem moscas que subsequentemente viriam a infestar a casa do vizinho. Não se levantou controvérsia a respeito de quem seria o proprietário das moscas. Um economista não desejaria objetar porque o raciocínio jurídico, por vezes, parece um pouco estranho. Mas há sólidos fundamentos econômicos que apoiam a visão de Williams de que o problema da responsabilidade por fato dos animais (e, particularmente, por coelhos) deveria ser analisado no âmbito da legislação ordinária sobre perturbações ao direito de propriedade. O motivo não é o fato de que o indivíduo que abriga os coelhos seja exclusivamente responsável pelos danos: o indivíduo cuja colheita é devorada é igualmente responsável. Assim, dado que os custos das transações de mercado impossibilitam a reorganização de direitos, a não ser que conheçamos as circunstâncias específicas, não podemos afirmar se é desejável ou não responsabilizar o indivíduo que abriga os coelhos pelos danos causados por eles às propriedades

---

55 Williams, Op. cit., p. 243.
56 Bland *v.* Yates, 58 Sol. J. 612 (1913-1914).

vizinhas. A objeção à regra estabelecida no caso *Boulston* é de que, de acordo com ela, quem abriga os coelhos *jamais* poderia ser responsabilizado. O preceito fixa a regra da responsabilidade em um dos polos: e isto é tão indesejável, do ponto de vista econômico, quanto fixar a regra no polo oposto, o que tornaria sempre responsável aquele que abriga os coelhos. Mas, como vimos na seção VII, a legislação sobre perturbações, conforme efetivamente interpretada pelos tribunais, é flexível, e permite a comparação da utilidade de um ato com o prejuízo que causa. Como diz Williams: "A legislação referente a perturbação ao direito de propriedade, em seu todo, constitui uma tentativa de conciliação e transigência entre interesses conflitantes..."[57] Trazer o problema dos coelhos à legislação ordinária não significaria, inexoravelmente, responsabilizar aquele que os abriga pelos danos por eles causados. No entanto, isto não significa que, em tais casos, a única tarefa dos tribunais seja estabelecer uma comparação entre os malefícios e a utilidade de um ato. Nem, tampouco, se espera que os tribunais sempre decidam de forma correta após efetuar tal comparação. A não ser que os tribunais, todavia, ajam de modo muito insensato, a legislação ordinária de perturbações provavelmente produziria resultados mais satisfatórios do ponto de vista econômico do que a adoção de uma regra rígida. O caso de Pigou sobre os coelhos fugitivos fornece um excelente exemplo de como são inter-relacionados os problemas do Direito e da Economia, muito embora a política correta a ser adotada pareça ser diversa daquela concebida por Pigou.

Pigou faz uma exceção à sua conclusão de que existe uma divergência entre os produtos privado e social no exemplo dos coelhos. Acrescenta: "... a menos ... que dois possuidores estejam em uma relação de arrendador e arrendatário, de tal forma que uma indenização seja paga sob a forma de um ajuste no aluguel".[58] Esta condicionante é algo surpreendente, uma vez que a primeira classe de divergência de Pigou preocupa-se em grande parte com as dificuldades de se elaborarem contratos satisfatórios entre arrendadores e arrendatários. Na verdade, todos os casos recentes relativos ao problema dos coelhos

---

57 Williams. Op. cit., p. 259.
58 Pigou. Op. cit., p. 185.

Cap. 5 • O Problema do Custo Social

citados por Williams diziam respeito a contendas entre arrendadores e arrendatários cujo objeto era o direito à prática da caça esportiva.[59] Pigou parece estabelecer uma distinção entre casos em que nenhum contrato é possível (a segunda classe) e aqueles nos quais o contrato é insatisfatório (a primeira classe). Desta forma, indica que a segunda classe de divergências entre os produtos privado e social líquidos

> "não pode, tal como as divergências referentes às leis de locação, ser abrandada por meio de uma modificação da relação contratual entre quaisquer duas partes contratantes, pois esta divergência decorre do serviço ou do desserviço prestado a indivíduos diferentes das partes contratantes".[60]

Mas o motivo pelo qual algumas atividades não são objeto de contratos é exatamente o mesmo pelo qual alguns contratos são, em geral, insatisfatórios – seria muito oneroso acertar as coisas. Sem dúvida, os dois casos são, na verdade, idênticos, uma vez que os contratos são insatisfatórios porque não contemplam determinadas atividades. É difícil descobrir, no argumento central de Pigou, a propensão exata da discussão sobre a primeira classe de divergência. O autor demonstra que, em algumas circunstâncias, as relações contratuais entre arrendador e arrendatário podem ter como resultado uma divergência entre os produtos privado e social.[61] No entanto, Pigou prossegue demonstrando que sistemas de indenização e controle dos aluguéis impostos pelo governo também produzirão divergências.[62] Além disso, demonstra que, quando o governo ocupa posição semelhante à de um arrendador privado, por exemplo, ao efetuar a concessão de um serviço de utilidade pública, ocorrem precisamente as mesmas dificuldades que surgem quando os envolvidos são indivíduos privados.[63] A discussão é interessante, mas ainda não fui capaz de identificar a que conclusões gerais sobre política econômica, caso existam, Pigou espera que cheguemos.

---

59 Williams. Op. cit., p. 244-247.
60 Pigou. Op. cit., p. 192.
61 *Ibidem*, p. 174-175.
62 *Ibidem*, p. 177-183.
63 *Ibidem*, p. 175-177.

Na verdade, o modo como Pigou trata os problemas examinados neste artigo é extremamente evasivo, e a discussão de suas concepções dá margem a dificuldades interpretativas quase insuperáveis. Consequentemente, é impossível ter certeza de se ter entendido o que Pigou quis, de fato, dizer. Não obstante, é difícil resistir à conclusão de que a principal fonte dessa obscuridade é a falta de um exame de todos os aspectos da proposição por parte de Pigou, por mais extraordinária que seja tal falha na obra de um economista de sua estatura.

IX. A tradição pigouviana

É curioso que uma doutrina tão equivocada quanto a elaborada por Pigou tenha exercido tanta influência, embora parte desse sucesso se deva, provavelmente, à falta de clareza de sua exposição. Por não ser clara, nunca foi claramente incorreta. Curiosamente, esta obscuridade na fonte não impediu que surgisse uma tradição oral bem definida. O que os economistas acreditam aprender com Pigou, bem como aquilo que ensinam a seus alunos – aquilo que denomino tradição pigouviana – é razoavelmente claro. Proponho evidenciar a inadequação desta tradição pigouviana por meio da demonstração de que são incorretas tanto a análise quanto as conclusões sobre políticas sustentadas por essa tradição.

Não pretendo justificar minha visão quanto à opinião predominante por meio de copiosas referências à literatura. Faço isso, em parte, porque o tratamento oferecido pela literatura é usualmente tão fragmentado – muitas vezes envolvendo pouco mais do que uma referência a Pigou e um breve comentário explicativo – que um exame detalhado seria inapropriado. O principal motivo para a ausência de tais referências, contudo, é que a doutrina, embora se baseie em Pigou, deve ter-se constituído, em grande parte, como resultado de uma tradição oral. Certamente, economistas com os quais discuti estes problemas demonstraram ter uma unanimidade de opinião que é bastante extraordinária, considerando o deficiente tratamento dado a tais problemas na literatura. Não há dúvidas de que alguns economistas não compartilham a visão habitual, mas são uma minoria na profissão.

Cap. 5 • O Problema do Custo Social 149

A abordagem dos problemas em pauta é feita mediante um exame do valor da produção física. O produto privado é o valor do produto adicional que resulta de uma determinada atividade de uma empresa. O produto social é igual ao produto privado menos a queda do valor da produção em outro local, pela qual a empresa não paga indenização. Assim, se 10 unidades de um fator (e nenhum outro) são utilizadas por uma empresa na produção de um determinado produto de valor igual a \$ 105, e o proprietário desse fator não recebe pagamento pelo seu uso, situação que é incapaz de impedir, e estas 10 unidades do fator gerariam produtos que, empregados em seu melhor uso alternativo, valeriam \$ 100, então, o produto social é igual a \$ 105 menos \$ 100, ou seja, \$ 5. Se a empresa, todavia, passa a pagar por uma unidade do fator e seu preço é igual ao valor de seu produto marginal, o produto social sobe para \$ 15. Se paga por duas unidades, o produto social eleva-se para \$ 25, e assim sucessivamente, até atingir \$ 105, quando são pagas todas as unidades do fator. Não é difícil entender por que os economistas acataram tão prontamente este procedimento estranho. A análise tem como foco as decisões empresariais individuais e, uma vez que o emprego de determinados recursos não é levado em conta nos custos operacionais, as receitas sofrem uma redução com o mesmo valor. Naturalmente, porém, isso significa que o valor do produto social não tem qualquer relevância social. Parece-me preferível adotar o conceito de custo de oportunidade e abordar esses problemas por meio de uma comparação com o valor do produto gerado pelos fatores em usos alternativos ou por organizações alternativas. A maior vantagem do sistema de preços é que conduz ao emprego dos fatores onde é maior o valor do produto gerado, e o faz a um custo menor do que os sistemas alternativos (sem mencionar que o sistema de preços também ameniza o problema da redistribuição de renda). No entanto, se, devido a uma harmonização divina, os fatores escoassem para os locais onde fosse maior o valor do produto gerado sem qualquer emprego do sistema de preços e, portanto, não houvesse compensação, minha tendência seria considerar esta situação uma fonte de surpresa, mas não como motivo para consternação.

A definição de produto social é estranha, mas isto não significa que as conclusões derivadas de sua análise para o desenho de políticas estão necessariamente erradas. Entretanto, certamente haverá perigos em uma abordagem que desvia a atenção das questões básicas, e não há grande dúvida de que esta tenha sido responsável por alguns dos equívocos da doutrina atual. A crença de que é desejável que as empresas causadoras de efeitos nocivos deveriam ser obrigadas a indenizar os que sofrem os danos (tema discutido à exaustão na seção VIII sobre o exemplo das fagulhas das locomotivas oferecido por Pigou) sem dúvida resulta de não se comparar o produto total que poderia ser obtido com arranjos sociais alternativos.

Pode-se encontrar o mesmo erro nas propostas para a solução do problema dos efeitos prejudiciais por meio do emprego de tributos ou recompensas. Pigou enfatiza fortemente esta solução, embora, como sempre, seja deficiente nos detalhes e restrito em sua fundamentação.[64] Os economistas modernos tendem a raciocinar somente em termos de tributação, o que fazem de forma muito precisa. Os tributos deveriam ser iguais aos prejuízos causados e, portanto, deveriam variar de acordo com o valor do efeito nocivo. Como não se propõe que os tributos recolhidos sejam pagos aos que sofreram os danos, esta solução não é análoga àquela que obrigaria uma empresa a indenizar os indivíduos prejudicados por seus atos, embora, de modo geral, os economistas pareçam não ter observado este aspecto e tendam a tratar as duas soluções como se fossem idênticas.

Suponhamos que uma fábrica emissora de fumaça se instale em um distrito que, antes, estava livre da poluição por fumaça, causando danos no valor de $ 100 anuais. Suponhamos que seja adotada a solução da tributação e que o dono da fábrica seja tributado em $ 100 anuais enquanto a fábrica emitir fumaça. Suponhamos, ainda, que seja possível a instalação de um dispositivo para a prevenção da fumaça, ao custo operacional anual de $ 90. Nestas circunstâncias, deve ser instalado o dispositivo. Seria evitado o pagamento de $ 100 de indenização a um custo de $ 90, de tal modo que o proprietário da fábrica obteria uma vantagem anual de $ 10. Entretanto, a situação conquistada pode não ser ótima. Suponhamos que aqueles que sofrem os danos pudessem evitá-los ao se mudarem para outros locais ou ao

---

64 *Ibidem*, p. 192-194, 381, e Pigou, A. C. *A study in public finance*. 3. ed. London: Macmillan & Co., 1947. p. 94-100.

Cap. 5 • O Problema do Custo Social
151

tomarem várias precauções, o que lhes custaria ou seria equivalente a uma perda de receita de $ 40 anuais. Assim, haveria um ganho de $ 50 no valor da produção caso a fábrica continuasse a emitir fumaça e os indivíduos que agora ocupam o distrito se transferissem para outro lugar ou tomassem quaisquer outras precauções para evitar os danos. Se o proprietário da fábrica fosse obrigado a pagar tributos iguais aos danos causados, seria claramente vantajoso instituir um sistema de dupla tributação e obrigar os residentes do distrito a pagarem um valor igual aos custos adicionais incorridos pelo proprietário da fábrica (ou pelos consumidores de seus produtos), de modo a evitar danos. Nestas condições, os indivíduos prejudicados pela fumaça não permaneceriam no distrito ou adotariam outras medidas para evitar que ocorressem os danos sempre que tais custos fossem inferiores aos custos incorridos pelo proprietário da fábrica para reduzir os danos (sendo o objetivo do produtor, é claro, não tanto reduzir os danos como reduzir os tributos a serem pagos). Um sistema tributário que se limitasse a tributar o produtor pelos danos causados tenderia a provocar custos excessivamente elevados para a prevenção de danos. Decerto, esta situação poderia ser evitada caso fosse possível tomar como base para o tributo não o dano causado, mas a queda do valor da produção (em seu sentido mais amplo) causada pela emissão de fumaça. Para fazê-lo, todavia, seriam necessários conhecimentos detalhados das preferências individuais, mas não sou capaz de conceber um modo de levantar os dados necessários para um sistema tributário desse tipo. De fato, são abundantes as dificuldades encontradas na proposta para a solução do problema da poluição causada pela fumaça e outros similares por meio da tributação: os problemas relativos ao cálculo, a diferença entre dano médio e dano marginal, as inter-relações entre os danos sofridos por diversas propriedades etc. Não é necessário, porém, examinar tais problemas aqui. É suficiente, para meus fins, demonstrar que, ainda que o tributo fosse ajustado para equivaler, exatamente, aos danos causados às propriedades vizinhas como resultado de cada baforada adicional de fumaça, o tributo não levaria, necessariamente, a condições ótimas. Um aumento no número de residentes ou de empresas atuando nas cercanias da fábrica emissora de fumaça redundaria em um acréscimo nos malefícios causados por uma determinada emissão de fumaça. Desta forma, os tributos a serem cobrados aumentariam na medida em que aumentasse o número de indivíduos nos arredores. Esta situação tenderá a levar a uma queda no valor de produção dos fatores empregados pela fábrica, seja porque a redução na produção, devido ao tributo, fará com que fatores sejam usados em outras atividades para as quais são menos valiosos, ou pelo fato de que fatores serão desviados para a produção de meios de reduzir a quantidade de fumaça emitida. Aqueles que decidem estabelecer-se nas adjacências da fábrica, porém, não levarão em conta essa redução do valor da produção que resulta de sua presença. O erro de não considerar os custos impostos a outros indivíduos é comparável ao que faz o proprietário da fábrica por não levar em conta os malefícios ocasionados por sua emissão de fumaça. Sem o tributo, pode haver fumaça em demasia e pessoas de menos nas imediações da fábrica; com o tributo, todavia, poderá haver fumaça de menos e pessoas de mais nas cercanias da fábrica. Nada permite supor que um desses resultados seja, essencialmente, preferível.

Não há necessidade de dedicar muito espaço à discussão do erro semelhante presente na sugestão de que as fábricas emissoras de fumaça deveriam, por meio de zoneamento, ser removidas dos distritos em que a fumaça causa efeitos deletérios. Obviamente, quando a mudança na localização da fábrica tem como resultado uma redução da produção, o fato deve ser levado em conta e avaliado em contraposição aos danos que seriam causados se a fábrica permanecesse no local. O intuito desse tipo de regulação não deve ser o de eliminar a poluição pela fumaça, mas, ao contrário, de garantir um nível ótimo de poluição por fumaça, sendo este a quantidade que maximizará o valor da produção.

X. Uma mudança de abordagem

Acredito que o insucesso dos economistas em chegar às conclusões corretas sobre o tratamento dos efeitos prejudiciais não pode ser atribuído apenas a alguns tropeços em suas análises. O malogro decorre de distorções básicas na abordagem atual dos problemas da teoria econômica do bem-estar. O que é necessário é uma mudança de abordagem.

Uma análise realizada em termos de divergências entre os produtos privado e social concentra-se nas deficiências particulares do sistema e tende a nutrir a crença de que qualquer medida capaz de eliminar a deficiência é necessariamente desejável.

Essa análise desvia a atenção das demais alterações no sistema que se associam de modo inexorável às medidas corretivas; transformações que podem muito bem resultar em prejuízos mais graves do que a deficiência original. Vimos muitos exemplos disso nas seções anteriores do presente artigo. Não é necessário, todavia, abordar o problema desta maneira. Economistas que estudam os problemas da firma habitualmente empregam uma abordagem de custo de oportunidade e comparam as receitas obtidas por meio de uma determinada combinação de fatores com organizações empresariais alternativas. Parece conveniente empregar uma abordagem similar ao analisar questões de política econômica e comparar o produto total gerado por arranjos sociais alternativos. Neste artigo, minha análise limitou-se, como é de praxe, neste segmento da teoria econômica, a comparações do valor de produção, tal como medido pelo mercado. Obviamente, porém, é desejável que a escolha entre arranjos sociais distintos para a solução de problemas econômicos seja feita em termos mais amplos do que esses, e que seja levado em consideração o efeito total desses arranjos, em todas as esferas da vida. Tal como Frank H. Knight tem, frequentemente, enfatizado, os problemas da teoria econômica do bem-estar devem ser dissolvidos, no final, num estudo da estética e da moral.

Um segundo aspecto do tratamento comum dado aos problemas discutidos nesse artigo é que a análise é feita em termos de uma comparação entre uma situação de *laissez-faire* e um mundo ideal. É inevitável que uma abordagem assim conduza a um modo de pensar sem rigor, uma vez que jamais são elucidadas as alternativas a serem comparadas. Existem sistemas monetário, legal ou político em uma situação de *laissez-faire*? Em caso positivo, quais são eles? Em um mundo ideal, haveria sistemas monetário, legal ou político? Em caso positivo, quais seriam eles? As respostas a todas essas perguntas estão recobertas de mistério, e todo indivíduo tem liberdade para chegar à conclusão que preferir. Na verdade, não é necessária grande análise para demonstrar que um mundo ideal é melhor do que uma situação de *laissez-faire*, a não ser que sejam idênticas as definições de uma situação de *laissez-faire* e de um mundo ideal. Entretanto, em grande medida, essa discussão é irrelevante para as questões de políticas econômicas, pois qualquer que seja o mundo ideal que tenhamos em mente, está claro que ainda não descobrimos como atingi-lo a partir da posição em que nos encontramos. Uma abordagem melhor parece ser iniciar nossa análise por uma situação que se avizinhe daquilo que realmente existe, pelo exame dos efeitos de uma mudança de política sugerida e, então, tentar decidir se a nova situação seria, no todo, melhor ou pior do que a situação original. Desta forma, as conclusões a que chegaríamos para as políticas teriam alguma relevância para a situação real.

Um motivo final para o insucesso ao desenvolver uma teoria adequada para enfrentar o problema dos efeitos nocivos é oriundo de uma concepção errônea do que constitui um fator de produção. De modo geral, o fator de produção é considerado como uma entidade física que o empresário adquire e utiliza (um pedaço de terra, uma tonelada de fertilizante), em vez de ser considerado como o direito de realizar determinadas ações (físicas). É possível imaginar um indivíduo que possui terras e que, de fato, as utiliza como um fator de produção. Na verdade, o que o proprietário de terras possui, todavia, é o direito de realizar uma lista restrita de ações. Os direitos do proprietário não são ilimitados. Nem mesmo é possível que sempre desloque a terra para outro lugar, por exemplo, por sua extração. E, embora lhe seja possível impedir alguns indivíduos de usarem "suas" terras, isso pode não ser verdadeiro em relação a outros indivíduos. Por exemplo, alguns indivíduos podem ter o direito de atravessar as terras. Mais ainda, ele pode – ou não – ter a possibilidade de construir determinados tipos de prédios ou cultivar determinados produtos agrícolas, ou, ainda, utilizar sistemas específicos de drenagem na terra. Isso não ocorre simplesmente em razão da regulamentação governamental. Ocorreria, também, no sistema de *common law*. Na verdade, isso ocorreria em qualquer sistema jurídico. Um sistema em que os direitos individuais fossem ilimitados seria um sistema no qual não haveria direitos a serem adquiridos.

Quando se consideram os fatores de produção como direitos, torna-se mais fácil compreender que o direito de fazer algo que produza efeitos nocivos (tal como a emissão de fumaça, barulho, odores etc.) é, também, um fator de produção. Assim como podemos utilizar um pedaço de terra de modo a impedir que o atravessem, ou nele estacionem seus carros ou construam suas casas, podemos usá-lo de modo a subtrair-lhes uma paisagem, o silêncio, ou um ar não poluído. O custo de exercer um direito (de usar um fator de produção) é sempre a perda sofrida em outro lugar em consequência do exercício desse direito – a impossibilidade de cruzar a terra, estacionar o carro, construir uma casa, desfrutar de uma paisagem, ter paz e silêncio, respirar ar limpo.

Seria claramente desejável se as únicas ações realizadas fossem aquelas por meio das quais o ganho gerado valesse mais do que a perda sofrida. Entretanto, ao se escolher entre arranjos em um contexto em que decisões individuais são tomadas, temos de estar conscientes de que uma mudança no sistema existente que seja capaz de aprimorar a tomada de algumas decisões pode muito bem levar à deterioração de outras. Ademais, é preciso levar em conta os custos despendidos na operação dos diversos arranjos sociais (seja o funcionamento de um mercado ou de um órgão de governo), bem como os custos despendidos ao se mudar para um novo sistema. Ao projetar e escolher entre arranjos sociais, devemos vislumbrar o efeito total. É esta, sobretudo, a mudança de abordagem que defendo.

Seis

Notas sobre o problema do custo social

I. O Teorema de Coase

Não criei a expressão "Teorema de Coase" e nem a sua formulação precisa – devemos ambas as criações a Stigler. No entanto, é verdade que a sua formulação do teorema baseou-se em trabalho meu, no qual se encontra o mesmo pensamento, embora expresso de forma bem diversa. Inicialmente, apresentei a proposição que foi transformada no Teorema de Coase em um artigo sobre "The Federal Communications Commission" (a Comissão Federal de Comunicação). Afirmei ali o seguinte:

> "Saber se uma caverna recém-descoberta pertence ao indivíduo que a descobriu, ao indivíduo em cujas terras está localizada a entrada da caverna, ou ao indivíduo que possui o terreno sob o qual está situada a caverna depende, sem dúvida, do Direito das Coisas em vigor. O Direito, contudo, determina apenas com quem é necessário celebrar um contrato para obter uma licença para o uso de uma caverna. Se a caverna será usada para armazenar registros bancários, como reservatório de gás natural, ou para o cultivo de cogumelos, depende não do Direito das Coisas, mas de quem vai pagar mais para utilizá-la: o banco, a empresa de gás natural, ou o produtor de cogumelos."[1]

Assinalei, então, que esta proposição, que parece difícil de ser contestada quando nos referimos ao direito de utilização de uma caverna, poderia também ser aplicada ao direito de emitir radiações elétricas (ou gerar fumaça poluente), ilustrando meu argumento com

---

1 Coase, R. H. The Federal Communications Commission. *The Journal of Law and Economics*, p. 25, October 1959.

uma análise do caso *Sturges v. Bridgman*, que se refere a um médico incomodado pelo ruído e pelas vibrações resultantes do funcionamento das máquinas de um confeiteiro. Seguindo uma linha de argumentação que, a esta altura, deve ser bem familiar, demonstrei que, independentemente do fato de o confeiteiro possuir ou não o direito de provocar ruído ou vibrações, tal direito seria, na verdade, adquirido pela parte que lhe atribuísse maior valor (tal como ocorreria com a caverna recém-descoberta). Concluí afirmando que, embora "a delimitação dos direitos seja um prelúdio essencial para as transações de mercado (...) o resultado final (que maximiza o valor de produção) independe do disposto no ordenamento jurídico".[2] É esta a essência do Teorema de Coase. Reiterei o argumento mais longamente em meu artigo "O problema do custo social", deixando claro que este resultado dependia de que se assumissem custos de transação iguais a zero.

Stigler enuncia o Teorema de Coase nos seguintes termos: "... sob condições de concorrência perfeita, os custos privado e social serão iguais".[3] Uma vez que, com custos de transação zero, como também indicado por Stigler, os monopólios seriam induzidos a "agir como concorrentes",[4] bastaria, talvez, afirmar que, com custos de transação zero, os custos privado e social serão iguais. É possível perceber, assim, que a enunciação do Teorema de Coase por Stigler diverge do modo como expressei a mesma ideia em meu artigo. Nele, falei da maximização do valor de produção. Não há aí, todavia, qualquer inconsistência. O custo social representa o maior valor que os fatores de produção renderiam em um uso alternativo. No entanto, os produtores – que normalmente se interessam apenas por maximizar seus próprios rendimentos –, não estão preocupados com o custo social, e só empreenderão uma atividade se o valor do produto dos fatores empregados for superior ao seu custo privado (a quantia que estes fatores *renderiam* [*would earn*] em seu melhor emprego alternativo). Entretanto, se o custo privado for igual ao custo social, deduz-se que os produtores só empreenderão uma atividade se o valor do produto

---

2 *Ibidem*, p. 27.

3 Stigler, George J. *The theory of price*. 3. ed. New York: Macmillan Co., 1966. p. 113.

4 Stigler, George J. *The law and economics of public policy*: a plea to the scholars. *Journal of Legal Studies* 1, n. 1, p. 12, 1972.

dos fatores empregados for superior ao valor que renderiam no seu melhor uso alternativo. Ou seja, com custos de transação zero, o valor de produção seria maximizado. A discussão sobre o Teorema de Coase na literatura tem sido muito extensa, e não posso sequer pretender contestar todas as questões levantadas. Algumas das críticas, no entanto, atacam o cerne de meu argumento e vêm sendo feitas de forma tão persistente, muitas vezes por economistas extremamente capazes, que se faz necessário rebatê-las, sobretudo porque, na minha opinião, essas críticas são, em sua maior parte, inválidas, insignificantes, ou irrelevantes. Muitas vezes, mesmo aqueles que simpatizam com meu ponto de vista não compreenderam bem minha argumentação, uma decorrência que atribuo à extraordinária influência da abordagem de Pigou sobre as mentes dos economistas modernos. Só espero que estas minhas observações ajudem a enfraquecer esse poder. Quer eu esteja certo ou não, pelo menos servirão para esclarecer a natureza de minha argumentação.

II. A riqueza será maximizada?

Uma questão fundamental é saber se é razoável pressupor, como fiz, que, quando os custos de transação são iguais a zero, as negociações conduzirão a um acordo que maximizará a riqueza. Tem-se argumentado que esta é uma suposição errônea, e tal crítica tem ganhado força porque tem sido sustentada, entre outros, por Samuelson. Este autor faz apenas duas referências ao artigo "O problema do custo social", as duas em notas de rodapé, mas seu argumento é basicamente o mesmo em ambas as ocasiões. Afirma, na primeira: "O interesse individual ilimitado, em tais casos [de negociações sobre incômodos por fumaça e outros], conduzirá ao problema insolúvel do monopólio bilateral com todas as suas indeterminações e não otimalidades".[5] Na segunda, diz: "... o problema de fixação do preço de dois ou mais insumos que podem ser utilizados em comum não se resolve por sua

---

5   Samuelson, Paul A. Modern economics realities and individualism. *The Texas Quarterly*, p. 128, Summer 1963; reimpresso em *The collected scientific papers of Paul A. Samuelson*. Cambridge, Mass.: MIT Press, 1966. v. 2, p. 1.411.

redução a um determinado total maximizado cuja alocação entre as partes seja um problema indeterminado em monopólio multilateral."[6]

Os comentários de Samuelson incorporam a concepção que há muito endossa e que, de início, foi utilizada para criticar a análise de um adversário mais formidável. Edgeworth argumentara, em *Mathematical Psychics* (Psíquicos Matemáticos, 1881), que dois indivíduos que participassem de uma troca de bens terminariam na "curva de contrato" porque, caso contrário, restariam posições para as quais pudessem chegar por meio de troca que seriam mais vantajosas para os dois. Edgeworth pressupunha, implicitamente, que havia "contratação" e "recontratação" sem custos. Tem-me ocorrido, frequentemente, que uma lembrança subconsciente da argumentação em *Mathematical Psychics*, que estudei há mais de 50 anos, pode ter-me influenciado na formulação da hipótese que veio a ser denominada "Teorema de Coase". Samuelson afirma o seguinte a respeito do argumento de Edgeworth, em seu *Foundations of Economic Analysis* [Fundamentos da Análise Econômica]: "... a partir de qualquer ponto fora da curva de contrato, existe um movimento em direção a ele que seria benéfico para ambos os indivíduos. Afirmar isto não é o mesmo que dizer, como Edgeworth, que a troca, de fato, necessariamente, terminará em algum ponto da curva de contrato, pois, em muitos tipos de monopólio bilateral, pode-se atingir um equilíbrio final fora da curva de contrato."[7] Mais tarde, Samuelson acrescenta a seguinte afirmação: "... nossa experiência com o homem como um animal social sugere que [não] é possível prever com segurança, como uma questão factual, que 'homens educados e inteligentes de boa-fé' na verdade tendam a dirigir-se para o *locus* contratual generalizado. Como uma afirmação empírica de fato, não podemos concordar com a asserção de Edgeworth de que monopólios bilaterais devem acabar em algum ponto da curva de contrato. Podem acabar em outro ponto, porque um ou ambos não

---

6   Samuelson, Paul A. The monopolistic competition revolution. In: *Monopolistic competition theory:* studies in impact; essays in honor of Edward H. Chamberlin. Ed. Robert E. Kuenne. New York: Wiley, 1967. p. 105; reimpresso em *The collected scientific papers of Paul A. Samuelson*, 3: 36.

7   Samuelson, Paul A. *Foundations of economic analysis*. Cambridge, Mass.: Harvard University Press, 1947. p. 238.

estariam dispostos a discutir a possibilidade de fazer um movimento mutuamente favorável por medo de que a discussão possa pôr em perigo o *status quo* tolerável existente."[8] A explicação que Samuelson oferece, em *Foundations*, sobre os motivos pelos quais dois indivíduos podem não acabar na curva de contrato, é que podem não estar dispostos a iniciar negociações que conduzam a uma troca que beneficiaria os dois porque fazê-lo pode ter como resultado um acordo que desfavoreceria um ou outro, deixando-o em situação pior do que antes. Não é fácil entender esta alegação. Se já houvesse um contrato entre as partes, de tal modo que seria necessário um acordo mútuo para que fosse modificado, não parece haver qualquer obstáculo que impeça o início das negociações. E, se não houvesse contrato, não há *status quo* a arriscar. Para concretizar-se a troca, precisa haver um acordo sobre os termos da troca e, dado que isso seja verdadeiro, eu não suporia que as partes escolheriam condições que piorariam sua situação mais do que o necessário. Talvez o que Samuelson tinha em mente era que poderia não haver contrato nem troca porque as partes não conseguem entrar em acordo a respeito dos termos, dado que o contrato afeta seus respectivos ganhos obtidos com a troca. Parece ter sido esta a posição de Samuelson em 1967. Este autor afirmou, então, que

> "o interesse próprio racional de cada uma das duas partes dotadas de livre--arbítrio não faz necessário que surja, mesmo na situação mais idealizada da teoria dos jogos, uma solução ótima de Pareto que maximize a soma dos lucros dos dois adversários, *antecipando e sem ter em conta a forma como esse lucro maximizado será dividido entre eles*. Exceto por decreto do analista econômico, ou por sua redefinição tautológica do que constitui um comportamento 'irracional', não podemos eliminar um resultado que não é ótimo no sentido de Pareto" (itálico no original).[9]

Decerto, é verdade que não podemos descartar tal resultado se as partes não chegarem a um acordo sobre os termos da troca e, desta forma, é impossível argumentar que dois indivíduos que negociam uma troca *devem* terminar na curva de contrato, mesmo em um mundo com custos de transação zero em que as partes têm, com efeito,

---

8   *Ibidem*, p. 251.
9   Ver Samuelson, *Collected scientific papers*, 3: 35.

uma eternidade para negociar. No entanto, há bons motivos para supor que será pequena a proporção de casos em que não há acordo.

Como observa o próprio Samuelson, situações em que o preço pelo qual um fornecedor está disposto a vender é inferior ao preço pelo qual um demandante está disposto a comprar, e no qual as partes, portanto, têm de chegar a um acordo sobre o preço, são "ubíquas na vida real".[10] Samuelson fornece um exemplo:

> "Se minha secretária foi treinada de acordo com meus hábitos, e eu fui treinado de acordo com os dela, há uma gama de indeterminação para a imputação da nossa produção conjunta. Na falta dela, posso encontrar uma substituta, mas não, necessariamente, correspondendo a cada dólar de seu custo, uma substituta similar. Por outro lado, se eu optar, amanhã, por uma carreira de bombeiro encanador, minha atual secretária pode perder totalmente o valor de seu considerável investimento em dominar o vocabulário do meu tipo específico de economia. Se eu estivesse parado na margem da indiferença, poderia ser compensador para ela pagar-me por fora para que fosse tentador para mim abrir mão de uma carreira com a chave-inglesa".[11]

Trata-se de um exemplo fantasioso de uma situação muito comum, quer estejamos pensando na compra de matérias-primas, máquinas, terrenos, edifícios, ou serviços de mão de obra. Logicamente, a competição entre substitutos em geral estreita muito a faixa dentro da qual o preço acordado pode se situar, mas deve ser muito raro, mesmo, que tanto o comprador como o vendedor sejam indiferentes quanto ao fato de uma transação ser levada a cabo ou não. E, no entanto, observamos que matérias-primas, máquinas, terras e edifícios são comprados e vendidos, e até mesmo os professores universitários conseguem ter secretárias. A impressão que se tem é de que, via de regra, não deixamos o problema da divisão dos ganhos prejudicar a concretização de um acordo. O que não surpreende. Aqueles que acham impossível celebrar acordos perceberão que nem compram nem vendem e, consequentemente, em geral, não terão rendimentos. Traços que conduzem a esse resultado têm pouco valor para a sobrevivência, e podemos supor (eu certamente o faço) que os seres humanos

---

10 *Ibidem*, p. 36.
11 *Ibidem*.

Cap. 6 • Notas sobre o Problema do Custo Social   163

normalmente não os possuem e estão dispostos a "rachar a diferença". Samuelson assevera como "uma afirmação empírica de fato" que as pessoas, na situação analisada por Edgeworth, não necessariamente terminam em algum lugar da curva de contrato. Isto sem dúvida está correto, mas um fato de importância ainda maior é que normalmente esperaríamos que terminassem nela. Samuelson, discutindo o exemplo hipotético no qual pensa em tornar-se bombeiro encanador, aponta que "poderia ser compensador" para sua secretária "pagar-me por fora para que seja tentador para mim abrir mão de uma carreira com a chave-inglesa". Certamente, é fato que sua secretária poderia não concordar em pagar-lhe por fora, ou, o que vem a dar no mesmo, em aceitar uma redução salarial, embora esta a beneficiasse (e a Samuelson), ou, ainda, Samuelson poderia piorar sua situação (e a dela) ao tornar-se bombeiro encanador porque, de seu ponto de vista, a secretária não estava disposta a aceitar uma redução suficiente de seu próprio salário; todavia, considero esses resultados muito improváveis, nestas circunstâncias, especialmente em um regime de custos de transação zero.

Samuelson também enfatiza a indeterminação do resultado final. Embora seja verdadeiro para todos os tipos de compras e, portanto, se aplique a toda análise econômica, a existência de indeterminação, por si só, conforme demonstrou Edgeworth, não implica que o resultado seja não ótimo. Além do mais, o fato de que os ganhos respectivos de ambas as partes são indeterminados é irrelevante para o problema que discuti em "O problema do custo social": a atribuição, aos indivíduos e às firmas, de direitos para executar determinadas ações e seus efeitos sobre o que é produzido e vendido. De qualquer forma, não há razão para supor que o grau de indeterminação do compartilhamento dos ganhos seria maior nas negociações sobre os direitos de emitir fumaça do que nas transações com as quais os economistas estão mais acostumados a lidar, como a compra de uma casa.

III. O Teorema de Coase e as rendas

A maioria das objeções ao Teorema de Coase parece subestimar o que poderia ser realizado por transações sem custo. Algumas críticas, no entanto, levantam questões de natureza mais geral. Por exemplo, diz-se que o Teorema de Coase é falho por não levar em conta o papel crucial desempenhado pela existência ou não de rendas. O termo "rendas", neste contexto, é usado para denotar a diferença entre o que um fator de produção rende na atividade em discussão e o que poderia render de outro modo. Eu havia analisado o problema levando em consideração o que acontece com o rendimento líquido da terra. Mas não há dificuldade alguma em reformular o argumento em termos de renda. O resultado é pouco mais do que reiterar, em outras palavras, a minha argumentação original, embora alguns economistas possam considerar esta abordagem mais agradável.

A relação entre a existência de rendas e a minha análise foi discutida pela primeira vez por Wellisz.[12] Desde então, esta maneira de ver as coisas vem sendo utilizada, por Regan[13] e Auten, entre outros, como base para argumentar que a minha conclusão é incorreta. Auten expõe a questão de modo sucinto:

> "Nos exemplos de Coase, os resultados (...) variam de acordo com a responsabilidade, dependendo da renda ricardiana dos poluidores e dos receptores. Se tanto o poluidor como o receptor operarem em terras marginais, o poluidor deverá encerrar suas operações no longo prazo se for responsável, e os receptores serão expulsos, se responsáveis".[14]

O argumento é plausível. A terra é marginal e não produz rendimentos, enquanto os outros fatores empregados estão em oferta perfeitamente elástica e não rendem mais neste uso que em algum outro uso alternativo. Nestas circunstâncias, parece óbvio que, se os responsáveis pela poluição são obrigados a pagar uma indenização pelos danos causados, os fatores de produção (com exceção dos terrenos) utilizados na atividade que polui deixarão este modo de emprego, uma vez que qualquer pagamento pelos danos causados reduziria seus rendimentos para menos do que seriam em outro lugar. Suponhamos,

---

12 Wellisz, Stanislaw. On external diseconomics and the government-assisted invisible hand. *Economica*, n. 31, p. 345-362, November 1964.

13 Regan, Donald H. The problem of social cost revisited. *Journal of Law and Economics* 15, n. 2, p. 427-437, October 1972.

14 Auten, Gerald E. Discussion. In: *Theory and measurement of economic externalities*. Ed. Steven A. Y. Lin. New York: Academic Press, 1976. p. 38.

porém, que os causadores da poluição não possam ser responsabilizados. Aqueles que sofrem os danos resultantes da poluição descobrirão que, tendo em conta os danos, agora ganham menos que ganhariam em um modo de emprego alternativo e, portanto, ficarão melhor caso se mudem para outro local. Tudo isso parece sugerir, ao contrário de minhas afirmações, que a situação jurídica, de fato, afeta o resultado. O argumento de Auten, embora plausível, está, acredito, errado. Uma vez que, nessas condições, ninguém teria seus rendimentos aumentados por possuir o direito de poluir, ninguém pagaria nada por ele. Desta forma, o preço seria zero. Como é possível dizer que alguém não detém o direito de poluir quando, por um preço igual a zero, pode adquiri-lo? Como é possível afirmar que alguém deve sofrer prejuízos quando, por um preço igual a zero, pode evitá-los? A responsabilidade e a não responsabilidade seriam livremente intercambiáveis. Poluidores e receptores, para usar a terminologia de Auten, têm a mesma probabilidade de ficar ou partir. O que acontecerá é completamente independente da posição jurídica inicial.

A renda consiste na diferença entre o que um fator de produção rende em uma determinada atividade e o que poderia render na melhor atividade alternativa. Os fatores empregados em uma atividade estariam dispostos, se necessário, a pagar uma quantia de dinheiro que chegasse a ser até um pouco menor do que a soma de suas rendas para permitir que continuassem seu emprego naquela atividade, porque, mesmo depois de levar em conta esse pagamento, sua situação seria melhor do que se tivessem de se deslocar para a sua melhor alternativa. De forma semelhante, estariam dispostos a abandonar uma atividade em troca de qualquer pagamento maior do que a soma de suas rendas, uma vez que, incluindo este pagamento, sua situação seria melhor, caso se deslocassem para a sua melhor alternativa, do que se continuassem nesta atividade. Admitindo que seja assim, torna-se fácil demonstrar que, com custos de transação zero, a alocação de recursos permanecerá a mesma, independentemente da situação jurídica em matéria de responsabilidade civil. Para simplificar a discussão, denominarei "rendas" a soma das rendas dos fatores empregados em uma atividade e analisarei o mesmo exemplo oferecido em meu artigo original, o gado que perambula e destrói as plantações. Denominarei "pecuaristas" os fatores de produção empregados na criação de gado, e "agricultores", os fatores de produção empregados no cultivo da terra.

Uma vez que as rendas representam o aumento no valor de produção (e, portanto, dos rendimentos) oriundos da realização de uma determinada atividade ao invés da melhor alternativa, segue-se que o valor de produção, medido no mercado, é maximizado quando são maximizadas as rendas. Se os agricultores cultivassem suas terras (e não houvesse pecuaristas), o aumento no valor de produção resultante de suas atividades seria medido pelas rendas dos fatores empregados na agricultura. Se os pecuaristas criassem seu gado (e não houvesse agricultores), o aumento no valor de produção resultante da sua atividade seria medido pelas rendas dos fatores empregados na pecuária. Se houvesse tanto pecuaristas como agricultores, mas não houvesse danos às plantações como resultado da perambulação do gado, o aumento no valor de produção seria medido pela soma das rendas de agricultores e pecuaristas. No entanto, suponhamos que, dada a pecuária, algumas culturas seriam destruídas pela perambulação do gado. Neste caso, quando a agricultura e a pecuária são realizadas simultaneamente, o aumento no valor de produção é medido pela soma das rendas, tanto de agricultores como de fazendeiros (como definido), deduzido o valor das plantações destruídas pelo gado.

Suponhamos, primeiro, que os danos às plantações, com a pecuária e a agricultura funcionando de forma simultânea, sejam avaliados em menos do que as rendas dos pecuaristas ou as rendas dos agricultores. Se os pecuaristas fossem responsabilizados pelos prejuízos causados por seu gado, poderiam indenizar os agricultores e continuar suas atividades, e ainda encontrar-se em uma situação melhor do que se abandonassem a pecuária em troca de um montante igual a suas rendas, menos o valor dos danos. Se os pecuaristas não fossem responsabilizados, o máximo que os agricultores pagariam para induzir os pecuaristas a encerrar suas atividades seria o valor das plantações destruídas. Isto vem a ser menos do que a quantia adicional que os agricultores poderiam ganhar ao dar seguimento a suas atividades, em vez de mudar-se para sua melhor alternativa de emprego. Desta forma, os agricultores seriam incapazes de induzir os pecuaristas a encerrarem suas operações. Como as rendas dos agricultores são maiores do que o valor das colheitas destruídas, os agricultores ainda

Cap. 6 • Notas sobre o Problema do Custo Social   167

desfrutariam de um ganho líquido por persistirem em suas atividades de cultivo da terra. Seja qual for a situação jurídica, tanto pecuaristas como agricultores dariam seguimento a suas atividades. É fácil demonstrar que esta situação maximizará o valor de produção. Se as rendas dos pecuaristas são de $ 100 e as rendas dos agricultores são também de $ 100, e o valor das plantações destruídas é de $ 50, o valor de produção será superior ao que seria se tanto os pecuaristas quanto os agricultores persistirem em suas atividades. Nessas condições, o aumento no valor de produção seria de $ 150 (a soma das rendas menos o valor das plantações destruídas). Se pecuaristas, por um lado, ou agricultores, por outro, encerrassem suas atividades, o aumento no valor de produção cairia para $ 100.

Consideremos, agora, o que aconteceria se os danos às plantações fossem avaliados como inferiores às rendas dos pecuaristas, mas superiores às rendas dos agricultores. Suponhamos, primeiro, que os pecuaristas são responsáveis pelos danos causados por seu gado. Se os pecuaristas indenizassem os agricultores pela perda de suas plantações (o que poderiam fazer, já que as suas rendas são maiores do que o valor dos danos às plantações), os agricultores ganhariam a mesma quantia que obteriam se os danos não tivessem ocorrido (a venda no mercado seria substituída pelo pagamento dos pecuaristas pelas plantações destruídas). Mas as rendas dos agricultores são inferiores ao valor das plantações destruídas. Se recebessem qualquer pagamento superior a suas rendas, os agricultores se comprometeriam a não cultivar. A situação dos pecuaristas seria melhor se induzissem os agricultores a não cultivar suas plantações (e assim interromper a destruição das plantações) por meio de um pagamento inferior ao valor dos danos às plantações. Nas circunstâncias imaginadas, chegar-se-ia a um acordo por meio do qual, por um pagamento pelos pecuaristas que fosse superior às rendas dos agricultores mas inferior ao valor dos danos às plantações, os agricultores não se ocupariam da atividade de cultivo. Agora, suponhamos que os pecuaristas não podem ser responsabilizados por danos às plantações. Como os danos que os agricultores sofreriam seriam maiores do que as suas rendas, os agricultores ganhariam menos do que na sua melhor atividade alternativa se cultivassem suas plantações e, portanto, não se dedicariam ao plantio, a menos que pudessem induzir os pecuaristas a desistir de suas atividades. No entanto, a maior quantia que os agricultores pagariam para que isso acontecesse seria um pouco menor do que suas rendas. Na medida em que as rendas das atividades dos pecuaristas (com a consequente destruição das plantações) são maiores do que as rendas dos agricultores, os agricultores não seriam capazes de fazer um pagamento grande o suficiente para induzir os pecuaristas a cessarem suas atividades. Nestas circunstâncias, da mesma forma que as plantações não se realizariam quando os pecuaristas eram responsáveis por danos às plantações, os agricultores se devotariam à sua melhor alternativa de ocupação, enquanto os pecuaristas continuariam a exercer suas atividades. Como antes, uma mudança na situação jurídica não tem efeito sobre a alocação de recursos. Mais ainda, a alocação resultante é aquela que maximiza o valor de produção. Suponhamos que as rendas dos pecuaristas sejam de $ 100, o valor dos danos às plantações, $ 50, e as rendas dos agricultores, $ 25. Se tanto pecuaristas como agricultores persistirem em suas atividades, o aumento no valor de produção será de $ 75 ($ 100 mais $ 25 menos $ 50). Se os pecuaristas encerrassem suas atividades, o aumento no valor de produção seria de $ 25 (as rendas dos agricultores), ao passo que, com uma continuação exclusiva das atividades pecuárias, o aumento no valor de produção seria de $ 100 (as rendas dos pecuaristas).

Vamos, agora, inverter a situação que acabamos de discutir e pensar no que aconteceria se o valor dos danos à plantação fosse maior que as rendas dos pecuaristas, mas inferior às rendas dos agricultores. Suponhamos, primeiro, que os pecuaristas podem ser responsabilizados pelos danos. Como a quantia que os pecuaristas teriam de pagar para indenizar os agricultores seria maior do que suas rendas, não haveria pecuária, e os agricultores continuariam a cultivar. Agora, vamos supor que os pecuaristas não sejam responsáveis. Se os pecuaristas persistirem em suas atividades, os agricultores estariam dispostos, se fossem obrigados, a suportar os danos à plantação, já que estes são inferiores a suas rendas. Mas existe uma alternativa preferível à sua disposição. As rendas dos pecuaristas são inferiores ao valor do prejuízo que seu gado inflige às plantações dos agricultores. Os pecuaristas estariam dispostos a deixar suas atividades em troca de qualquer pagamento superior a suas rendas. Os agricultores estariam dispostos a fazer tal pagamento, desde que este fosse menor que o valor dos danos à plantação. Mas são exatamente essas as condições que presumimos. Resulta daqui que seria realizada uma negociação por meio da qual os pecuaristas não empreenderiam suas atividades. Tal como antes, o resultado permanece o mesmo, qualquer que seja a situação jurídica. E, mais uma vez, o valor de produção é maximizado. Suponhamos que as rendas dos pecuaristas sejam de $ 25, o valor dos danos às plantações, $ 50, e as rendas dos agricultores, $ 100. Se tanto pecuaristas como agricultores persistirem em suas atividades, o aumento no valor de produção seria de $ 75 ($ 25 mais $ 100 menos $ 50). Se somente os pecuaristas derem andamento a suas atividades, o aumento no valor de produção seria de $ 25 (as rendas dos pecuaristas), enquanto o aumento seria de $ 100 (as rendas dos agricultores) se somente os agricultores continuassem a plantar.

Passemos a examinar, agora, o caso em que o valor dos danos às plantações é maior que as rendas, tanto dos pecuaristas quanto dos agricultores. Suponhamos, primeiro, que as rendas dos pecuaristas sejam maiores que as rendas dos agricultores. Se os pecuaristas fossem responsáveis pelos danos causados por seu gado às plantações e tivessem de indenizar os agricultores, é claro que os pecuaristas teriam de abandonar suas atividades. Mas este não é o único caminho que se descortina diante deles. Os agricultores ficariam contentes de não cultivar suas plantações em troca de um pagamento maior que suas rendas. Nestas circunstâncias, os pecuaristas estariam dispostos a pagar aos agricultores um montante superior às rendas dos agricultores (mas inferior a suas próprias rendas) para induzir os agricultores a não cultivarem, o que poria fim à destruição das plantações, eliminaria a necessidade de os pecuaristas indenizarem, e os deixaria em melhor situação. Se os pecuaristas não fossem responsáveis por danos, o valor a ser pago pelos danos às plantações excederia as rendas dos agricultores, os quais, portanto, não se dedicariam ao cultivo da terra, mas escolheriam sua melhor alternativa, a não ser que fossem capazes de induzir os pecuaristas a suspender suas atividades. O máximo que os agricultores poderiam oferecer nessa hipótese, e ainda estar em uma situação melhor, seria um pouco menos do que suas próprias rendas. Mas, como as rendas dos pecuaristas são superiores às rendas dos agricultores, os pecuaristas não estariam dispostos a aceitar essa oferta. Os agricultores, portanto, não cultivariam a terra. O resultado, mais uma vez, seria o mesmo, qualquer que fosse a situação jurídica. Além disso, o resultado seria tal que maximizaria o valor de produção. Vamos assumir que as rendas dos pecuaristas fossem de $ 40, o valor das plantações destruídas, $ 50, e as rendas dos agricultores, $ 30. Se ambos os pecuaristas e os agricultores derem seguimento a suas atividades, o aumento no valor de produção em relação ao valor que teria nas outras circunstâncias seria de $ 20 ($ 40 + $ 30 menos $ 50). Se apenas os agricultores persistissem em suas atividades, o aumento seria de $ 30 (as rendas dos agricultores), enquanto, se somente os pecuaristas continuaram suas atividades, o aumento seria de $ 40 (as rendas dos pecuaristas).

Finalmente, é possível examinar o caso em que o valor dos danos às plantações é maior que o valor das rendas dos agricultores e dos pecuaristas, mas as rendas dos agricultores são maiores do que as rendas dos pecuaristas. Suponhamos, primeiro, que os pecuaristas sejam responsáveis pelos danos às plantações. Neste caso, seria impossível para os pecuaristas indenizar os agricultores pela destruição de plantações e persistir em suas atividades. Também não lhes seria possível induzir os agricultores a cessarem o plantio, pois o máximo que os pecuaristas poderiam pagar seria um pouco menos que suas próprias rendas, enquanto os agricultores não estariam dispostos a abandonar o plantio, a menos que recebessem um pouco além de suas próprias rendas (que são maiores que as rendas dos pecuaristas). Suponhamos, agora, que os pecuaristas não sejam responsáveis pelos danos. Nestas circunstâncias, os agricultores poderiam evitar os danos (cuja continuidade os forçaria a abandonar o plantio) por meio de um pagamento que fosse maior que as rendas dos pecuaristas para induzi-los a se mudarem para a sua melhor alternativa (e, portanto, cessar os danos às plantações). Os agricultores poderiam fazer isso e, ainda assim, estar em melhor situação do que se deixassem de cultivar a terra, uma vez que as rendas dos agricultores são superiores às dos pecuaristas. Seja qual fosse a regra de responsabilidade pelos danos, o resultado seria que os agricultores continuariam a cultivar a terra, enquanto os pecuaristas não desenvolveriam a pecuária. Um cálculo semelhante ao do exemplo anterior também demonstraria que essa alocação de recursos foi realizada de forma a maximizar o valor de produção.

Foi tedioso o exame de todos esses casos, mas os resultados são conclusivos. A alocação dos recursos permanece a mesma em todas as

Cap. 6 • Notas sobre o Problema do Custo Social   171

circunstâncias, qualquer que seja a situação jurídica. Além disso, em cada caso, o resultado maximiza o valor de produção tal como medido no mercado, ou seja, maximiza a soma das rendas dos agricultores e dos pecuaristas, deduzido o valor das plantações destruídas. Danos a plantações só persistirão se seu valor for inferior às rendas ou dos pecuaristas ou dos agricultores. Se os danos são superiores às rendas ou dos pecuaristas ou dos agricultores, mas não de ambos, não será realizada a atividade em que as rendas são inferiores aos danos. E, se os danos forem superiores às rendas de ambos os pecuaristas e os agricultores, não terá lugar a atividade que produz a menor renda. Quaisquer que sejam as circunstâncias, será maximizado o valor de produção total. Estes resultados permaneceriam inalterados se, em vez de a questão ser apenas se haveria ou não pecuária ou agricultura, também se permitisse a possibilidade de que poderia haver mais ou menos atividade pecuária e mais ou menos atividade agrícola, mas os cálculos teriam sido ainda mais entediantes.

IV. A atribuição de direitos e a distribuição de riqueza

Na seção III destas notas, foi demonstrado que, em um regime de custos de transação zero, a alocação dos recursos permanece a mesma independentemente do disposto no ordenamento jurídico quanto a quem cabe a responsabilidade por efeitos nocivos. No entanto, vários economistas têm argumentado que essa conclusão é errada, uma vez que, mesmo em um regime de custos de transação zero, uma mudança no ordenamento jurídico afeta a distribuição da riqueza. Isto levará a alterações na demanda de bens e serviços, incluindo – e este é o cerne da questão – aqueles produzidos pela atividade que gera efeitos nocivos e aqueles produzidos pelas atividades por eles afetadas. Assim, se voltarmos ao exemplo da seção anterior, pareceria que os agricultores estão sempre em situação mais vantajosa, e os pecuaristas em situação pior, se os pecuaristas forem responsabilizados pelos danos causados por seu gado do que se não o forem. Se os pecuaristas são responsabilizados, pagam aos agricultores uma quantia para indenizá-los pelos danos, ou pagam-lhes para não produzir (para que não haja danos), ou evitam causar danos, deixando de exercer a atividade pecuária e optando por trabalhar em seu melhor emprego alternativo, caso em que obtêm uma renda mais baixa. Quando não há responsabilidade por danos, os agricultores não recebem nenhuma compensação quando há danos, e persistem em sua atividade agrícola com uma renda reduzida, ou são obrigados, eles próprios, a pagar aos pecuaristas para que não exerçam suas atividades (para que não haja danos), ou se deslocam para seu melhor emprego alternativo, e recebem uma renda mais baixa. Essas mudanças na riqueza dos pecuaristas e agricultores provocarão, diz-se, mudanças em suas demandas e, assim, provocarão uma mudança na alocação de recursos.

Considero esse argumento incorreto, pois uma mudança no papel da responsabilidade não acarretará qualquer alteração na distribuição da riqueza. Portanto, não há efeitos subsequentes sobre as demandas a serem contabilizados. Vejamos por quê. Na seção III destas notas, referi-me ao grupo de fatores empregados na pecuária como "pecuaristas", e ao grupo de fatores empregados na agricultura como "agricultores". Vamos dividir o grupo de fatores denominado "pecuaristas" em pecuaristas e terras pecuárias, e o grupo de fatores denominado "agricultores" em agricultores e terras agrícolas e, ainda, vamos fazer uma suposição, talvez não muito irreal, de que só as terras pecuárias e as terras agrícolas geram "rendas", tal como definido na seção III. Imaginemos, também, que a terra seja arrendada pelos pecuaristas e agricultores.

Limitemo-nos ao caso simples em que os danos causados pelo gado são menores do que as "rendas" dos terrenos, quer sejam empregados na pecuária ou na agricultura. Consideremos o efeito da regra jurídica de responsabilidade sobre os termos dos contratos celebrados pelos que se dedicam a atividades pecuárias e agrícolas. Se o pecuarista for obrigado a indenizar o agricultor pelos danos causados às plantações por seu gado, a quantia que pagaria pelo arrendamento da terra seria inferior – em um valor igual ao que seria obrigado a pagar como indenização – ao que seria se não fosse obrigado a efetuar tal pagamento, ao passo que o agricultor pagaria um preço pelo arrendamento da terra que seria superior – em um valor igual ao que pagaria se não recebesse compensação por danos. A riqueza de pecuaristas e agricultores permaneceria a mesma, independentemente da previsão jurídica em matéria de responsabilidade civil por fato de animais (no caso, do gado). Mas o que dizer dos proprietários das terras? Se o ordenamento jurídico determina que é obrigatório pagar indenização por danos às plantações, será menor o preço do arrendamento das terras destinadas à pecuária, enquanto o das terras agrícolas vai ser maior do que seria se não fosse preciso pagar indenização. No entanto, se a regra jurídica de responsabilidade for conhecida, o montante que terá sido pago para adquirir a terra refletirá isso, pagando-se menos pelas terras destinadas à pecuária e mais pelas terras agrícolas quando é obrigatório pagar indenização do que quando isso não é obrigatório. Desta forma, permaneceria igual a riqueza dos proprietários de terras, e as mudanças no valor pago pelo terreno contrabalançariam as mudanças no fluxo de pagamentos provocadas por uma diferença na posição jurídica em matéria de responsabilidade por danos. Não há nenhuma alteração na distribuição de riqueza associada à escolha de uma regra jurídica diferente e, portanto, nenhuma alteração subsequente na demanda, cujos efeitos devam ser contemplados. Embora eu tenha examinado somente o caso em que os danos foram menores do que as "rendas", tanto das terras destinadas à pecuária como das terras agrícolas, um argumento similar permitiria a mesma conclusão em todos os casos discutidos na seção III.

Pode-se pensar que essa análise dos efeitos de uma diferença na posição jurídica quanto à responsabilidade, caso se presuma que em cada cenário todas as partes estão totalmente ajustadas a tal posição, não seria aplicável quando houvesse uma alteração no ordenamento jurídico. Não é assim. Não fica comprometida a conclusão de que não haverá redistribuição de riqueza quando os custos de transação são iguais a zero, embora este resultado seja atingido por uma via um pouco diferente. Lembremo-nos de que, com custos de transação zero, não há custos em elaborar um contrato mais complexo. Partindo desse pressuposto, os contratos seriam elaborados especificando a forma como os pagamentos variariam de acordo com mudanças na posição jurídica. No exemplo que acabamos de discutir, seria estipulado que, por exemplo, se o regime jurídico se modificasse de uma situação na qual os pecuaristas não fossem responsáveis pelos danos causados por seu gado para uma na qual passariam a ser responsáveis, diminuiria o montante que os pecuaristas pagariam pelo arrendamento da terra, e os proprietários de terras destinadas à pecuária receberiam um abatimento daqueles de quem compraram a terra, enquanto os agricultores teriam de pagar mais para arrendar terras, e os proprietários de terras agrícolas seriam obrigados a fazer um pagamento adicional àqueles de quem compraram a terra. A distribuição da riqueza permaneceria igual.

Não é tão fácil discernir se uma mudança no ordenamento jurídico afetará a alocação de recursos no caso de direitos não reconhecidos previamente. Neste caso, diferentes critérios para a atribuição da titularidade de tais direitos produziriam, inexoravelmente, uma distribuição diferente da riqueza. Seria possível argumentar, é claro, que, com custos de transação zero, e não havendo custos em elaborar um contrato mais complexo, seriam estipuladas disposições a respeito de todas as eventualidades e, portanto, não poderia ocorrer redistribuição de riqueza. Entretanto, não seria razoável supor que as partes incluiriam nos contratos referências a direitos que eram incapazes de imaginar. Desta forma, a questão que precisa ser examinada é se, por meio de sua influência na demanda, uma mudança nos critérios para atribuição da titularidade de direitos não reconhecidos previamente propiciaria uma alocação de recursos diferente. Apresentei, pela primeira vez, a proposta hoje conhecida como "Teorema de Coase" em meu artigo "The Federal Communications Commission" (A Comissão Federal de Comunicações). Conforme expliquei antes, o exemplo utilizado para ilustrar meu argumento relacionava-se à posse de uma caverna recém-descoberta. Concluí nele:

> "Se a caverna é usada para armazenar registros bancários, como reservatório de gás natural, ou para o cultivo de cogumelos, depende não do Direito das Coisas, mas de saber se é o banco, a empresa de gás natural, ou a empresa que cultiva os cogumelos que vai pagar mais a fim de se poder usar a caverna".[15]

Nunca me passou pela cabeça especificar que, se a demanda por cogumelos entre os possíveis concorrentes pelo uso da caverna fosse diferente, e se seus gastos com cogumelos (ou serviços bancários ou gás natural) fossem um item importante nos seus orçamentos, e se seu consumo destes produtos fosse uma parte significativa do consumo total, a decisão relativa à posse de uma caverna recém-descoberta afetaria a demanda por serviços bancários, gás natural e cogumelos.

---

15 Coase. *The Federal Communications Commission*, p. 25.

Como resultado, seriam alterados os preços relativos de serviços bancários, gás natural e cogumelos; tal mudança poderia afetar o montante que as várias empresas em pauta estariam dispostas a pagar pelo uso da caverna, o que poderia, eventualmente, afetar a forma como a caverna seria usada. Não se pode negar ser concebível que uma mudança nos critérios para atribuição de detenção de direitos não reconhecidos previamente possa produzir mudanças na demanda, as quais, por sua vez, produzem uma diferença na alocação de recursos, mas, excetuando-se eventos cataclísmicos como a abolição da escravatura, via de regra, esses efeitos serão tão insignificantes que podem ser desprezados com segurança. Este raciocínio também é verdadeiro no tocante às alterações na distribuição da riqueza que acompanham uma mudança na legislação no caso de custos de transação positivos, e é caro demais elaborar contratos que cubram todas as contingências. Assim, ao analisar o processo judicial de *Sturges v. Bridgman*, pode ser verdade que, dada a forma dos contratos que haviam celebrado, a decisão judicial afetasse as riquezas relativas do médico e do confeiteiro (e, talvez, tivesse efeitos semelhantes nas riquezas dos ocupantes das propriedades vizinhas), mas é inconcebível para mim que tais circunstâncias pudessem ter qualquer efeito perceptível sobre a demanda de brioches ou de serviços médicos.

V. A influência dos custos de transação

Muitas vezes, descreveu-se o mundo com custos de transação zero como um mundo Coaseano. Nada poderia estar mais longe da verdade. Esse é o mundo da teoria econômica moderna, aquele que esperava persuadir os economistas a abandonarem. O que fiz, em "O problema do custo social", foi simplesmente trazer à luz algumas das suas propriedades. Argumentei que, em um mundo assim, a alocação de recursos seria independente da posição jurídica, um resultado que Stigler apelidou de "Teorema de Coase": "... em condições de concorrência perfeita, os custos sociais e privados serão iguais".[16] Pelas razões

---

16 Stigler. *Theory of price*, p. 113.

fornecidas anteriormente, parece ser possível até mesmo omitir a especificação "em concorrência perfeita". Por conseguinte, os economistas que seguem Pigou, cujo trabalho vem dominando o pensamento nesta área, se desdobraram na tentativa de explicar por que havia divergências entre os custos privados e sociais e o que deveria ser feito a respeito, usando uma teoria em que os custos privados e sociais são, necessariamente, sempre iguais. Não surpreende, portanto, serem muitas vezes incorretas as conclusões a que chegaram. A razão pela qual os economistas se equivocaram é que seu sistema teórico não contemplava um fator essencial quando se pretende avaliar o efeito de uma mudança na legislação referente à alocação de recursos. Este fator ausente é a existência de custos de transação.

Com custos de transação zero, os produtores fariam qualquer conjunto de disposições contratuais que se mostrassem necessárias a fim de maximizar o valor de produção. Se houvesse medidas a serem tomadas que custassem menos do que a redução nos danos que acarretariam, e fossem estas os meios menos onerosos disponíveis para atingir essa redução, essas medidas seriam tomadas. Poderão ser exigidas providências de um único produtor ou de vários em conjunto. Como indiquei em "O problema do custo social" ao discutir o exemplo gado v. plantação, entre tais medidas se inclui, para o agricultor, cessar o cultivo da totalidade ou de parte das terras cultiváveis, ou cultivar outro produto agrícola menos suscetível a danos; para o pecuarista, reduzir as dimensões do rebanho ou mudar o tipo de gado criado, ou empregar pastores ou cães, ou prender o gado; ou, por parte do agricultor ou do pecuarista, a construção de cercas. Pode-se até imaginar medidas mais inusitadas, como o agricultor manter um tigre de estimação, cujo odor seria suficiente para afastar o gado das plantações. Tanto o agricultor quanto o pecuarista teriam um incentivo para empregar todas as medidas conhecidas por eles (inclusive ações conjuntas) que elevariam o valor de produção, uma vez que os dois produtores teriam participação no aumento de renda obtido.

No entanto, a partir do momento em que se contemplam os custos de transação, muitas dessas medidas não serão realizadas porque a efetivação das disposições contratuais necessárias para colocá-las em prática seria mais cara do que o ganho que viabilizariam. Para simplificar a discussão, suponhamos que sejam muito onerosas *todas* as disposições contratuais que visam a reduzir a quantidade de danos. O resultado seria, em nosso exemplo, que, se os pecuaristas são responsáveis por pagar indenização pelos danos causados por seu gado, os agricultores não teriam motivo para modificar seu modo de funcionamento, uma vez que a indenização por colheitas danificadas ou destruídas sempre substituiria a venda no mercado. Os pecuaristas, porém, estão em uma posição diferente. Têm incentivo para mudar seu modo de funcionamento, sempre que isto eleve seus custos em uma quantia inferior à redução resultante da indenização a ser paga aos agricultores. Suponhamos, porém, que os pecuaristas não possam ser responsabilizados. Passam a não ter qualquer incentivo para alterar seus arranjos. Agora são os agricultores que tomarão medidas para reduzir os danos quando os ganhos obtidos com as colheitas adicionais que ficam disponíveis para venda excederem os custos incorridos para obter este resultado. É fácil demonstrar que, nessas circunstâncias, o valor de produção pode ser maior se os pecuaristas não forem responsabilizados pelos danos às colheitas causados por seus animais do que se forem. Suponhamos que, se os pecuaristas fossem responsáveis, entenderiam ser de seu interesse tomar medidas que eliminassem completamente os danos, e que os agricultores tomariam medidas com o mesmo intuito se os pecuaristas não fossem responsáveis. Suponhamos, ainda, que o custo de eliminar os danos é de $ 80 para os pecuaristas e $ 50 para os agricultores. Se os pecuaristas não fossem responsáveis, os agricultores é que tomariam medidas para eliminar os danos. O custo para eles seria de $ 50. Se os pecuaristas fossem responsabilizados pelos danos às colheitas ocasionados por seu gado, fariam o necessário para eliminar os danos. O custo, para eles, teria sido de $ 80. Daqui resulta que o valor de produção aumentaria em $ 30 ($ 80 – $ 50) se os pecuaristas não forem responsáveis. A finalidade deste exemplo não é sugerir que aqueles que geram efeitos nocivos jamais devam ser responsáveis por indenizar os lesados. Ao intercambiar os custos de eliminar os danos entre pecuaristas e agricultores, teríamos um exemplo de uma situação em que o valor de produção seria maior se os pecuaristas fossem responsabilizados pelos danos causados por seu gado. O que esses exemplos mostram é que depende das circunstâncias do caso particular se o valor de produção será maior quando os pecuaristas forem responsáveis ou quando não forem responsáveis.

Tem sido sugerido que o meu argumento precisa ser modificado para contemplar o fato de que, pelo menos nos países que adotam o sistema de *Common Law*, os danos devem ser mitigados. Parti da premissa de que os pecuaristas, se não fossem responsáveis, e os agricultores, se os pecuaristas fossem responsáveis, não teriam incentivo para incorrer em custos para reduzir os danos. Tem sido apontado que, em países do sistema de *Common Law*, a fim de obter a indenização por danos quando os pecuaristas são responsáveis, os agricultores devem tomar as medidas cabíveis para mitigar os danos, enquanto os pecuaristas, se não forem responsáveis, devem fazer a mesma coisa se desejam evitar uma acusação na justiça. Sem dúvida, tais fatos são importantes para os que se dedicam a uma análise do funcionamento do sistema de *Common Law*, mas não mudam a tese que proponho.

Embora a existência de tal doutrina possa induzir pecuaristas e agricultores a incorrerem em alguns gastos nos quais, caso contrário, não incorreriam, os tribunais não estão propensos a considerar que tais despesas deveriam ser enfrentadas, a menos que fosse absolutamente certo que reduziriam, em grande monta, os danos causados e, o que tem igual importância, que são de seu conhecimento as ações necessárias para alcançar esta redução de danos. É impossível, para mim, acreditar que a doutrina da mitigação dos danos induziria os pecuaristas a tomarem todas as medidas para reduzir os danos que tomariam se fossem obrigados a indenizar os agricultores, ou que induziria os agricultores a tomar todas as medidas para reduzir os danos que sofreriam se os pecuaristas não fossem responsáveis. Se isso for verdade, minha conclusão não é afetada. Se, após a mitigação de danos, os pecuaristas tivessem de arcar com custos de $ 70 para eliminá-los (os danos restantes sendo superiores a $ 70), e os agricultores poderiam fazer isso por $ 20, obviamente o valor de produção seria $ 50 maior se os pecuaristas não fossem responsáveis por danos e, portanto, seriam os agricultores obrigados a tomar medidas para impedi-los. Decerto, com outros números, poderia ser criada uma situação em que o valor de produção fosse maior se os pecuaristas fossem responsáveis.

Foi também sugerido por Zerbe que a minha conclusão está errada porque a regra jurídica de responsabilidade que utilizo em minha análise seria não-ótima[17] Baseia-se tal objeção em uma compreensão equivocada da natureza de meu argumento, que é a de que, na presença de custos de transação, a regra jurídica de responsabilidade não pode ser ótima. Em um mundo com custos de transação zero, em que todas as partes têm um incentivo para divulgar e revelar todos os ajustes que teriam o efeito de aumentar o valor de produção, pode-se imaginar que estejam disponíveis todas as informações necessárias para calcular a regra jurídica ótima de responsabilidade, o que pode também ser supérfluo, uma vez que, nestas circunstâncias, o valor de produção seria maximizado, qualquer que fosse essa regra. No entanto, quando levamos em conta os custos de transação, as diferentes partes não têm qualquer incentivo (ou têm um incentivo reduzido) para revelar as informações necessárias para formular uma lei de responsabilidade civil ótima. Na verdade, estas informações talvez sequer sejam conhecidas por eles, pois aqueles que não têm incentivo para divulgar as informações não têm nenhuma razão para descobrir quais são. Não serão colhidas informações necessárias para transações que não podem ser realizadas.

A mesma abordagem que, com custos de transação zero, demonstra que a alocação de recursos permanece igual independentemente da situação jurídica, também mostra que, com custos de transação positivos, o Direito desempenha um papel crucial na determinação de como os recursos são utilizados. Mas faz mais do que isso. Com custos de transação zero, o mesmo resultado é alcançado porque serão efetuados acordos contratuais para modificar os direitos e deveres das partes, de modo a fazer com que seja de seu interesse realizar as ações que maximizam o valor de produção. Com custos de transação positivos, a efetivação de alguns ou todos esses acordos contratuais se torna demasiado onerosa. Desaparecem os incentivos para realizar algumas ações que teriam maximizado o valor de produção. Que incentivos estarão faltando dependerá de qual é a norma vigente, uma vez que é esta que determina que acordos contratuais terão de ser feitos para induzir aos atos que maximizam o valor de

---

17 Zerbe, Richard O., Ir. The problem of social cost: fifteen years later. In: *Theory and Measurement of Economic Externalities.* p. 33.

produção. O resultado provocado por diferentes regras jurídicas não é intuitivamente óbvio e depende das circunstâncias de cada caso particular. Existe a possibilidade, por exemplo, como foi mostrado anteriormente nesta seção, de que o valor de produção seja maior se aqueles que produziram efeitos nocivos não forem responsáveis por indenizar aqueles que sofrem os danos que causam.

VI. Tributos pigouvianos

Até o momento da publicação de "O problema do custo social", o efeito de diferentes regras jurídicas de responsabilidade civil sobre a alocação de recursos fora muito pouco discutido na literatura econômica. Seguindo Pigou, os economistas discorriam sobre desserviços sem pagamento e sugeriam que os responsáveis por esses efeitos nocivos devessem ser obrigados a indenizar aqueles a quem prejudicavam, mas não davam muita atenção à questão do papel das normas relacionadas à responsabilidade. A maioria dos economistas considerou que os problemas decorrentes dos atos de produtores que tiveram efeitos prejudiciais sobre outros receberiam melhor tratamento por meio da instituição de um sistema adequado de tributos e subsídios, enfatizando-se a utilização dos tributos. Assim, na introdução de um artigo recente, afirma-se: "É um resultado aceito pela teoria econômica que o atingimento da eficiência em uma economia competitiva exige tributos (subsídios) sobre produtos que geram efeitos econômicos negativos (positivos)".[18] Quaisquer que sejam seus méritos como meio de regulação da geração de efeitos nocivos, a utilização de tributos tinha os atrativos adicionais de que podia ser analisada pela teoria de preços existente, de que os regimes concebidos pareciam impressionantes em um quadro-negro ou em artigos, e de que exigia nenhum conhecimento do assunto.

Argumentei, no final de meu artigo sobre "O problema do custo social" que não se poderia pressupor que um sistema de tributação

---

18 Sandmo, Agnar. Anomaly and stability in the theory of externalities. *Quarterly Journal of Economics* 94, n. 4, p. 799, June 1980.

produza uma alocação ótima de recursos, mesmo que as autoridades tivessem essa meta. Aparentemente, porém, minha argumentação não foi bem expressa, uma vez que até mesmo um crítico favorável, como Baumol, não foi capaz de entendê-la. As críticas de Baumol dirigiam-se a um posicionamento que eu não adotava – e que não adoto. O que farei, portanto, é expor minha argumentação de modo mais claro, expandindo os pontos em que as reduções ou uma exposição imperfeita podem ter induzido meus críticos ao erro. Muitos dos que têm escrito sobre o uso da tributação para lidar com os efeitos nocivos aceitaram a interpretação feita por Baumol de minha argumentação, mas limitar meus comentários à contribuição de Baumol será suficiente para esclarecer minha própria posição.[19]

Iniciei minha argumentação pressupondo que a tributação seria igual ao valor do dano causado. O exemplo que usei para ilustrar meu argumento foi o de uma fábrica cuja fumaça poderia causar danos com valor anual de $ 100, mas na qual um dispositivo de prevenção de fumaça poderia ser instalado por $ 90. Uma vez que a emissão de fumaça obrigaria o proprietário da fábrica ao pagamento de tributos no valor de $ 100, o proprietário instalaria o dispositivo de prevenção de fumaça, economizando $ 10 por ano. No entanto, esta situação pode não ser ótima. Suponhamos que aqueles que sofreriam os danos pudessem evitá-lo, tomando medidas que custariam $ 40 ao ano. Neste caso, se não houvesse tributo e a fábrica emitisse a fumaça, o valor de produção seria $ 50 maior por ano ($ 90 menos $ 40). Mais tarde, observei que um aumento no número de pessoas ou empresas localizadas próximo à fábrica aumentaria a quantidade de danos produzidos por uma determinada emissão de fumaça. Destas circunstâncias resultariam tributos mais elevados, se persistissem as emissões de fumaça e, consequentemente, a fábrica estaria disposta a incorrer em custos maiores para a prevenção de fumaça do que fazia anteriormente, a fim de evitar o pagamento de tributos mais elevados. Aqueles que decidissem estabelecer-se perto da fábrica não contemplariam esses custos adicionais. É fácil ilustrar esta situação por meio dos mesmos

---

19 Baumol, William J. On taxation and the control of extemalities. *American Economic Review* 62, n. 3, p. 307-322, June 1972.

números. Suponhamos, inicialmente, que não houvesse ninguém estabelecido perto da fábrica. Haveria fumaça, mas não haveria danos, e, portanto, não haveria tributação. Agora, suponhamos que uma incorporadora decidisse construir um novo loteamento nos arredores da fábrica e que, por isso, o valor dos danos causados pela fumaça passasse a ser $ 100 por ano. A incorporadora poderia contar com a instalação de um dispositivo de prevenção de fumaça pelo dono da fábrica ao valor de $ 90 por ano, uma vez que isso lhe permitiria evitar um imposto de $ 100. Aqueles que se estabelecessem perto da fábrica não sofreriam quaisquer danos pela fumaça, que passará a não existir. Mas a situação pode não ser ótima. A incorporadora poderia ter conseguido escolher outro local igualmente satisfatório e livre de fumaça por um custo adicional de $ 40 por ano. Mais uma vez, o valor de produção teria sido $ 50 maior por ano se não houvesse imposto e a fábrica continuasse a emitir sua fumaça.

Afirmei, também, que, se "o proprietário da fábrica fosse obrigado a pagar tributos iguais aos danos causados, seria vantajoso instituir um sistema de dupla tributação, obrigando os residentes do distrito a pagarem um valor igual aos custos adicionais incorridos pelo proprietário da fábrica (...) de modo a evitar danos".[20] Isto é facilmente demonstrado. Os custos adicionais que seriam incorridos pelo proprietário da fábrica, no nosso exemplo, seriam de $ 90 por ano. Suponhamos que seja instituído um tributo de $ 90 a ser pago pelos moradores do condomínio. Neste caso, a incorporadora preferirá construir seu condomínio em outro local, incorrendo em um custo adicional de $ 40 por ano, mas evitando o tributo de $ 90 anuais, com o resultado de que a fábrica continuaria a emitir fumaça, e seria maximizado o valor de produção.

Seria equivocado concluir que eu estava defendendo a introdução de um sistema de dupla tributação, ou mesmo de qualquer sistema tributário. Limitei-me a assinalar que, se há um tributo com base em danos, também seria proveitoso tributar aqueles cuja presença impõe custos à empresa responsável pelos efeitos nocivos. Conforme afirmei,

---

20 Ver *O problema do custo social*, p. 151-52.

todavia, em "O problema do custo social", qualquer sistema tributário está eivado de dificuldades, e o que é almejável pode ser impossível.

Baumol, que discutiu profundamente minha opinião em seu artigo, asseverou que seu principal objetivo era "mostrar que, tomadas em seu próprio contexto, as conclusões da tradição pigouviana são, na verdade, impecáveis".[21] O autor argumenta que, no caso da perturbação pela fumaça, um "tributo adequadamente escolhido, que incidisse apenas sobre a fábrica (sem pagamento de indenizações aos moradores locais), é precisamente o que é necessário para uma utilização ótima dos recursos em condições de concorrência perfeita".[22] Argumentou, ainda, que uma dupla tributação (como a que sugeri) é desnecessária, e alegou que a minha crença de que um sistema de tributação poderia resultar no estabelecimento de um número excessivo de indivíduos perto da fábrica é oriunda da confusão entre uma externalidade pecuniária e uma externalidade tecnológica. Um exame de meus cálculos aritméticos anteriores, nesta seção, no entanto, demonstram que as minhas conclusões estão corretas. Por que Baumol e eu chegamos a respostas diferentes? A razão é que, em meu artigo, supus que o tributo a ser cobrado seria igual aos *danos causados*, enquanto o tributo imaginado por Baumol não o é. Eu não negaria que o sistema de tributação de Baumol é concebível e que, se posto em prática, produziria os resultados que descreve. Minha objeção, exposta em meu artigo, é que não seria possível colocá-lo em prática. Acreditei ter-me expressado claramente. O que afirmei em "O problema do custo social" foi: "Um sistema tributário que se limitasse a tributar o produtor pelos danos causados tenderia a provocar custos excessivamente elevados para a prevenção de danos. Decerto, esta situação poderia ser evitada, caso fosse possível tomar como base para o tributo não o dano causado, mas a queda do valor de produção (em seu sentido mais amplo) causada pela emissão de fumaça. Para fazê-lo, todavia, seriam necessários conhecimentos detalhados das preferências individuais, mas não sou capaz de conceber um modo de levantar os dados necessários para um sistema tributário desse tipo".[23]

---

21 Baumol. *On taxation*. p. 307.
22 *Ibidem*, p. 309.
23 Ver "O problema do custo social", p. 95, neste volume.

Torna-se evidente o que eu tinha em mente ao examinarmos a forma como seria implementado o regime tributário pigouviano. Note-se que tal regime visa a ser aplicado, como aponta Baumol, em casos que envolvam "grandes números". No nosso exemplo, portanto, deve-se presumir que muitos indivíduos e/ou empresas sejam afetados pela fumaça da fábrica. Observe-se, também, que nenhuma das receitas tributárias deve ser paga como indenização àqueles que sofreram danos causados pela fumaça. Desta maneira, teriam um incentivo para adotar medidas que reduzissem o valor dos danos, sempre que pudessem fazê-lo a um custo menor. Os custos de tais medidas, juntamente com o valor dos danos restantes, seriam calculados e distribuídos entre todos os afetados (ou que poderiam ser afetados) pela fumaça. Teria de ser feito um novo cálculo para cada nível de emissão de fumaça, ou pelo menos para um número suficiente deles de modo que fosse possível elaborar uma tabela demonstrando a queda no valor de produção decorrente da fumaça para cada nível de emissão de fumaça. O tributo seria fixado para cada nível de emissão de fumaça, com valor igual à queda no valor de produção acarretado. Esta tabela seria apresentada ao proprietário da fábrica que, então, escolheria seu método de produção e a quantidade de fumaça que seria emitida, tendo em conta os tributos que teria de pagar. O proprietário reduziria a emissão de fumaça sempre que os custos adicionais em que incorreria para produzir este resultado fossem inferiores aos tributos economizados. Uma vez que o tributo é igual à queda no valor de produção ocasionado pela fumaça em outros lugares, e os custos maiores devidos à mudança nos métodos representam a queda no valor de produção na atividade produtora de fumaça, o proprietário da fábrica, ao escolher entre incorrer em custos adicionais ou pagar o tributo, tomaria a decisão que maximizasse o valor de produção. É neste sentido que o sistema tributário pode ser considerado ótimo.

A situação, no entanto, é muito mais complicada do que isso. Via de regra, o proprietário da fábrica não desejaria realizar suas atividades de tal forma que o nível de emissão de fumaça se mantivesse constante ao longo do tempo, mas gostaria de funcionar de uma forma que resultasse em variações na quantidade de fumaça emitida. A magnitude e a periodicidade das flutuações na emissão de fumaça prejudicariam as adaptações que aqueles nos arredores da fábrica considerariam rentáveis efetuar. Existe um número infinito de padrões de emissão de fumaça possíveis, mas, sem dúvida, seria julgado suficiente saber as reações daqueles nas proximidades da fábrica (ou em outros lugares, mas que poderiam vir a se estabelecer lá) quanto a um número um pouco menor de padrões de emissão de fumaça a fim de obter dados que permitissem elaborar um regime de tributação adequado. Naturalmente, como as medidas que seriam rentáveis tomar para compensar os efeitos das emissões de fumaça dependeriam da duração das emissões, os dados teriam de ser recolhidos durante muitos anos no futuro.

Como fica óbvio, este é um relato extremamente simplificado de um processo muito complicado, mas já dá uma ideia do que teria de ser feito para implementar o regime tributário pigouviano. Todos aqueles na área afetada pela fumaça (ou uma amostra adequada deles) teriam de revelar os danos que sofreriam com a fumaça, que medidas tomariam para evitar ou reduzir os danos e quanto isso lhes custaria com diferentes padrões de emissão de fumaça pela fábrica. Investigações semelhantes também teriam de ser feitas, não a respeito daqueles na área, mas daqueles que poderiam vir para ali se o nível de emissão de fumaça fosse reduzido o bastante (temos de supor, é claro, que pudessem ser identificados). As informações que estão sendo solicitadas a este grande número de pessoas são informações que, se as possuíssem, não poderiam ter interesse em divulgá-las e que, na maioria das vezes, desconhecem. A meu ver, não é possível levantar as informações exigidas para o regime tributário pigouviano.

O sistema tributário que discuti em "O problema do custo social" é um sistema em que o tributo é igual aos danos causados. Ao passo que este sistema obriga ao levantamento de muito menos informações do que são necessárias para o regime tributário pigouviano, não é fácil obtê-las e, em qualquer caso, conforme expliquei, os resultados obtidos não são ótimos. Meu principal objetivo era demonstrar isso. Acrescentei que, se o proprietário da fábrica tem de pagar um tributo com base nos danos, seria também desejável obrigar aqueles que sofrem os danos pela fumaça a pagarem um tributo equivalente aos custos incorridos pelo dono da fábrica para evitar causar os danos. Meus motivos para afirmar isso são que, caso o tributo se baseie nos danos, poderia ser que indivíduos e empresas se estabelecessem nas proximidades da fábrica e que, consequentemente, o proprietário da fábrica instalasse dispositivos de prevenção de fumaça, embora o custo fosse menor se aqueles situados próximos à fábrica escolhessem outro local. Baumol argumenta que isso não aconteceria, porque "as externalidades (a fumaça) manteriam baixo o tamanho da população nas proximidades".[24] No entanto, Baumol pressupõe que o sistema tributário pigouviano está em funcionamento, o que não é o que eu presumi. O sistema tributário que discuti era um em que o tributo se baseava nos danos. Com este sistema tributário, o proprietário da fábrica tem um incentivo para instalar um dispositivo de prevenção de fumaça em circunstâncias que não existiriam com o regime tributário pigouviano. Uma vez instalado o dispositivo de prevenção de fumaça, não haverá fumaça e, portanto, não haverá nada para impedir aqueles que desejam estabelecer-se perto da fábrica; e, dado o montante de dano, estes indivíduos podem contar com a instalação do dispositivo de prevenção de fumaça. O objetivo da dupla tributação seria dissuadir indivíduos e empresas de se estabelecerem perto da fábrica aumentando, assim, seus custos. Seria, portanto, menos dispendioso a eles se estabelecerem em outro local. No entanto, não desejo debater os méritos relativos destes vários sistemas tributários, o que nos levaria a um emaranhado de argumentos complicados e, pelo que me concerne, sem nenhuma vantagem. Todos estes sistemas tributários possuem falhas extremamente graves e, certamente, não produzem resultados que os economistas considerariam ótimos. É outra questão discernir se algum sistema tributário, mesmo falho, pode, em algumas circunstâncias, ser melhor que qualquer alternativa (incluindo a omissão), e, a esse respeito, não expresso qualquer opinião.

Mais adiante, em seu artigo, Baumol enfatiza essencialmente o mesmo ponto. Afirma: "Apesar de tudo, ficamos com poucos motivos para confiar na aplicabilidade da abordagem pigouviana, se interpretada literalmente. Não sabemos como calcular os tributos e subsídios necessários, e não sabemos como estimá-los por tentativa e erro".[25] Aparentemente, o que Baumol queria dizer ao afirmar que, "tomadas

---

24 Baumol. *On taxation*, p. 312.
25 *Ibidem*, p. 318.

em seu próprio contexto, as conclusões da tradição pigouviana são, na verdade, impecáveis", é que sua lógica é impecável e que, se as suas propostas de tributação fossem implementadas, que não podem ser, a alocação de recursos seria ótima. Jamais neguei isso. Minha asserção é simplesmente que tais propostas tributárias são feitas da mesma matéria que os sonhos.* Na minha juventude, dizia-se que o que era bobo demais para ser falado podia ser cantado. Na economia moderna, pode ser expresso em termos matemáticos.

---

*   **N.r.:** A frase no original "... *are the stuff that dreams are made of* " é uma expressão tradicional baseada em "*We are such stuff as dreams are made on*", de Shakespeare, *The tempest*, Act IV, Scene I.

Sete

O farol na economia[1]

I. Introdução

O farol aparece nas obras de economistas devido à capacidade que supostamente teria de iluminar a questão das funções econômicas do governo. É utilizado com frequência como exemplo de algo que tem de ser fornecido pelo governo, e não pela iniciativa privada. De forma geral, o que os economistas parecem ter em mente é que a impossibilidade de assegurar que os proprietários dos navios que se beneficiam com a existência do farol paguem por isso faz com que seja não lucrativo, para qualquer indivíduo ou empresa privada, construir e manter um farol.

John Stuart Mill, em *Principles of political economy* [Princípios de economia política], no capítulo "Of the Grounds and Limits of the Laissez-Faire or Non-Interference Principle" [Dos fundamentos e limites do laissez-faire ou o princípio da não interferência], afirma:

> "... é função própria do governo a construção e manutenção de faróis, colocação de boias etc. para a segurança da navegação: pois, uma vez que é impossível que os navios no mar que são beneficiados por um farol sejam obrigados a pagar um pedágio na ocasião de sua utilização, ninguém construiria faróis por motivos de interesse pessoal, a não ser que

---

1 Reimpresso de *The Journal of Law and Economics* 17, n. 2, p. 357-376, October 1974. ©1974 por The University of Chicago Press. Todos os direitos reservados. É com grande prazer que reconheço o grande auxílio dos membros de *Trinity House* e dos funcionários do Departamento de Comércio e da Câmara de Navegação pelo fornecimento de informações sobre o sistema britânico de faróis. Não são, todavia, de forma alguma, responsáveis pelo uso que fiz das informações, e não se deve presumir que compartilhem de minhas conclusões.

indenizados e recompensados por meio de uma tributação compulsória imposta pelo Estado".[2]

Henry Sidgwick, em *Principles of political economy* [Princípios de economia política], no capítulo "The System of Natural Liberty Considered in Relation to Production" [O sistema da liberdade natural considerado em relação à produção], apresenta o seguinte ponto de vista:

> "... há uma classe grande e variada de casos em que a suposição de [que um indivíduo pode sempre por meio da livre *troca* obter remuneração adequada pelos serviços por ele prestados] seria manifestamente equivocada. Em primeiro lugar, existem alguns serviços públicos que, por sua natureza, são praticamente impossíveis de serem apropriados por aqueles que os prestam ou estariam dispostos a comprá-los. Por exemplo, pode facilmente acontecer que os benefícios de um farol bem posicionado sejam muito apreciados por navios dos quais não se poderia convenientemente cobrar pedágio".[3]

Pigou, em *The economics of welfare* [A economia do bem-estar social], utilizou o exemplo do farol, oferecido por Sidgwick, como um caso de serviços não pagos, no qual o "produto marginal líquido fica aquém do produto marginal social líquido, porque serviços incidentais são prestados a terceiros, dos quais é tecnicamente difícil cobrar pagamento."[4]

Paul A. Samuelson, em sua obra *Economics* [Economia], é mais direto do que os autores anteriores. Na seção sobre o "Economic Role of Government" [Papel econômico do governo], afirma que "o governo fornece determinados serviços *públicos* indispensáveis, sem os quais a vida da comunidade seria impensável, e que, pela sua natureza, não podem ser adequadamente deixados a cargo da iniciativa privada." Oferece como "exemplos óbvios" a manutenção da defesa

---

2   Mill, John Stuart. *Principles of political economy*, v. 3 de *The collected works of John Stuart Mill*. Ed. J. M. Robson. Toronto: University of Toronto Press, 1965. p. 968.

3   Sidgwick, Henry. *The principles of political economy*. 3. ed. London: Macmillan & Co., 1901. p. 406. Na primeira edição (1883), a frase relativa aos faróis é a mesma, mas o restante da redação (porém, não o sentido) foi um pouco alterado.

4   Pigou, A. C. *The economics of welfare*. 4. ed. London: Macmillan & Co., 1932. p. 183-84.

Cap. 7 • O Farol na Economia

nacional e da lei e da ordem interna, e da administração da justiça e dos contratos, e acrescenta, em nota de rodapé:

> "Aqui está um exemplo mais tardio de serviço de utilidade pública prestado pelo governo: faróis. Salvam vidas e cargas, mas os faroleiros não podem estender a mão para cobrar taxas dos capitães. 'Então', diz o tratado proposto, 'temos aqui uma divergência entre uma vantagem *privada* e custo monetário [vistos por alguém que é esquisito o suficiente para tentar fazer fortuna pela operação de um farol] e uma verdadeira vantagem e custo *sociais* [tal como medidos por vidas e cargas salvas, em comparação com (1) custos totais do farol e (2) custos extras que resultam de permitir que mais um navio observe a luz de alerta].' Filósofos e estadistas sempre reconheceram o papel necessário do governo em tais casos de 'divergência de economias externas entre as vantagens privada e social.'"[5]

Mais tarde, Samuelson refere-se novamente ao farol como uma "atividade justificável do governo por causa dos efeitos externos." Afirma:

> "Examinemos nosso caso anterior de um farol para alertar contra rochedos. O seu feixe de luz ajuda a todos em volta. Um empresário não poderia construir um farol com vistas ao lucro, já que não poderia reivindicar um pagamento de cada usuário. Este é certamente o tipo de atividade que os governos naturalmente assumiriam".[6]

Samuelson não deixa o assunto morrer aqui. Ainda usa o farol para demonstrar outro aspecto (que não foi encontrado nos autores mais antigos). Explica:

> "... no exemplo do farol, um ponto deve ser observado: o fato de que os operadores do farol não podem apropriar-se, sob a forma de um preço de compra, de uma taxa oriunda daqueles a quem beneficia certamente ajuda a fazer do farol um bem social ou público adequado. Mas, mesmo se os operadores pudessem – digamos, por meio do uso de um radar de reconhecimento – cobrar um pedágio de cada usuário nas proximidades, este fato não necessariamente faria com que a prestação deste serviço passasse a ser socialmente ótima como um bem privado por um preço individual determinado pelo mercado. Por que não? Porque acarreta à sociedade

---

5   Samuelson, P. A. *Economics:* an introductory analysis. 6. ed. New York: McGraw-Hill, 1964. Todas as referências a *Economics* de Samuelson serão relativas à 6. edição.

6   Samuelson. *Economics*, p. 159.

um *custo extra zero* permitir que mais uma embarcação utilize o serviço; desta forma, qualquer embarcação que se afaste dessas águas pela exigência de pagar um preço positivo representará uma perda socioeconômica – mesmo que o preço cobrado de todos não seja mais do que suficiente para pagar as despesas a longo prazo do farol. Se, do ponto de vista da sociedade, vale a pena construir e operacionalizar o farol – e pode não necessariamente ser o caso – um tratado mais avançado pode demonstrar como vale a pena que esse bem social seja disponibilizado para todos".[7]

Há algo de paradoxal na posição de Samuelson. O governo tem de fornecer faróis, porque a iniciativa privada não pode cobrar por seus serviços. Mas, se fosse possível que a iniciativa privada assumisse tal tarefa, não deveria ter permissão para fazê-lo (o que, também, presumivelmente, demanda ação do governo). A posição de Samuelson é bastante diferente da de Mill, Sidgwick e Pigou. Do modo como interpretei esses autores, a dificuldade de cobrança pelo uso de um farol é um ponto fundamental, com consequências importantes para as políticas concernentes aos faróis. Não apresentavam qualquer objeção à cobrança como tal e, portanto, se isso fosse possível, à operação privada dos faróis. O argumento de Mill, no entanto, não é isento de ambiguidades. Argumenta ele que o governo deveria construir e manter os faróis porque, dado que os navios beneficiados não poderiam ser obrigados a pagar pedágio, empresas privadas não ofereceriam um serviço de farol. Mas, em seguida, adiciona frase qualificativa "salvo se indenizados e recompensados por uma contribuição obrigatória estabelecida pelo Estado." Considero uma "contribuição obrigatória" como sendo um tributo sobre os navios beneficiados pelo farol (a contribuição seria, com efeito, um pedágio). O aspecto ambíguo na exposição de Mill é se ele quis dizer que a "contribuição obrigatória" possibilitaria que indivíduos "construíssem faróis por motivos de interesse pessoal" e, por conseguinte, evitar a operação governamental, ou se quis dizer que não era possível (ou desejável) que empresas privadas fossem "indenizadas e recompensadas por meio de uma contribuição obrigatória" e que, portanto, é necessária a operação governamental. Minha opinião pessoal é que Mill tinha em mente a primeira dessas interpretações alternativas e, se for assim, isto representa uma limita-

---

7   *Ibidem*, p. 151.

ção importante para sua opinião de que a construção e manutenção de faróis é "uma função própria do governo". Em todo caso, parece claro que Mill não tinha qualquer objeção, em princípio, à imposição de pedágios.[8] A asserção de Sidgwick (à qual se refere Pigou) não suscita problemas de interpretação. Sua natureza, todavia, é excessivamente restrita. O autor defende que "pode facilmente acontecer que os benefícios de um farol bem posicionado possam ser muito apreciados por embarcações sobre as quais pedágio algum poderia ser convenientemente imposto." Isso não quer dizer que a cobrança seja impossível: de fato, implica o contrário. O que aponta é que pode haver circunstâncias em que a maioria daqueles que se beneficiam do farol pode evitar pagar o pedágio. Não se diz que não possa haver circunstâncias em que os benefícios do farol sejam amplamente apreciados por embarcações das quais se pode cobrar o pedágio de modo conveniente, e implica que, nestas circunstâncias, seria desejável cobrar um pedágio – o que possibilitaria a operação privada dos faróis.

Acredito que seja difícil entender exatamente o que expunham Mill, Sidgwick e Pigou sem algum conhecimento do sistema de faróis britânico já que, embora esses autores provavelmente não estivessem familiarizados no detalhe com a forma de funcionamento do sistema britânico, sem dúvida tinham consciência de sua natureza geral, e essa ideia básica deve ter fundamentado suas concepções quando escreveram a respeito dos faróis. No entanto, o conhecimento do sistema britânico de faróis não só permite que se tenha uma melhor compreensão de Mill, Sidgwick e Pigou: também fornece um contexto para se avaliar as declarações de Samuelson sobre faróis.

II. O sistema britânico de faróis

As autoridades da Grã-Bretanha que constroem e mantêm os faróis são *Trinity House* [Casa da Trindade]* (na Inglaterra e no País

---

8   Compare-se com o que Mill afirma sobre pedágios em *Principles of political economy*, p. 862-63.

*   **N.r.:** Sobre *Trinity House*, ver a página oficial: http://www.trinityhouse.co.uk/index.html.

de Gales), *Commissioners of Northern Lighthouses* [Comissários dos Faróis do Norte] (na Escócia) e *Commissioners of Irish Lights* [Comissários dos Faróis Irlandeses] (na Irlanda). As despesas dessas autoridades públicas são pagas pelo *General Lighthouse Fund* [Fundo Geral dos Faróis]. Os rendimentos deste fundo provêm das tarifas de utilização de faróis,* que são pagas pelos proprietários das embarcações. A responsabilidade de organizar o pagamento das tarifas de utilização dos faróis e pela manutenção contábil fica com a *Trinity House* (quer os pagamentos sejam feitos na Inglaterra, no País de Gales, na Escócia ou na Irlanda), embora a arrecadação propriamente dita seja feita pelas autoridades alfandegárias nos portos. A receita obtida com as tarifas de utilização de farol é recolhida ao *General Lighthouse Fund*, que está sob o controle do Departamento de Comércio. As autoridades que gerem os faróis fazem retiradas do *General Lighthouse Fund* para fazer face a suas despesas.

A relação entre o Departamento de Comércio e as diversas autoridades de farol é relativamente semelhante à do Tesouro Nacional com uma secretaria do governo britânico. Os orçamentos das autoridades precisam ser aprovados pelo Departamento. As propostas de orçamento das três autoridades são apresentadas mais ou menos na época do Natal, e são discutidas em uma *Lighthouse Conference* [Conferência de Faróis] realizada anualmente em Londres. Além das três autoridades de faróis e do Departamento, estão também presentes na conferência membros do *Lights Advisory Committee* [Conselho Consultivo de Faróis], uma comissão da *Chamber of Shipping* [Câmara de Navegação] (uma associação comercial) representante de proprietários de embarcações, seguradoras e transportadoras. O *Lights Advisory Committee*, embora não tenha autoridade legal, desempenha um papel importante nos procedimentos de revisão, e os pareceres que emite são apreciados tanto pelas autoridades de faróis na elaboração de seus orçamentos como pelo Departamento, ao decidir se aprova ou não os orçamentos. As tarifas de utilização de faróis são definidas pelo Departamento em um patamar que permitirá obter, durante um

---
* **N.r.:** Foi utilizado o termo brasileiro "tarifas de utilização de faróis" para traduzir "*light dues*" (tributos de farol).

período de alguns anos, uma quantia de dinheiro suficiente para atender às despesas prováveis. Mas, ao decidir sobre o programa de obras e alterações em acordos existentes, os participantes na conferência, particularmente os membros do *Lights Advisory Committee*, atentam para o efeito que novas obras ou mudanças nos arranjos existentes teriam sobre o nível das tarifas de utilização de faróis.

A base para a cobrança das tarifas de utilização de faróis foi estabelecida no *Second Schedule to the Merchant Shipping (Mercantile Marine Fund) Act*, de 1898.[9]* Foram feitas desde então alterações quanto ao nível das tarifas e de alguns outros aspectos, por ordem do Conselho, mas o atual método de cobrança é, essencialmente, aquele estabelecido em 1898. As tarifas são cobradas por tonelagem líquida, pagáveis por viagem, por todas as embarcações que chegam ou partem de portos na Grã-Bretanha. Para o caso de navios de "*Home Trade*" [de comércio interno], não há responsabilidade adicional para tarifas de utilização de faróis após as primeiras 10 viagens em um ano e, no caso de navios "*Foreign-going*" [navegando ao estrangeiro], não há responsabilidade adicional após seis viagens. As tarifas de utilização de faróis são diferentes para essas duas categorias de navio, e são tais que, para um navio de determinado tamanho, 10 viagens para um navio de "*Home Trade*" produzirão aproximadamente a mesma quantia que seis viagens para um navio "*Foreign-going*". Algumas categorias de navios pagam uma taxa menor por tonelada líquida: os veleiros de mais de 100 toneladas e os navios de cruzeiro. Rebocadores e barcos de recreio fazem um pagamento anual em vez de um pagamento por viagem. Além disto, alguns navios estão isentos de tarifas de utilização de faróis: os navios pertencentes a governos estrangeiros ou britânicos (a menos que estejam transportando carga ou passageiros de forma remunerada), navios de pesca, lameiros** e dragas, embarcações à vela (exceto barcos de recreio)

---

9   61 & 62 Vict. ch. 44, sched. 2.

*   **N.r.**: Segundo Anexo ao Ato de Marinha Mercante (Fundo de Marinha Mercante) de 1898.

**   **N.r.**: "Lameiro", tradução de "*hopper*": Embarcação de ferro, com caixas de ar nas extremidades e portas no fundo, destinada a transportar lama proveniente de dragagem do porto.

de menos de 100 toneladas, todos os navios (incluindo embarcações de recreio) de menos de 20 toneladas, os navios (exceto rebocadores e barcos de recreio) em lastro, ou aqueles que atracam para abastecimento, aprovisionamento ou por causa dos perigos do mar. Todas essas declarações estão sujeitas a qualificações. Mas deixam clara a natureza geral do sistema.

A posição atual é que as despesas do serviço britânico de faróis sejam cobertas pelo *General Lighthouse Fund*, cuja renda vem das tarifas de utilização de faróis. Além dos gastos com faróis na Grã-Bretanha e na Irlanda, o Fundo é também utilizado para pagar a manutenção de alguns faróis coloniais e para cobrir o custo da demarcação e retirada de destroços (na medida em que estes não são reembolsados por uma empresa de recuperação) embora esses pagamentos configurem apenas uma parte muito pequena do total das despesas. Há também gastos com faróis que não são cobertos pelo *General Lighthouse Fund*. Não são custeadas as despesas de construção e manutenção de "faróis locais", aqueles que beneficiam apenas navios que utilizem determinados portos, pois o *General Lighthouse Fund* se restringe ao financiamento de faróis que sejam úteis para a "navegação em geral". Normalmente, as despesas com "faróis locais" são pagas pelas autoridades do porto e são ressarcidas por meio de taxas portuárias.

III. A evolução do sistema britânico de faróis

Mill, escrevendo em 1848, e Sidgwick, em 1883, à medida que tinham em mente o sistema de faróis britânico vigente à sua época, estariam obviamente pensando em arranjos anteriores. Para entender Mill e Sidgwick, precisamos saber alguma coisa a respeito do sistema de faróis no século XIX e da forma como evoluiu. Um estudo da história do sistema de faróis britânico não é útil só porque nos ajuda a entender Mill e Sidgwick, mas também porque serve para ampliar nossa visão sobre o conjunto de arranjos institucionais alternativos disponíveis para o funcionamento de um serviço de faróis. Ao discutir a história do sistema de faróis britânico, vou me limitar à Inglaterra e ao País de Gales, que seriam, provavelmente, a parte do sistema com a qual Mill e Sidgwick teriam mais familiaridade.

A principal autoridade de faróis na Inglaterra e no País de Gales é *Trinity House*. É também a principal autoridade de pilotagem para o Reino Unido. Mantém asilos e administra fundos beneficentes para marinheiros e suas esposas, viúvas e órfãos. Assume, ainda, muitas responsabilidades diversas como, por exemplo, a inspeção e regulação de "faróis locais" e o fornecimento do *Nautical Assessors* ou *Trinity Masters*,* nos processos judiciais relativos a casos de marinha. É representado em uma série de autoridades portuárias, incluindo o *Port of London Authority* [autoridade do porto de Londres], e membros da *Trinity House* atuam em muitas comissões (inclusive comissões governamentais) que tratam de questões marítimas.

Trinity House é uma instituição antiga. Parece ter evoluído a partir de uma guilda** medieval de marinheiros. Uma petição que solicitava sua incorporação foi apresentada a Henrique VIII em 1513, e suas cartas patentes foram concedidas em 1514.[10] O alvará deu a *Trinity House* o direito de regular a pilotagem, o que, juntamente com suas obras beneficentes, representou sua atividade principal durante muitos anos. Foi só muito mais tarde que passou a se ocupar dos faróis.

Parece ter havido poucos faróis na Grã-Bretanha antes do século XVII, e ainda poucos até o século XVIII. Havia, no entanto, sinalização marítima de vários tipos. A maioria desses sinais ficava em terra e não eram concebidos como auxiliares aos navegantes, consistindo de torres de igrejas, casas, grupos de árvores etc. Boias e sinais luminosos também foram utilizados como auxílios à navegação. Harris explica que esses sinais luminosos não eram faróis, mas "postes fixados no fundo do mar, ou no litoral, talvez com uma lanterna velha presa no topo."[11] A regulação da sinalização marítima

---

* **N.r.:** Conselheiros Náuticos e Mestres de *Trinity House*. Ver a página oficial de *Trinity House*: http://www.trinityhouse.co.uk/index.html.

** **N.r.:** "Guilda" – Associação de auxílio mútuo constituída na Idade Média entre as corporações de operários, artesãos, negociantes ou artistas.

10 Harris, G. G. *Trinity House of Deptford 1515-1660* London: Athlone Press, 1969. p. 19-20. Minha descrição da história inicial de *Trinity House* baseia-se amplamente nesta obra, particularmente no cap. 7, "Beacons, Markes and Signes for the Sea" [Boias Luminosas, Sinalização e Sinais para o Mar], e no cap. 8, "An Uncertaine Light" [Uma Luz Incerta].

11 *Ibidem*, p. 153.

e do fornecimento de boias e sinais luminosos, no início do século XVI, era da responsabilidade do Lorde Almirante. A fim de fornecer boias e sinais luminosos, foram designados representantes para recolher as taxas dos navios que, presumivelmente, se teriam beneficiado da sinalização. Em 1566, foi outorgado à *Trinity House* o direito de providenciar e, ainda, de regulamentar a sinalização marítima. Ela tinha também a responsabilidade de supervisionar a manutenção da sinalização marítima de propriedade privada. Por exemplo, um comerciante que, sem permissão, derrubara um grupo de árvores que haviam servido como sinalização marítima foi repreendido por ter "preferido um pouco de benefício particular para si mesmo em lugar de um grande e geral bem para o público."[12]* O comerciante poderia ter sido multado em £ 100 (com produto dividido igualmente entre a Coroa e *Trinity House*). Parece que houve algumas dúvidas quanto à a lei de 1566 ter dado à *Trinity House* o direito de colocar sinalização marítima na água. Esta dúvida foi sanada em 1594, quando o Lorde Almirante renunciou aos direitos sobre as boias e os sinais luminosos, que foram concedidos à *Trinity House*. Não temos clareza sobre o modo como as coisas funcionavam na prática, pois o Lorde Almirante continuou a regulamentar as boias e os sinais luminosos após 1594, mas, gradualmente, parece ter sido reconhecida a autoridade da *Trinity House* nesta área.

No início do século XVII, a *Trinity House* estabeleceu faróis em Caister e Lowestoft.[13] Mas só no final do século veio a construir um outro farol. Nesse meio-tempo, a construção de faróis fora assumida por particulares. Como informa Harris: "Um elemento característico da sociedade elisabetana foram os promotores de projetos anunciados ostensivamente para o benefício público, mas, na realidade, destinados a fins privados. Os faróis não escaparam a sua atenção."[14] Afirma, adiante:

---

12 *Ibidem*, p. 161.
*   **N.r.**: Em inglês antigo (shakesperiano), no original: "... *preferring a tryfle of private benefit to your selfe before a great and general good to the publique*".
13 *Ibidem*, p. 183-187.
14 *Ibidem*, p. 180-181.

"Com a conclusão do farol em Lowestoft, os *Brethen* [Gestores da *Trinity House*]* ficaram satisfeitos e nada mais fizeram (...) quando, em fevereiro de 1614, foram convidados a fazer algo positivo e erigir os faróis em Winterton, em resposta a uma petição elaborada por cerca de 300 capitães de navio, seus proprietários e pescadores, parecem nada ter feito. O não cumprimento de demandas deste tipo não só abalou a confiança na Corporação; uma vez que havia uma perspectiva de lucro, isto era o mesmo que convidar especuladores privados a intervir. De fato, logo o fizeram."[15]

No período de 1610-1675, nenhum farol foi erguido pela *Trinity House*. Pelo menos 10 foram construídos por particulares.[16] Obviamente, o desejo dos particulares em erigir faróis colocou a *Trinity House* em um dilema. Por um lado, o desejo de ser reconhecida como o único órgão com autoridade para a construção de faróis; por outro lado, a relutância em investir os seus próprios recursos em faróis. Desta forma, opôs-se aos esforços de particulares para a construção de faróis, mas, como vimos, sem sucesso. Harris comenta:

"Aqueles que projetavam faróis eram típicos especuladores do período: não eram motivados primordialmente por considerações de serviço público ... Havia uma forte base de verdade no que Sir Edward Coke declarou ao Parlamento em 1621: 'Projetistas, tal como marinheiros, olham para um lado e remam para outro: fingem lucro público, pretendem-no privado'".[17]*

A dificuldade era que aqueles que se motivavam por um sentido de serviço público não construíam faróis. Conforme Harris explica

---

* **N.r.:** Ver a página oficial de *Trinity House*: http://www.trinityhouse.co.uk/index.html. A *Trinity House* é gerida por um painel de 31 *Elder Brethren* (Irmãos mais Velhos), presididos por um *Master* (Mestre), atualmente SAR o Duque de Edimburgo.

15 *Ibidem*, p. 187.

16 Stevenson, D. Alan. The *world's lighthouses before 1820*. London: Oxford University Press, 1959. p. 259.

17 Harris. G. G. *Trinity House*. p. 214.

* **N.r.:** Em inglês do período no original: "*Projecteurs like wattermen looke one waye and rowe another: they pretend publique profit, intende private.*" Há um trocadilho com as palavras *pretend* (fingir)/*intend* (tencionar), que não foi possível conservar na tradução.

mais tarde: "Reconhecidamente, o motivo principal dos projetistas de farol era o ganho pessoal, mas, pelo menos, realizavam as coisas."[18]

O método utilizado por particulares para evitar violar a autoridade legal da *Trinity House* foi a obtenção de uma carta patente da Coroa que os habilitava a construir um farol e a cobrar pedágio dos navios que, presumivelmente, se beneficiassem dele. Para atingir este objetivo, apresentaram uma petição de proprietários de navios e armadores na qual diziam que se beneficiariam muito do farol e estariam dispostos a pagar o pedágio. As assinaturas foram, suponho, obtidas da maneira que normalmente se obtêm assinaturas de petições, mas, sem dúvida, muitas vezes representaram uma genuína expressão de opinião. O rei, presumivelmente, deve ter usado essas concessões de cartas patentes em algumas ocasiões como uma forma de recompensar aqueles que o serviram. Mais tarde, o direito de operar um farol e de cobrar pedágio passou a ser concedido a particulares por Atos do Parlamento.

Os pedágios eram cobrados nos portos por agentes (que podiam agir em nome de diversos faróis) que podiam ser indivíduos particulares, mas eram comumente funcionários aduaneiros. O pedágio variava de acordo com o farol e os navios pagavam um pedágio, que variava de acordo com o tamanho da embarcação para cada farol pelo qual passasse. Tratava-se, normalmente, de uma taxa por tonelada (por exemplo, ¼d ou ½d)* por viagem. Mais tarde, foram publicados livros que indicavam os faróis que se cruzavam em diferentes rotas e quanto seria cobrado.

Entrementes, a *Trinity House* veio a adotar uma política que mantinha os seus direitos, enquanto preservava o seu dinheiro (e até mesmo o aumentava). A *Trinity House* requeria uma carta patente para operar um farol e, então, concedia um contrato de arrendamento, para locação, a um particular que, então, construiria o farol com seu próprio dinheiro. A vantagem, para um particular, de tal procedimento seria assegurar a cooperação em lugar da oposição da *Trinity House.*

---

18 *Ibidem*, p. 264.

* **N.r.:** A abreviatura "d." refere-se ao *penny* ou *pence* da moeda inglesa. O valor ínfimo é coerente, pensando-se que se trata do século XVII. Ver: *Common, uncommon and specialized abbreviations* http://www.aresearchguide.com/comabb.html.

Um exemplo disto é a construção, e reconstrução, do que é, provavelmente, o mais famoso farol britânico, o Eddystone, sobre um recife rochoso cerca de 14 milhas da costa de Plymouth. Alan D. Stevenson comenta: "A construção sucessiva de quatro faróis nas rochas de Eddystone em 1759 constitui o capítulo mais dramático na história dos faróis: ao esforçarem-se para resistir à força das ondas, seus construtores demonstraram empreendimento, engenhosidade e coragem de uma alta ordem."[19] Em 1665, o Almirantado britânico recebeu uma petição para a construção de um farol nas rochas de Eddystone. *Trinity House* comentou que, embora desejável, isso "dificilmente poderia ser realizado".[20] Conforme comenta Samuel Smiles, o cronista da iniciativa privada: "... demorou bastante até se encontrar qualquer aventureiro privado disposto a realizar um empreendimento tão ousado como a construção de um farol em Eddystone, onde apenas uma pequena crista rochosa era visível na maré alta, escassamente capaz de proporcionar um ponto de apoio para uma estrutura com a mais estreita base".[21] Em 1692, uma proposta foi apresentada por Walter Whitfield, com quem a *Trinity House* celebrou um acordo estipulando que Whitfield construiria o farol, e a *Trinity House* compartilharia igualmente os lucros auferidos. No entanto, Whitfield não realizou o trabalho. Seus direitos foram transferidos para Henry Winstanley, que, depois de negociar com a *Trinity House*, celebrou um acordo, em 1696, nos termos do qual receberia os lucros pelos primeiros cinco anos, após o que, por 50 anos, a *Trinity House* compartilharia igualmente os lucros auferidos. Winstanley construiu uma torre e, em seguida, substituiu-a por outra, sendo o farol concluído em 1699. No entanto, em 1703, durante uma grande tempestade, o farol foi destruído, e Winstanley, os faroleiros e alguns de seus operários perderam a vida. O custo total até o momento fora de £ 8.000 (totalmente assumido por Winstanley) e as receitas haviam sido de £ 4.000. O governo deu à viúva de Winstanley $ 200 e uma pensão de £ 100 por ano. Se a construção de faróis tivesse sido deixada apenas para homens com o interesse público no coração, Eddystone teria permanecido por um longo tempo sem farol. Mas a

---

19 Stevenson, D. Alan. *World's lighthouses*. p. 113.
20 *Ibidem*.
21 Smiles, Samuel. *Lives of the engineers*. London: J. Murray, 1861. v. 2, p. 16.

perspectiva de ganhos privados trouxe novamente o assunto à tona. Dois homens, Lovett e Rudyerd, decidiram construir outro farol. A *Trinity House* decidiu requerer um Ato do Parlamento que autorizasse a reconstrução e a cobrança de pedágio, bem como o arrendamento de seus direitos aos novos construtores. As condições eram melhores do que as concedidas a Winstanley – arrendamento por 99 anos com uma receita anual de £ 100 com 100% dos lucros indo para os construtores. O farol foi concluído em 1709 e permaneceu em operação até 1755, quando foi destruído por um incêndio. O arrendamento ainda seria válido por cerca de 50 anos, e o controle do farol havia passado para outras mãos. Os novos proprietários decidiram reconstruir e contrataram um dos grandes engenheiros da época, John Smeaton. Este determinou que a construção do farol fosse inteiramente de pedra, tendo a estrutura anterior sido feita de madeira. O farol foi concluído em 1759. Continuou em operação até 1882, quando foi substituído por uma nova estrutura construída pela *Trinity House*.[22]

É possível entender a importância do papel desempenhado por indivíduos e organizações privadas no fornecimento de faróis na Grã-Bretanha se considerarmos a situação no início do século XIX. O *Lighthouse Committee* [Comissão para Faróis] de 1834 afirmou, em seu relatório, que, naquela época, havia na Inglaterra e no País de Gales (excluindo boias luminosas) 42 faróis pertencentes à *Trinity House*, três faróis arrendados pela *Trinity House* e sob a responsabilidade de indivíduos; sete faróis arrendados a indivíduos pela Coroa; quatro faróis nas mãos de proprietários, com propriedade originada por cartas patentes e, posteriormente, sancionadas por Atos do Parlamento; ou seja, um total de 56, dos quais 14 eram operados por particulares e organizações.[23] Entre 1820 e 1834, a *Trinity House* construíra nove faróis novos, adquirira cinco faróis arrendados a particulares (no caso de Burnham, substituindo o que adquirira pela construção de dois faróis não incluídos nos nove novos faróis cons-

---

22 Este relato da construção e reconstrução do farol de Eddystone baseia-se em Stevenson. *World's lighthouses*. p. 113-26.

23 Ver Report from the Select Committee on Lighthouses. In: *Parl. Papers Sess.* 1834. v. 12, p. vi (Reports from Committees, v. 8 – doravante citado como "Relatório de 1834").

truídos) e adquirira três faróis de propriedade de Greenwich Hospital (que recebera os faróis como legado em 1719, tendo sido eles construídos por Sir John Meldrum em torno de 1634). A situação, em 1820, era de que existiam 24 faróis operados pela *Trinity House* e 22 por particulares ou organizações.[24] Mas muitos dos faróis da *Trinity House* não haviam sido construídos originalmente pela Corporação, mas, sim, adquiridos por compra ou como resultado do vencimento de um contrato de arrendamento (de que o farol de Eddystone é um exemplo, pois o contrato de arrendamento expirou em 1804). Dos 24 faróis operados pela *Trinity House* em 1820, 12 foram adquiridos em resultado do vencimento do contrato de arrendamento, enquanto um fora assumido da autoridade local de Chester, em 1816, de modo que apenas 11 dos 46 faróis existentes em 1820 tinham sido construídos originalmente pela *Trinity House*, enquanto 34 tinham sido construídos por particulares.[25]

Uma vez que a principal atividade de construção da *Trinity House* começou no final do século XVIII, o predomínio dos faróis privados era ainda mais acentuado em períodos anteriores. Escrevendo sobre a situação em 1786, D. A. Stevenson afirma:

"É difícil avaliar a atitude da *Trinity House* quanto aos faróis do litoral inglês neste momento. A julgar por suas ações e não por seus protestos, a determinação da Corporação de erigir faróis nunca havia sido forte: antes de 1806, sempre que possível, passara aos arrendatários o dever de erigi-los. Em 1786, a Corporação controlava faróis em quatro lugares: Caister e Lowestoft (ambos geridos graças às tarifas locais de balizamento), e Winterton e Scilly (ambos erigidos pela Corporação para impedir indivíduos interessados em lucrar com taxas sob cartas patentes da Coroa)".[26]

---

24 *Ibidem*, p. vii.

25 Dos 24 faróis administrados por *Trinity House* em 1820, Foulness (1), Portland (2), Caskets (3), Eddystone (1), Lizard (2), St. Bees (1) e Milford (2) parecem ter sido adquiridos devido a terem caducado os arrendamentos e sido construídos, bem como administrados, pela iniciativa privada. Esta afirmação baseia-se em informações contidas em Stevenson, *World's lighthouses*. Tomei como pressuposto que, quando a *Trinity House* obtinha a licença para um farol, e este era, em seguida, arrendado para a iniciativa privada, que a construção era realizada e paga pela iniciativa privada, o que parece ter sido o fato ocorrido. Ver *ibidem*, p. 253-261.

26 *Ibidem*, p. 65.

No entanto, em 1834, como vimos, havia 56 faróis no total, e *Trinity House* geria 42 deles. E havia, também, forte apoio no Parlamento para a proposta de que a *Trinity House* comprasse os faróis que permaneciam em mãos de particulares. Isto fora sugerido por uma comissão especial da Câmara dos Comuns em 1822, e a *Trinity House* começou pouco depois a adquirir o controle de alguns faróis que estavam arrendados a particulares. Em 1836, um Ato do Parlamento submeteu todos os faróis da Inglaterra à *Trinity House*, à qual foi outorgado o poder de adquirir os faróis que permaneciam nas mãos de particulares.[27] Tal sucedeu em 1842, data após a qual não houve mais qualquer farol de propriedade privada na Inglaterra, exceto os "faróis locais".

A aquisição, pela *Trinity House*, entre 1823 e 1832, dos demais contratos de arrendamento que havia concedido a Flatholm, Ferns e Burnham e dos promontórios do norte e do sul custou cerca de £ 74.000.[28] O restante dos faróis privados foram adquiridos após o Ato de 1836 por pouco menos de £ 1.200.000. O maior preço foi pago pelo farol Smalls, cujo arrendamento ainda seria válido por 41 anos, e por três outros faróis, Tynemouth, Spurn e Skerries, cuja concessão fora obtida em perpetuidade por Ato do Parlamento. As quantias pagas por estes quatro faróis foram: Smalls, £ 170.000; Tynemouth, £ 125.000; Spurn, £ 330.000; Skerries, £ 445.000.[29] Estas são vultosas quantias, sendo as £ 445.000 pagas por Skerries equivalentes (de acordo com uma alta autoridade) a $ 7-10 milhões, hoje, o que provavelmente teria produzido (devido ao baixo nível de tributação da época) rendimentos consideravelmente superiores aos atuais. Assim, encontramos exemplos de indivíduos que não eram apenas, nas palavras de Samuelson, "estranhos o suficiente para tentar fazer fortuna gerindo uma empresa de farol", mas realmente tiveram êxito em fazê-lo.

Os motivos pelos quais houve um apoio tão forte para essa consolidação dos faróis nas mãos da *Trinity House* podem ser depreendidos do Relatório da Comissão Especial da Câmara dos Comuns, de 1834:

---

27 An Act for Vesting Lighthouse, Lights and Sea Marks on the Coasts of England in the Corporation of Trinity House of Deptford Strond, 6 & 7 Will. 4, cap. 79 (1836).

28 Relatório de 1834, p. vii.

29 Report from the Select Committee on Lighthouses. In: *Parl. Papers Sess. 1845*, v. 9, p. vi (doravante citado como Relatório de 1845).

"Vossa Comissão tomou conhecimento, com certa surpresa, de que os Estabelecimentos de Faróis têm sido administrados em diversas das partes do Reino Unido de acordo com sistemas totalmente diferentes; diferentes no que tange à constituição dos Conselhos Administrativos, diferentes no que diz respeito ao valor ou quantia relativos às Tarifas de Utilização de Faróis, e diferentes quanto ao princípio segundo o qual são cobrados. Constatou que se permitiu que tais Estabelecimentos, de tamanha importância para os extensos interesses navais e comerciais do Reino, em lugar de serem conduzidos sob a imediata supervisão do Governo, mediante um sistema uniforme, e sob Servidores Públicos responsáveis, com previdência adequada para zelar pela segurança da Navegação da forma mais eficiente, e com os planos mais econômicos, brotassem, em passos lentos, como as necessidades locais demandassem, muitas vezes após perdas desastrosas no mar. Pode, talvez, ser considerada como questão de censura a este grande país no qual, em tempos passados, bem como no momento atual, uma parcela considerável dos estabelecimentos de faróis tem sido empregada como meio de tributar fortemente o Comércio do país, para o benefício de alguns indivíduos privados, favorecidos com essa vantagem pelos Ministros e pelo Soberano da época.

Vossa Comissão não pode considerar justificável pelo Governo, a qualquer momento, tributar, sem necessidade, qualquer ramo da Indústria do País; e particularmente injustificável tributar a Navegação, a qual se encontra sob muitas desvantagens, em sendo obrigada a suportar a concorrência desigual com a navegação de outros países. Vossa Comissão é de opinião que a navegação deveria, por motivos muito especiais, ser dispensada de todos os impostos locais e desiguais não absolutamente necessários para os serviços pelos quais é supostamente cobrada.

Vossa Comissão, portanto, recomendou fortemente que as Tarifas de Utilização de Faróis devem, em todos os casos, ser reduzidas para a menor quantia necessária para a manutenção dos Faróis e Boias Luminosas existentes, ou estabelecer e manter tais novos Estabelecimentos que possam ser necessários para o benefício do Comércio e a Navegação do País.

Vossa Comissão tem, ainda, de expressar seu pesar de que tão pouca atenção fosse dada pelas autoridades competentes para a cobrança contínua, contrária ao princípio apenas expressado, de quantias muito vultosas, que foram cobradas por anos, oficialmente, como Tarifas de Utilização de Faróis, para custear as despesas dos Faróis, mas, na realidade, a serem aplicadas ao uso de alguns poucos indivíduos favorecidos e para outros fins não previstos no momento da criação dos Faróis. Além disso, parece particularmente censurável terem persistido tais abusos por meio da renovação das concessões de diversos Faróis, depois de uma Comissão Especial desta Casa ter chamado a atenção especial do Parlamento, há 12 anos, para o assunto. ..."[30]

---

30 Relatório de 1834, p. iii-iv.

Embora a ênfase desse relatório recaísse sobre a desordem do regime então existente e sobre os indícios (aqui e em outros lugares) de que alguns dos faróis privados não funcionavam de forma eficiente, resta pouca dúvida de que o principal motivo pelo qual a consolidação dos faróis na *Trinity House* recebeu apoio tão forte foi a crença de que isto contribuiria para reduzir as tarifas de utilização de faróis. Naturalmente, foi feita a sugestão de que os cofres públicos é que deveriam custear os faróis,[31] o que levaria à supressão das tarifas, mas isso não foi feito, e não precisamos discutir isto aqui.

Não é evidente o motivo pelo qual se pensava que a consolidação dos faróis na *Trinity House* reduziria as tarifas de utilização. Existe alguma base para este ponto de vista na teoria dos monopólios complementares, mas Cournot não publicou sua análise até 1838, de tal forma que não poderia ter afetado as opiniões das pessoas envolvidas com faróis britânicos, mesmo que fossem mais rápidas em compreender o significado da análise de Cournot que os próprios profissionais da área de economia.[32] Em qualquer caso, havia boas razões para pensar que pouca, ou nenhuma, redução das tarifas de utilização de faróis resultaria da consolidação. Uma vez que seria necessário pagar compensação aos ex-proprietários dos faróis, seria preciso levantar a mesma quantidade de dinheiro que antes. Além disso, como foi apontado pela *Trinity House*, uma vez que "as Tarifas foram hipotecadas como garantia para o reembolso do dinheiro tomado emprestado (...), as Tarifas não podem ser eliminadas até que o débito seja pago".[33] De fato, as tarifas de utilização dos faróis não foram reduzidas até depois de 1848, quando se terminaram de pagar os empréstimos.[34]

---

31 Por exemplo, o *Select Committee on Lighthouses of 1845* [Comitê Especial para Faróis de 1845] recomendou "que todas as despesas para a construção e manutenção de Faróis... sejam doravante pagas pelos cofres públicos...". Ver o Relatório de 1845, p. xii.

32 Ver Cournot, Augustin. *Researches into the Mathematical Principles of the Theory of Wealth*. Tradução de Nathaniel T. Bacon. New York: Macmillan Co., 1897. p. 99-104. Ver também a discussão de Alfred Marshall sobre a análise de Cournot em *Principles of economics*. 9. ed. (variorum). London: Macmillan para a Royal Economic Society, 1961. v. I, p. 493-495.

33 Relatório de 1845, p. vii.

34 Golding, T. Trinity House from Within. London: Smith & Ibbs, 1929. p. 63.

Outra maneira de conseguir uma redução nas tarifas de utilização dos faróis seria a *Trinity House* não obter uma renda líquida pela operação de seus próprios faróis. Esta receita era, naturalmente, dedicada a fins beneficentes, em especial o apoio a marinheiros aposentados e a suas viúvas e órfãos. Essa utilização de recursos provenientes, em última análise, das tarifas de utilização de faróis fora considerada questionável pelas Comissões Parlamentares em 1822 e 1834. A Comissão de 1834, lembrando que 142 pessoas estavam abrigadas em asilos e que 8.431 homens, mulheres e crianças recebiam quantias que variavam de 36 xelins a 30 libras por ano, propôs que todas as pensões cessassem com a vida das pessoas que então as recebiam e que nenhum novo pensionista fosse aceito, mas isso não foi feito.[35]

Em 1853, o Governo propôs que as receitas das tarifas de utilização dos faróis não fossem mais utilizadas para fins beneficentes. A *Trinity House*, em representação a Sua Majestade, alegou que essa renda era tanto de sua propriedade como havia sido de proprietários privados de faróis (para quem foi paga a compensação):

"A administração dos faróis foi confiada à [*Trinity House*], de tempos em tempos, por concessão especial da Coroa ou do Legislativo. Mas a aceitação de tais concessões em nenhum sentido alterou a situação jurídica da Corporação como uma guilda privada, exceto na medida em que exigiu a manutenção de faróis como uma condição de manter tais concessões. A situação jurídica da Corporação com relação à Coroa e ao público em nenhum aspecto diferiu daquela de concessionários individuais de tarifas de utilização de faróis ou de outras concessões, como mercados, portos, feiras etc. O argumento de que a Corporação teria sido legalmente obrigada a reduzir as tarifas de utilização de faróis para um montante igual às despesas de manutenção, incluindo ou excluindo sua participação sobre o custo de construção, e que não havia direito de fazer qualquer outra apropriação, é completamente infundado pela razão ou pela lei ... uma concessão é válida se as tarifas são razoáveis no momento da concessão e continua desta forma válida, mesmo que, devido a um aumento subsequente da navegação, as tarifas possam gerar um lucro. A Coroa, nesses casos, age em nome do público e, se faz um acordo razoável na época, não pode recuar posteriormente. (...) O direito real de propriedade da Corporação sobre o farol erguido por ela é tão válido quanto o direito real de propriedade [de proprietários privados...] e os fins beneficentes aos quais

---

35 Relatório de 1834, p. xiii.

uma parte dessas receitas é aplicada tornam as reclamações da Corporação, pelo menos, tão merecedoras de consideração favorável quanto as de tais indivíduos (....) Os faróis e as tarifas de utilização de faróis pertencem à *Trinity House*, para os fins da Corporação, e são, no sentido mais estrito, de sua propriedade para tais fins ... A proposta do Governo de Sua Majestade parece ser de que o uso de toda esta vasta massa de bens deve ser ofertado aos proprietários de navios, sem qualquer encargo além da despesa de manter os faróis. Constitui, uma vez que afeta a beneficência da Corporação, uma alienação de bens, dedicada ao benefício de mestres e marinheiros aposentados da marinha mercante, e suas famílias, e uma doação de tal propriedade aos proprietários de navios".[36]

A representação foi encaminhada para a Câmara de Comércio, que considerou sem mérito os argumentos da *Trinity House*:

"Os Lordes que integram a Comissão não questionam o direito real da Corporação da *Trinity House* à propriedade supostamente a ela atribuída; mas existe (...) esta distinção, entre o caso da Corporação e o dos indivíduos referidos, de que a propriedade de tal forma conferida à Corporação tem sido detida, e é detida por eles, pelo menos no que se refere às tarifas de utilização de faróis em questão, em depósito para finalidades públicas, e passível, portanto, de ser tratada em obediência às políticas públicas. Os Senhores Lordes não podem admitir que tal constitua uma violação do princípio da propriedade na redução de um tributo arrecadado para fins públicos, quando não foram adquiridos direitos na arrecadação do tributo, e onde o tributo em questão é cobrado sobre uma determinada classe de súditos de Vossa Majestade, sem que a classe obtenha qualquer vantagem suficiente em troca (e todo o excesso de tarifas de utilização de faróis que exceda o montante necessário para manter os faróis é um tributo desta natureza), a redução deste tributo não só não implica qualquer violação do princípio da propriedade, mas é, no mais alto grau, justo e oportuno. Os Senhores Lordes não podem reconhecer qualquer direito adquirido naqueles que esperam a generosidade distribuída aos marinheiros pobres e suas famílias, à vontade da Corporação, a partir das receitas excedentes dos faróis, uma vez que é da essência de todo direito adquirido que os indivíduos a quem o privilégio está garantido sejam determinados e conhecidos pela lei, e, enquanto os Senhores Lordes religiosamente se absteriam de interferir no menor grau possível nas pensões ou outros benefícios

---

36 Trinity House Charities: Representation from the Corporation of the Trinity House to Her Majesty in Council, on proposal of Government to prevent the Application of Light and other Dues to Charitable Purposes. In: *Parl. Papers Sess. 1852-53*, v. 98, p. 601-603.

Cap. 7 • O Farol na Economia

conferidos a quem quer que seja, tais indivíduos não podem reconhecer qualquer injustiça na resolução, sob fundamentos de ordem pública, não conceder a quaisquer novos indivíduos um direito, ao qual nenhum indivíduo pode, hoje, apresentar qualquer reivindicação, reclamação ou titularidade.... Os Senhores Lordes consideram que os faróis devem ser mantidos pelas tarifas de utilização de faróis, e que o que fez a providência de gerações anteriores em aplicar as tarifas cobradas dos navios para a construção de faróis para a preservação dos navios de naufrágio é a herança natural e justa daqueles que navegam nas costas do Reino Unido no momento presente e deve ser livremente por eles usufruída com os menores encargos possíveis que as circunstâncias do caso permitam, e que nenhum outro pagamento deve em nenhum caso ser contemplado para discussão".[37]

A utilização do produto das tarifas de utilização de faróis para fins de caridade cessou em 1853. Como resultado, foi possível alguma redução da tarifa, o preço se aproximou do custo marginal, e vários antigos marinheiros e suas famílias, desconhecidos para o direito e para nós, ficaram em pior situação. No entanto, observe-se que não era necessária uma consolidação de todos os faróis sob o comando da *Trinity House* para obter tal resultado.

Esta mudança fez parte da reorganização que, em 1853, estabeleceu o *Mercantile Marine Fund* [Fundo de Marinha Mercante], no qual eram depositadas as tarifas de utilização de faróis (e alguns outros fundos), e com as quais se pagavam os gastos do funcionamento do serviço de faróis e algumas outras despesas incorridas por conta da navegação.[38] Em 1898, o sistema foi alterado mais uma vez. Foi abolido o *Mercantile Marine Fund* e criado o *General Lighthouse Fund* [Fundo Geral dos Faróis]. As tarifas de utilização de faróis (e só as tarifas de utilização de faróis) eram depositadas neste fundo, que deveria ser usado exclusivamente para a manutenção do serviço de faróis. Ao mesmo tempo, foi simplificado o sistema para o cálculo das tarifas de utilização de faróis; o valor a ser pago em cada viagem não dependendo, como antes, do número de faróis pelos quais o navio passasse

---

37 *Ibidem*, p. 605-606.
38 The Merchant Shipping Law Amendment Act of 1853, 16 & 17 Vict., cap. 131 §§ 3-30.

ou dos quais se pudesse presumir que tivesse obtido um benefício.[39] O que se estabeleceu em 1898 foi, essencialmente, o atual sistema de financiamento e administração de faróis, descrito na seção II. Houve, é claro, modificações nos detalhes, mas as características gerais do sistema permanecem iguais desde 1898.

IV. Conclusão

O esboço que tracei, nas seções II e III, do sistema de faróis britânico e de sua evolução revela como são limitadas as lições a serem extraídas das observações de Mill, Sidgwick e Pigou. Mill parece afirmar que, se não for instituído algo parecido com o sistema britânico de financiamento e administração de faróis, será impossível a operação privada dos faróis (que não é como a maioria dos leitores modernos provavelmente interpretaria a afirmação). Sidgwick e Pigou argumentam que, se há navios que se beneficiam do farol, mas dos quais não se pode cobrar pedágio, então pode ser necessária a intervenção governamental. Os navios que todavia se beneficiam de faróis britânicos, mas por eles não pagam, seriam, presumivelmente, em sua maioria, os operados por proprietários estrangeiros que não fazem escala nos portos britânicos. Neste caso, não está claro qual a natureza da ação governamental necessária ou quais governos deveriam intervir. Deveriam, por exemplo, os governos russo, norueguês, alemão e francês obrigar seus cidadãos a pagar pedágio, muito embora seus navios

---

39 Merchant Shipping (Mercantile Marine Fund) Act of 1898, 61 & 62 Vict., cap. 44. Ver the "Committee of Inquiry into the Mercantile Marine Fund, Report Cd. No. 8167 (1896)", também encontrado em *Parl. Papers Sess.* 1896. v. 41, p. 113, sobre as razões pelas quais foi feita esta alteração no modo como se calculavam as tarifas de utilização de faróis. As recomendações desse Comitê foram adotadas pelo governo e incorporadas ao Ato de 1898. Surgiram objeções ao antigo sistema porque a lista de faróis dos quais se presumia que as embarcações se beneficiariam em uma determinada viagem era baseada na rota de um barco à vela em lugar de um navio a vapor, e porque a tarifa cobrada de embarcações estrangeiras cabia ao último porto atingido no Reino Unido no decorrer de uma viagem, e não ao primeiro, ao mesmo tempo em que se realçou a complexidade do antigo método de calcular as tarifas.

não façam escala em portos britânicos, ou deveriam esses governos agir por meio do pagamento de um montante, levantado por meio de tributação geral, ao *General Lighthouse Fund* britânico? Ou será que o governo britânico é que deveria agir, levantando fundos dos tributos gerais para pagamento ao *Lighthouse Fund* para compensar a incapacidade desses governos estrangeiros de obrigar seus cidadãos a contribuírem para o *Lighthouse Fund*?

Examinemos, agora, o que provavelmente ocorreria se o custeio por meio de tributação geral fosse substituído pelas tarifas pela utilização de faróis (o que parece ser a preferência de Samuelson). Em primeiro lugar, esta opção aumentaria o grau em que o Governo Britânico e, especialmente, o Tesouro, se sentiriam obrigados a fiscalizar as operações dos serviços de faróis a fim de manter sob controle o montante dos subsídios. Esta intervenção do Tesouro tenderia a reduzir um pouco a eficiência da administração dos serviços de faróis. Teria também um outro efeito. Porque a receita é, agora, obtida dos usuários do serviço, foi criado um conselho, *Lights Advisory Committee* [Comitê Conselheiro de Faróis], que representa proprietários de navios, seguradores e transportadores, e é consultado sobre o orçamento, as operações do serviço e, em particular, sobre novas obras. Desta forma, faz-se com que o serviço de faróis seja mais receptivo às necessidades daqueles que o utilizam; e, porque é a indústria de transporte marítimo que realmente paga pelos serviços adicionais, esta indústria, presumivelmente, só apoiará alterações no sistema quando o valor dos benefícios adicionais recebidos seja maior do que o custo. Esta organização administrativa seria provavelmente abandonada se o serviço fosse financiado por tributos gerais e, portanto, o serviço ficaria um pouco menos eficiente. O presidente do *Committee of Inquiry into the Mercantile Marine Fund* instituído em 1896 [Comissão de Inquérito sobre o Fundo de Marinha Mercante] era Leonard Courtney. Membro do Parlamento, Courtney, que era economista, enfatizou essencialmente o mesmo ponto no debate na Câmara dos Comuns. Respondendo àqueles que sugeriram que o serviço de faróis deveria ser custeado por meio dos tributos gerais, Courtney explanou:

> "... há um argumento de substância a favor da manutenção do nosso serviço tal como é, e trata-se do fato de que há uma impressão entre os pro-

prietários de navios – e uma impressão muito útil – de que eles têm de arcar com o ônus, e são extremamente zelosos com relação às despesas, e exigiriam, no futuro, se não agora, uma participação na administração; quer dizer, são eles os indivíduos chamados a pagar em primeira instância, analisar as despesas em que estão interessados e guardá-las ciosamente. Esta é uma grande vantagem, e entendo que, por meio dela, se obtêm economia e eficiência no serviço costeiro de faróis, e acredito que mudar um sistema que garante uma administração frugal e, no entanto, suficiente, do serviço seria por demais inconveniente. Os proprietários de navios zelosamente observam toda a administração e reivindicam, creio que com justiça, ser concedida a eles voz na matéria. Se o custo de manutenção de faróis nas costas for jogado diretamente em votação no Parlamento todos os anos, não haveria o mesmo controle que ora existe sobre as demandas ilimitadas que possam ser feitas nessas efervescências de sentimento a que a nação está sempre exposta após alguma grande calamidade marítima."[40]

De modo geral, parece ser uma conclusão segura que mudar para um custeio do serviço de faróis através de uma tributação geral resultaria em uma estrutura administrativa menos adequada. E qual seria o ganho esperado por Samuelson como resultado dessa mudança na maneira como é financiado o serviço de faróis? Seria que alguns navios que agora não se interessam por fazer uma viagem à Grã-Bretanha por causa das tarifas de utilização de faróis passariam a ter tal interesse no futuro. Na verdade, a forma do pedágio e as isenções significam que, para a maioria dos navios, o número de viagens não será afetado pelo pagamento da tarifa de utilização de faróis. Não há nenhum outro encargo referente à tarifa de utilização de faróis após as primeiras 10 viagens por ano para navios em "comércio interno", e as primeiras seis viagens para navios "navegando ao estrangeiro". Parece ser a opinião dos que conhecem a indústria naval que a grande maioria dos navios não precisará pagar a tarifa de utilização de faróis em suas últimas viagens do ano. Uma balsa que cruza o Canal da Mancha provavelmente atingiria o número necessário de viagens em poucos

---

40 Parl. Deb. (4th ser.) 186-87 (1898). Ou seja, Courtney argumentava que o método de finanças então utilizado significava que os proprietários de navios eram levados a exercer, naquele momento, a mesma influência sobre gastos que é hoje exercida por meio do *Lights Advisory Committee*.

dias. Navios comerciais que viajam para a Europa ou a América do Norte normalmente não serão obrigados a pagar tarifa de utilização de faróis em suas últimas viagens. No entanto, os navios de comércio com a Austrália normalmente não conseguirão completar o número de viagens necessárias para evitar a tarifa de utilização de faróis. Pode haver alguns navios, em algum lugar, que fiquem incapacitados ou sejam desmontados por causa da tarifa de utilização de faróis, mas seu número não pode ser grande, se é que de fato há algum navio nesta categoria.[41] É difícil, para mim, resistir à conclusão de que o benefício que adviria do abandono das tarifas de utilização de faróis seria bastante irrelevante e de que haveria alguma perda com a mudança na estrutura administrativa.

A questão permanece: como é que estes grandes homens foram, em seus escritos econômicos, levados a fazer declarações sobre os faróis que são equivocadas quanto aos fatos, cujo significado, se examinado de forma concreta, é pouco claro, e que, na medida em que implicariam uma conclusão quanto às políticas públicas, muito provavelmente estão erradas? A explicação é que essas referências aos

---

41 Não consegui obter números precisos, mas todos os indícios são de que as tarifas de utilização de faróis constituem uma parcela bem pequena dos custos de manutenção de um navio para comercialização com o Reino Unido. As poucas estatísticas que existem apoiam este ponto de vista. Os pagamentos feitos ao *General Lighthouse Fund* em 1971-1972 foram de £ 8.900.000. *General Lighthouse Fund 1971-1972*, H. C. Paper No. 301 (in cont. of H. C. Paper No. 211), at 2 (July 3, 1973). Em 1971, a receita de navios de propriedade de armadores britânicos e dos navios por eles fretados para o transporte de importações e exportações britânicas, visitantes para o Reino Unido e seus residentes foi de cerca de £ 700 milhões. Além disso, a navegação costeira no Reino Unido faturou cerca de £ 50 milhões. Os pagamentos feitos a proprietários de navios estrangeiros para o transporte de importações e exportações britânicas foram provavelmente da ordem de £ 600 milhões em 1971. Isso sugere que os custos anuais da operação de navios para a comercialização com o Reino Unido tenham sido de cerca de £ 1,4 bilhão. Tais estimativas baseiam-se nos dados gentilmente cedidos a mim pelo *Department of Trade*. Alguns dos números isolados reunidos para obter esses totais são estimativas apenas aproximadas, mas servem para fornecer a ordem de grandeza, e qualquer erro que contenham não afetaria a conclusão de que os pagamentos feitos ao *General Lighthouse Fund* constituem uma parcela muito pequena dos custos operacionais de um navio para comercialização com o Reino Unido.

faróis feitas pelos economistas não são o resultado de terem feito um estudo de faróis ou de terem lido um estudo aprofundado por parte de algum outro economista. Apesar da ampla utilização do exemplo dos faróis na literatura, nenhum economista, tanto quanto eu saiba, já fez um estudo detalhado das finanças e da administração dos faróis. O farol foi simplesmente tirado do nada para servir como exemplo. Usar o farol como exemplo tem o objetivo de fornecer "detalhes corroborativos, a intenção de dar verossimilhança artística a uma narrativa do contrário desprovida de encanto e pouco convincente."[42]

Essa abordagem me parece ser errada. Acredito que deveríamos tentar desenvolver generalizações que nos orientassem a respeito de como organizar e financiar melhor diversas atividades. Mas, não é provável que tais generalizações sejam úteis, a menos que sejam provenientes de estudos sobre como tais atividades são efetivamente realizadas no âmbito de diferentes estruturas institucionais. Tais estudos nos permitiriam descobrir quais fatores são importantes ou não na obtenção do resultado e conduziriam a generalizações que teriam uma base sólida. Poderiam, também, atender a outra finalidade ao mostrar-nos a vasta gama de alternativas sociais dentre as quais podemos escolher.

A descrição do sistema britânico contida neste artigo vai pouco além de revelar algumas das possibilidades. Os primórdios demonstram que, contrariamente à opinião de muitos economistas, um serviço de faróis pode ser prestado pela iniciativa privada. Naquela época, proprietários de navios e transportadores podiam solicitar à Coroa permissão para que um indivíduo construísse um farol e cobrasse um pedágio (específico) dos navios que dele se beneficiassem. Os faróis foram construídos, operados, financiados por particulares, que eram seus proprietários, que poderiam vender um farol ou desfazer-se dele por herança. O papel do governo limitava-se ao estabelecimento e à aplicação de direitos de propriedade sobre o farol. As tarifas eram arrecadadas nos portos por agentes dos faróis. O problema que envolvia a aplicação e observância das normas relativas à cobrança não era diferente para eles do que era para outros fornecedores de bens

42 Gilbert, William S. *The Mikado.*

e serviços para o proprietário do navio. Os direitos de propriedade eram incomuns apenas na medida em que estipulavam a quantia que poderia ser cobrada.[43]

Mais tarde, o fornecimento de faróis na Inglaterra e no País de Gales foi confiado à *Trinity House*, uma organização privada com funções públicas, mas o serviço continuou a ser financiado pelo pedágio cobrado dos navios. O sistema aparentemente favorecido por Samuelson, o financiamento pelo governo por meio da tributação geral, nunca foi posto à prova na Grã-Bretanha. Um sistema assim, financiado pelo governo, não exclui necessariamente a participação da iniciativa privada na construção ou funcionamento de faróis, mas parece impedir a propriedade privada de faróis, com exceção de uma forma muito atenuada, a qual seria, certamente, muito diversa do sistema britâni-

---

43 Este modo de operar evitava um problema identificado por Arrow ao discutir o exemplo dos faróis. Observa Arrow: "Em meu ponto de vista, a melhor forma de analisar o exemplo clássico do farol é como um problema de pequenos números, e não da dificuldade de exclusão, embora ambos os elementos estejam presentes. Para simplificar a questão, eliminarei do exemplo a incerteza, de modo que o faroleiro sabe exatamente quando cada navio necessitará de seus serviços, e também eliminarei a indivisibilidade (uma vez que o farol ou está aceso ou está apagado). Vamos pressupor, ainda, que somente um navio estará no raio de alcance do farol em qualquer momento dado. Desta forma, é perfeitamente possível a exclusão: basta apagar farol quando surgir no horizonte um navio não pagante. Neste caso, porém, haveria apenas um comprador e um vendedor, e não haveria forças competitivas que impulsionassem os dois até um equilíbrio competitivo. Se, além disso, forem elevados os custos de negociação, então poderá ser mais eficiente oferecer o serviço gratuitamente." Ver Arrow, Kenneth J. The organization of economic activity: issues pertinent to the choice of market versus nonmarket allocation. In: V. S. Cong., Jt. Econ. Comm., Subcomm. on Economy in Government, 91st Cong., 1st Sess., *The analysis and evaluation of public expenditures: the PPB System*, v. 1, at 47, 58 (J. Comm. Print 1969). A imagem surreal pintada por Arrow de um faroleiro que apaga o farol tão logo isto se revela útil enquanto discute com o capitão a respeito do valor a ser cobrado (supondo que a embarcação não tenha colidido com os rochedos nesse meio-tempo) não tem qualquer relação com a situação com que se defrontam os responsáveis pela política pública aplicada aos faróis. Na Grã-Bretanha, nunca foi necessária negociação para determinar tarifas individuais, e nenhum faroleiro jamais apagou o farol com esta finalidade. A conclusão de Arrow de que "poderá ser mais eficiente oferecer o serviço gratuitamente" é irrepreensível, mas também improfícua, já que igualmente verdadeiro que pode não sê-lo.

co, que findou em 1830. É claro que o financiamento público muito provavelmente pressuporia tanto a operação dos faróis pelo governo como a propriedade deles pelo governo. Como tais sistemas governamentais de fato operam é algo que eu desconheço. A definição de Bierce de um farol americano – "Um edifício alto à beira-mar no qual o governo mantém uma lâmpada e o amigo de um político"[44] – presumivelmente não conta toda a história.

Podemos concluir que os economistas não deveriam usar o farol como exemplo de um serviço que só poderia ser prestado pelo governo. Mas este artigo não se destina a resolver a questão de como o serviço de faróis deveria ser organizado e financiado. Para tal fim, são necessários estudos mais detalhados. Enquanto isso, os economistas que pretendem apontar um serviço que seja fornecido da melhor forma pelo governo deveriam usar um exemplo que tenha um suporte mais sólido.

---

44 Bierce, Ambrose. *The devil's dictionary*. New York: A. & C. Boni, 1925. p. 193.

Índice remissivo

A

Adams v. Ursell, 123
Adelman, Morris A., 67
Análise das escolhas, 3
Andreae v. Selfridge and Company Ltd., 123
Arrow, Kenneth J., 215
Auten, Gerald E., 164-165
Average cost pricing [precificação em condições de custos médios], 90, 93

B

Bain, Joe S., 59-61
Bass v. Gregory, 112, 114
Batt, Francis R., 39, 54
Baumol, William J., 181, 183, 184, 186
Becker, Gary S., 2, 3
Bierce, Ambrose, 216
Bland v. Yates, 145
Bonbright, James C., 76
Boulston v. Hardy, 143-144
Bramwell, L. J., 109
Bray, J., 144
Brozen, Yale, 69
Bryant v. Lefever, 109, 113

C

Cannan, Edwin, 85, 133
Caves, Richard, 61
Cheung, Steven N. S., 15, 30
Clark, J. B., 35, 48
Clemens, E. W., 76
Coase, Teorema de, 14-16, 157-159, 160, 165, 166, 174, 175

Cooke v. Forbes, 107
Cotton, L. J., 110
Cournot, Augustin, 206
Courtney, Leonard, 211, 212
Curva de custo da firma, 51
Custo das transações de mercado, 114
Custo marginal, 1, 16-20, 31, 52, 75, 77-79, 81, 83, 86-91, 93, 209
Custo social, 1, 6, 11, 15, 16, 21, 24, 28, 32, 95, 157, 158, 163, 175, 176, 180, 182, 183, 185

D

Dahlman, Carl J., 7
Dawes, Harry, 38
Delta Air Corporation v. Kersey, Kersey v. City of Atlanta, 127
Denning, Sir Alfred, 130
Direitos
   – cessão de, 113-115
   – delimitação legal dos, e os custos sociais, 118, 119
Dobb, Maurice, 36, 37, 46, 48
Durbin, E. F. M., 37

E

Economia
   – do "quadro-negro", 20, 30, 180
   – natureza, 1
Economia de troca especializada, surgimento da firma na, 38, 42, 48
Edgeworth, F. Y., 158, 160, 163
Empregador/empregado, sua relação e a natureza da firma, 60

Empreendedorismo, 37, 39, 42-44, 46-48, 53

Externalidades
- definição, 25, 27, 28, 186

F

Fabricant, Solomon, 72
Faróis, sistema britânico de, 189, 193, 196
Firma
- definição, 34, 47
- natureza da, 1, 6, 7, 15, 33, 62, 79
Fixação de preços pelo custo marginal, 17-20, 87
Fleming, J. M., 17, 75-77, 91, 120
Forte, Francesco, 141
Frisch, Ragnar, 76, 89, 91
Fuchs, Victor, 57, 59

G

Georgia Railroad and Banking Co, v. Maddox, 128
Gort, Michael, 72, 73
Governo
- atividades econômicas, 20, 32, 59, 70
Green, Sir Wilfred, 124

H

Hahn, Frank, 6, 25
Harris, G. G., 197-199
Havlik, H. F., 82, 94
Hotelling, H., 17, 75-78, 82-93

I

Influência dos custos de transação, 175
Instituto Nacional de Pesquisa Econômica, 57
Invenções e o mecanismo de preços, 46

J

Jones, Eliot, 44

K

Kaldor, Nicholas, 33, 39, 44, 46, 52
Keynes, John Maynard, 17, 34
Knight, Frank H., 4, 9, 35, 41, 42, 43, 48-51

L

Lei e o sistema econômico, 5, 29, 32
Lerner, A. P., 17, 75, 77-80, 82-85, 87-93

M

McGee, John S., 67
MacGregor, D. H., 44
Mercados, 2, 4, 8-11, 39, 60, 61, 205
Mercados futuros, 11
Marshall, Alfred, 8, 22, 25, 34, 35, 61, 206
Meade, J. E., 17, 30, 75, 77, 83, 84, 91
Mecanismo de preços, 6, 34-42, 45-48, 51, 53, 55
Mestre/servo, suas relações e a natureza da firma, 40, 54, 55
Mill, John Stuart, 30, 189, 190, 192, 193, 210
Monopólio e organização industrial, 42, 43, 57-62, 67-74, 158, 159

N

Nelson, Ralph L., 72, 73

P

Paine, C. L., 76
Peterman, John L., 67, 68
Pigou, A. C., 21-24, 26, 27, 30, 95, 132-134, 136, 137, 138-142, 144, 146-148, 150, 157, 159, 176, 180, 183-187, 192
- e a análise econômica moderna, 21-31
- e o problema dos custos sociais, 11-16
Pigouviana, tradição, 21, 148, 183, 186

Pigouvianos, tributos, 180
Política, teoria econômica da, 70
Precificação, 79-88, 90-93
 – custo médio, 91, 93
 – multidimensional, 81-83, 88, 91-94
 – ótima, 79-81
Precificação em condições de custos médios, 90, 93
Precificação multidimensional, 81-83, 88, 91-94
Precificação ótima, 79-81
Proposta de pesquisa acerca da organização industrial, 32, 57

R

Racionalização, 44
Regan, Donald H., 164
Responsabilidade por danos e o sistema de preços, 97
Rex. v. Ronkett, 120
Riqueza
 – distribuição, 171, 172
 – maximização, 158
Robbins, Lionel, 1, 2, 34, 36
Robertson, D. H., 34, 35, 61, 62, 141
Robinson, E. A. G., 23, 24, 44, 46, 52, 61
Robinson, Joan, 33, 52-54
Rushmen v. Polsue and Alfieri, Ltd., 122

S

Salter, Sir Arthur, 34, 35, 62
Samuelson, Paul A., 18, 24, 25, 30, 31, 159-161, 190-193, 204, 211, 212, 215
Shove, G. F., 38, 53
Sidgwick, Henry, 190, 192, 193, 196, 210
Sistema de preços e responsabilidade por danos, 97
Sistema econômico e a firma, 33-37
Slater, Martin, 3
Smith, Adam, 10, 36, 65, 76, 133, 206

Smith v. New England Aircraft Co., 129
Stephen, Sir James Fitzjames, 120
Stevenson, D. Alan, 199-203
Stigler, George J., 15, 59-61, 65, 71, 72, 96, 157, 158, 175
Sturges v. Bridgman, 105, 108, 111, 121, 158, 175

T

Teoria da troca, 2, 8, 48
Teoria do tamanho ótimo da firma, 64, 65
Teoria dos preços, 2, 3, 5, 10, 60, 61
Teoria econômica da política, 70
Thorp, Willard, 61, 62, 73
Thrasher v. City of Atlanta, 127
Trabalho
 – divisão do, 37, 48
 – e a firma, 37, 40, 45, 47, 48, 55, 56
Tradição pigouviana e a análise econômica, 21-31
Tributos pigouvianos, 180-187

U

Usher, Abbott, 39, 48

V

Von Thunen, J. H., 52

W

Webb v. Bird, 121
Wellisz, Stanislaw, 164
Whitfield, Walter, 201
Williams, Glanville L., 143-147
Wilson, Tom, 19, 77
Winstanley, Henry, 201

Z

Zerbe Jr., Richard O., 178, 179